林肯评传

［美］戴尔·卡耐基（Dale Camegie） 著

朱燕 译

中华工商联合出版社

图书在版编目（CIP）数据

　　林肯评传 /（美）戴尔·卡耐基著；朱燕译 . -- 2
版 . -- 北京：中华工商联合出版社，2018.8（2021.7 重印）

　　ISBN 978-7-5158-2346-1

　　Ⅰ . ①林… Ⅱ . ①戴… ②朱… Ⅲ . ①林肯（
Lincoln, Abraham 1809–1865）—评传—青少年读物 Ⅳ .
① K837.127=41

　　中国版本图书馆 CIP 数据核字（2018）第 123493 号

林肯评传

作　　者：［美］戴尔·卡耐基（Dale Camegie）

译　　者：朱　燕

责任编辑：林　立　崔红亮

装帧设计：北京东方视点数据技术有限公司

责任审读：李　征

责任印制：迈致红

出版发行：中华工商联合出版社有限责任公司

印　　刷：唐山富达印务有限公司

版　　次：2018 年 9 月第 2 版

印　　次：2021 年 7 月第 3 次印刷

开　　本：710mm×1020mm　1/16

字　　数：220 千字

印　　张：18

书　　号：ISBN 978-7-5158-2346-1

定　　价：78.00 元

服务热线：010–58301130

销售热线：010–58302813

地址邮编：北京市西城区西环广场 A 座
　　　　　19–20 层，100044

http://www.chgslcbs.cn

E-mail: cicap1202@sina.com（营销中心）

E-mail: gslzbs@sina.com（总编室）

序

　　这套励志书由两部分内容组成，一是大师传记，二是名家文集。前者记述大师的人生事迹，评点他们的精彩瞬间；后者辑录名人的文章言论，展示他们的才华睿智。所选者，无不是成功的人生，无不是为后人所推崇和敬仰的人。对于我们每一个人来说，他们都是后人追求的榜样，励志的灯塔。其实，古往今来，所有的成功者，他们的人生和他们所激赏的人生，不外是："有志者，事竟成。"

　　励志是动宾结构的词，励是磨砺，志是志向，放在一起就是磨砺志向。所以说，励志不是简单的立志，是要像把刀放在石头上磨才能锋利一样，这个磨砺，也不是轻而易举地摩擦一下，而是要下力气的，对刀来说，不仅要把自身的锈磨掉，还要把多余的部分都要毫不留情地磨掉，这简直是一场磨难。所有绚丽的人生都是用艰难磨砺成的，砥砺生命放光华。可见，励志至少有三层意思：

　　一是立志。国人都崇拜的一本书叫《易经》，那里面有一句话说："天行健，君子以自强不息。"这是一种天人合一的理念，它揭示了自然界和人类发展演化的基本规律，所以一切圣贤伟人无不遵循此道。当然，这里还有一个立什么样的志的问题，孔子说：

"士不可以不弘毅，任重而道远。"古往今来，凡志士仁人立的都是天下家国之志。李白说：大丈夫必有四方之志，白居易有诗曰：丈夫贵兼济，岂独善一身，讲的都是这个道理。

二是励志。有了志向不一定就能成事，《礼记》里说："玉不琢，不成器。"因为从理想到现实还有很大的距离。志向须在现实的困境中反复历练，不断考验才能变得坚韧弘毅，才能一步一个脚印地逐步实现。所以拿破仑说：真正之才智乃刚毅之志向。孟子则把天将降大任于斯人描述得如此艰难困苦。我们看看历代圣贤，从三大宗的创始人耶稣、默哈穆德、释迦牟尼到孔夫子、司马迁、孙中山，直至各行各业的精英，哪一个不是历经磨难终成大业，哪一个不是砥砺生命放射出人生的光芒。

三是守志。无论立志还是励志都不是一朝一夕、一蹴而就的，它贯穿了人的一生，无论生命之火是绚丽还是暗淡，都将到它熄灭的最后一刻。所以真正的有志者，一方面存矢志不渝之德，另一方面有不为穷变节、不为贱易志之气。像孟子说的那样："富贵不能淫，贫贱不能移，威武不能屈。"明代有位首辅大臣叫刘吉，他说过："有志者立长志，无志者常立志。"这话是很有道理的。

话说回来，励志并非粘贴在生命上的标签，而是融汇于人生中一点一滴的气蕴，最后成长为人的格调和气质，成就人生的梦想。不管你做哪一行，有志不论年少，无志空活百年。

希望你能喜爱这套励志书，让它点燃你的生命之火，让人生变得更加绚烂。

徐 潜

缘 起

数年前的一个春日，在伦敦的戴萨特酒店，早餐时分，我一如既往地翻看《晨报》的专栏版，试图搜寻一些有关美国的消息。美国的新闻当然是没有找到；但是，那个幸运的早晨却给我带来了一个重大的意外收获。

在那段日子里，被誉为"下议院之父"的前任议员 T.P. 奥康纳正主持着《晨报》的"伟人与回忆"专栏。在那个特别的早晨以及之后的好些日子里，专栏都是以亚伯拉罕·林肯为人物的特写——并非专注于他的政治活动，而是他事业生涯中个人的一面：他的悲伤，他的屡屡失败，他的穷困，他对安妮·鲁勒吉的深沉爱恋，他与玛丽·陶德的不幸婚姻。

我怀着强烈的好奇心，将林肯的系列故事读完。之后，我感到惊讶。我生命中的前二十年是在中东部度过的。中东部距离林肯所在的州并不遥远，并且我一直都在研读美国历史，因此理所当然地，我早该宣称自己知晓林肯的一生。但是，读完专栏故事之后，我发现自己并不了解林肯。事实上，作为一个美国人，我却不得不跑到伦敦，去阅读一位爱尔兰作家撰写的文章，才得知林肯的人生堪称所有人类史书中最吸引人的故事之一。

这仅仅是因为我的可怜的无知吗？我不知道。但是，这个问题很快就有了答案，因为当我与国人探讨这个问题时，很快就发现，国人对林肯的认识与我相差无几。他们所知道的林肯也就只有这些：出生在一个小木屋里；跋涉好几千米去借书，躺在壁炉前的地板上挑灯夜读；起先干着伐木的营生，之后成长为一名律师；他的笑话很多；他被誉为"诚实的阿贝"；与道格拉斯法官激辩，之后便当上了美国总统；他头戴丝绒礼帽；他废除了奴隶制；他在葛底斯堡发表演说；他宣称他想知道格兰特将军喝的是哪个牌子的威士忌，以便能给其他的将军们也送上一桶；最后，在华盛顿的一个戏院里，他被一个名叫布斯的坏小子给谋害了。

《晨报》的专栏文章激发了我的浓厚兴趣。于是，我走进大英博物馆的图书室，大量阅读与林肯有关的书籍。书读得越多，我对林肯越是着迷。终于，我下定决心由我自己来撰写一本有关林肯生平的书。我知道自己没有受过任何写作的训练，更谈不上富有创作的激情、素养和足够的能力，可以为学者和历史学家们提供学问高深的论著。虽然我也犹豫过是否有必要再出版一本类似的书籍，因为现有的都已经相当优秀。然而，在读完有关林肯的故事之后，我确实感到有这个必要。我的书应该可以向当今行色匆匆整日忙于生计的普罗大众，简练地述说一下林肯事业生涯中最引人入胜的史实。于是，我开始努力撰写这样一本书。

写作始于欧洲。在那里，我艰苦笔耕了整整一年，之后在纽约又花去两年的时间。结果是，我将那三年写下的文字统统撕碎，扔进了垃圾堆。之后，我去了伊利诺伊——林肯曾经心怀梦想并为之艰苦奋斗的地方，拿起笔再次写下林肯的故事。在那里，我与那些和林肯沾亲带故的人们一起度过了好几个月的时光，他们的父辈们曾经帮助林肯开垦土地，修建篱笆，把猪赶到集市上去出售。为了了解林肯，我潜心研读古籍、演讲稿、年代久远的报刊，以及发霉变质的法院记录。

我在彼得斯堡小镇度过了一个夏天。之所以要去那里，是因为它距离修复过的新塞勒姆村仅 1.6 千米之遥，而新塞勒姆是林肯人生观的发源地，也是其一生中最幸福快乐之所在。在那里，林肯经营过小作坊，开过杂货店，学过法律，当过铁匠，做过斗鸡和赛马的裁判；他坠入情网，因失去恋人而心痛欲绝。

即使在鼎盛时期，新塞勒姆的居民也没有过百，而它存在的时间总共也就十年左右。林肯离开之后不久，这个村落就变得荒凉了。蝙蝠和燕子在摇摇欲坠的木屋里筑巢，狂野的牛群则在那片土地上觅食了半个多世纪。

好多年前，伊利诺伊州政府终于把那个地方给管制了起来，将它修建成为一个公园，里边复制了一些一百年前模样的小木屋。所以，今天的新塞勒姆看起来颇有几分林肯时代的模样。

那棵白橡树依然挺拔地矗立着，林肯曾经在那棵树下学习、摔跤、谈情说爱。每天清晨，我都会带上打字机，从彼得斯堡驱车赶到那棵树下，写下一章半节的文字。在那样的环境里写作是多么惬意呀！蜿蜒曲折的桑加蒙河在我的眼前静静流淌，环绕在我四周的林木和干草也仿佛随着白色小牛仔的声声呼唤而翩翩起舞；蓝色的松鸦、红色的风琴鸟，还有金翼啄木鸟在林中穿梭。林肯的形象在我眼前逐渐清晰起来。

每当夏夜月朗星稀、鸟儿在桑加蒙河两岸的树丛中欢叫的时候，我便会独自一人前往新塞勒姆。鲁勒吉的小旅馆在皎洁的月光映衬下，在夜空中活灵活现，它让我不禁想起一百年前，正是在这样的一个夜晚，年轻的林肯和安妮手拉着手在月光下并肩漫步。他们聆听着夜莺的歌唱，梦想着注定永远也无法实现的未来。然而，我坚信，新塞勒姆是林肯最能感受到幸福的地方。

写至林肯的心上人去世那一章时，我带上一张小折叠桌和一台打字机驱车穿越乡间小道，经过一个猪圈，再经过一片牧牛的草地，终于来到了这片静谧的土地——安妮·鲁勒吉长眠之所。现在，这片土地完全荒芜了，杂草丛生。为了接近安的坟墓，我不得不大刀阔斧地斩除杂草和灌木。在这个林肯曾默默哭泣的地方，我开始了他悲伤故事的叙述。

许多章节我都是在斯普林菲尔德写就的。有些章节是在老房子的起居室里完成的，那是林肯伤心度过十六年人生的地方；有些章节是伏在林肯第一次起草就职演说的桌案上完成的；剩下的章节则是完成于林肯走进法院与玛丽·陶德争吵不休的地方。

目　录

奋斗吧，少年

弗吉尼亚的那些事

在哈罗兹堡（以前也叫哈罗德要塞）曾经有个女人，名叫安·麦金蒂。据史书上说，最早把猪、鸭和手纺机传到肯塔基州的是安和她的丈夫；更有人说，在那荒蛮贫瘠的土地上是安·麦金蒂第一个做出黄油的。

然而，安的声名远播却是因为：她创造了经济和纺织领域的奇迹。在那个泛着质朴而神秘光环的印第安乡间，棉花是奇货，既没人种植，也无从买到，而绵羊又被豺狼猎杀殆尽，因此织布所用的原材料根本难以找到。然而，安·麦金蒂是聪明的，她创设了一个制作"麦金蒂布"的办法。这个方法是利用荨麻棉和水牛毛做纺织原料，而这两种原材料随处可见且价钱便宜。

这个重大的发明创造吸引了大量的家庭妇女，她们纷纷从相距上百千米的地方而来，跟随安·麦金蒂学习了不起的织布手艺。她们边织布边闲谈。但是，她们谈论的主题却不是荨麻棉和水牛毛，而是那些家长里短的闲话，时间长了，学习新手艺的那间小木屋自然就变成了丑闻情报集散地。

通奸在那时是违法的，可以定罪，而养私生子被看作是行为不端。如果哪个女孩的这种过失被安知道就意味着麻烦来临，安会向大陪审团告发。安认为生活当中这件事比其他任何事情重要得多，告发那些女孩是令人快慰的事！在哈罗兹堡法院的季度记录里显示了很多可怜的女孩被判通奸罪全因安的告发。在1783年春季，哈罗兹堡法院的17件案子中，8件为通奸案。

1789年11月24日，大陪审团的记录："露西·汉克斯，通奸罪。"露西被裁定为"通奸罪"不是第一次。第一次是在数年以前的弗吉尼亚州。

考据这种陈年的记录资料少之又少，能看到的是一些零零星星的细节，整个事实的背景无处可考；然而，无论怎么说，这件事的关键因素还是存在的，从零星的细节完全可以还原这个故事的全貌。

在弗吉尼亚州有一片狭长的地带，这个地带的两端分别是拉帕汉诺克河和波托马克河。汉克斯家族曾拥有这片狭长的地带。除汉克斯家族外，这里还有华盛顿家族、李氏家族、卡特家族、方特勒罗伊家族，以及其他一些权势家族居住。居住在这里的权贵们经常会去基督教会参加礼拜仪式，而与他们毗邻而居的，像汉克斯家这样的家境贫寒、目不识丁的家庭，也会去参加礼拜。

在1781年11月的第二个星期天，像往常一样，露西·汉克斯去教堂做礼拜。这天，拉斐特将军被华盛顿将军以尊贵的客人身份领进了教堂。参加礼拜的人们对这位声名显赫的法国大将军翘首以盼，希望一睹这位将军的容颜。因为在一个月以前，正是在拉斐特将军援助下，在约克镇华盛顿战败了康华利的军队。

这天上午，教区居民们唱了赞美诗并在祈福完毕之后列队整齐，有序地缓缓向前与这两位战斗英雄握手，互致问候。

然而，拉斐特除了专心于军事策略和国事之外，就是对年轻漂亮的姑娘特别喜好。他的这个习惯是，他看中哪位姑娘，他就要求接见，并亲吻这位姑娘以示赞赏。总之，那个上午是特别的：在基督教堂注视下，他亲吻了七位姑娘。露西就在七位姑娘之列。这一天，拉斐特亲吻的意义之深远远远盖过了教区长以洪亮的圣路加声调诵读《福音》第三章的影响。

拉斐特亲吻引发的连锁反应，一如他所有的为我们的战斗一样，足可让美国的未来改变。

有一个年轻的单身汉参加了早上的集会，这个年轻人出身权贵家庭，因此对家境贫寒、缺少文化熏陶的汉克斯家知之甚少。就在集会的早上，他所看到的，在他纯粹的想象中，他认为，拉斐特对露西的亲吻倾注了许多热情，这是其他姑娘所获得的亲吻无法企及的。

这位年轻的单身汉是一位庄园主，他非常崇拜拉斐特这位法国大将军。在他眼中这位将军既是军事天才，又是鉴赏漂亮女人的行家。由此，他对露西开始想入非非。等到清醒之后，他意识到这世上名媛佳丽虽说天生丽质，但要杰出却都需在贫穷的环境下调教。而比露西的家庭背景更糟糕的大有人在。如汉密尔顿夫人；迪巴里夫人更是贫穷裁缝的一个私生女，一个从未接受过教育的文盲，但她却和路易十五一同驾驭过法国。所有这些逸事让人想起来的时候，内心深处总是暖融融的，也使这个年轻的单身汉的欲望变成有尊严的追求。

整个星期天，露西这名小女子的身影一直萦绕在他心头。到了星期二，年轻人起了个大清早，骑着马走进了露西·汉克斯那脏乱的小木屋，聘用露西去他家种植园里做女佣。

其实当时，年轻的庄园主已经有很多奴隶替他做事，按理没必要再雇佣人。但是，他不仅雇用了露西，还让她干一些轻松的活，并且告诉她不要和其他奴隶来往。

那个时候的弗吉尼亚州，富家子弟往往都被送去英国接受教育。露西的这位老板曾经在牛津大学读过书，在牛津大学读书的时候，他经常将他喜爱的书籍整套地带回美国。有一天，他去他的图书室里，发现露西正坐在那里，手里拿着抹布，却一动不动地注视着一本历史书上的插图。

对于一个被人雇佣的人来说，这种举止非同一般。年轻的庄园主并不在意露西的举止和想法，而是把门关上，然后坐下来，给露西阅读并讲解插图下面的说明文字。

露西很有兴致地听着。然而到后来，使年轻的庄园主感到惊讶的是，露西说她要学习阅读和写作。

噢，天啊！在18世纪80年代这样一个时代，有这样的想法，对一个仆人来说，无疑是让人难以置信的，更何况还是个女仆。那时候的弗吉尼亚州还没有免费的学校教育，在与人进行交易时，能够亲笔签名的业主还不到一半，而那些妇女们要转让土地时，只能以画记号的方式来完成交易的最后程序。

这个女仆却满怀热望，要学习阅读和写作。这在弗吉尼亚州会被认为是一种"危险之举"。然而，露西的想法激起了这位年轻主人的热情，他答应做露西的老师。那天晚饭之后，他把露西叫到了他的图书室，开始教她学习 26 个字母。连续几个晚上之后，他开始手把手地教她如何用羽毛墨水笔写字母。又过了很长时间，他教得相当不错，露西进步很快。从现存的露西的手迹可以看出来，露西的笔法豪放自信，她的书写透着一种灵气和个性。她不仅会用"准许"这个词，而且能正确地拼写。这可是非凡的成就，因为即使像乔治·华盛顿这样的杰出男人，在那时拼写文字时也不见得毫无瑕疵。

一天晚上，在完成学习内容之后，这位年轻的老师和他的学生露西肩并肩地坐在图书室里。旁边散发着热情的壁炉里火苗在欢快地跳动，他们久久凝望着窗外朦胧而遥远的森林尽头那轮缓缓升起的明月……

她想他是可信赖的，她深深地爱上了他。然而，接下来的几个星期，他给予露西无尽的忧虑与不安使得这种信赖变得毫无价值可言。她茶饭不思，夜不能眠，开始变得满脸憔悴，双眼无神，无精打采。她告诉他：她怀孕了。有一段时间他曾经想过要和她结婚，但只是一种闪念和冲动而已。因为家庭、朋友、地位、各种微妙的关系，一切让人烦恼的场景总是浮现在他的脑际……我不能这样做！而且，热情过后他对露西开始厌倦了。不久，他花钱打发她走了。

此后的几个月里，人们在背地里对露西说三道四，指指点点，有时候与露西碰在一起，也不向露西打招呼。

几个月之后的一个星期天早晨，露西不顾脸面，做了一件轰动当地的大事：她抱着自己生下的小婴儿到了教堂，这使得在教堂里集会的所谓有教养的女人们像炸开了锅一样，她们愤怒了，有一个人站起来高喊："把那个荡妇赶走。"

被人遗弃的耻辱已经够露西受了，如今还要遭受这般辱骂。露西的父亲不想再看到这一切，不想自己的女儿再受任何侮辱。于是，汉克斯家赶上马车，装着少得可怜的家产，穿过荒漠，翻过坎伯兰岬口，最终辗转来到肯塔基州哈罗德要塞，并在那里安了家。他们以为这样就不会有人认识他们：他们可以撒谎隐瞒这一切，别人也不会知道孩子的父亲是谁。

在哈罗兹堡安家以后，像在弗吉尼亚家乡一样，露西同样惹人喜爱，男人们纷纷投来爱慕之光。她再次为情所困，而且这一次迷失让她措手不及。她的秘密被人发现，并流传开来，最后在安·麦金蒂家也传开了。这就是前文已经说的，大陪审团裁定露西犯有通奸罪的背景和所谓的事实。司法官清楚，在露西的眼中，法律是不是神圣的并不重要；于是，他没有理会露西，而是将传票装在口袋里，然后狩猎去了。

11月做出裁决，到第二年3月，法院再次开庭。开庭期间，有一个女人诬告露西，并要求"将露西这个荡妇押上法庭"，以接受对她的指控。由此，又发出了一张传票；但是，接到传票的露西撕碎了传票，并扔向了宣读传票的人。到这年5月，法院将再次开庭。这次，露西是幸运的，她没有被拖进法庭接受裁决。因为有一个了不起的年轻人出现了。

他是亨利·斯帕罗。亨利·斯帕罗策马来到露西家，在小木屋前拴住马以后，走进了露西的屋里。

"露西，"他说，"我才不管那些是非女人说的坏话。我爱你，我要娶你。"无论怎么说，他确实是向她求婚。

但是，她并不愿意立刻嫁给他。她不愿意被人说成是被迫嫁给斯帕罗，更不愿意周围流言蜚语满天飞。

"亨利，我们等等吧，等上一年。"她说道，"在这一年里，我要证明给所有的人看，我是靠着自己的努力过上体面生活的。到那时，如果你还爱着我，你就来吧，我等你。"

1790 年 4 月 26 日，亨利·斯帕罗和露西注册登记，领取了结婚证，从此关于传票的事再无人提及。

安·麦金蒂等那群嚼舌者们对这门婚姻并不看好，并且不怀好意地大说闲话：这桩婚姻不会维持太久，露西在走她的老路。这种闲言碎语在镇上到处传播，当然也传到了亨利·斯帕罗的耳朵里。亨利·斯帕罗为了保护露西，他建议迁到西部居住，找一个友善的环境，在那里开始全新的生活。然而露西拒绝了亨利·斯帕罗的建议，她不想逃避，她要勇敢面对，她说她不比别人差；她这样说的时候，显得趾高气扬，自信满满。她将哈罗德要塞当作终其一生之地，决心好好生活，与那些安·麦金蒂们一决高下。

随着时光流逝，两个优秀的儿子，已经成长为传教士，而她那私生女的儿子，也就是她的孙子，名叫亚伯拉罕·林肯，成了美利坚合众国的总统。

我将这个故事讲述给大家，是为了让大家大概了解林肯的祖辈。林肯的禀赋优秀很大程度上源于他那弗吉尼亚祖母。

威廉·H.赫恩登曾是林肯的合作伙伴，与林肯有21年的共事经历。应该说，他比任何人都了解和熟悉林肯。很幸运，在1888年他为林肯撰写了三卷本的传记。在关于林肯的诸多作品之中，传记最重要。在此，呈现一段摘自第一卷第3页至第4页中的部分内容给大家：

> 在我的记忆中，林肯谈到他的祖先和家庭背景只有一次。大约是1850年，我们两个人乘坐他的轻便小马车去伊利诺伊州的默纳德县法庭。我们去参与一起诉讼的辩护，这起诉讼可能触及关于遗传基因的问题。途中，他说起他的母亲。他说到了他母亲的性格，说到了自己许多品行都秉承于自己的母亲。他还讲到了他母亲的一些情况：他母亲是露西·汉克斯的私生女，她是一个弗吉尼亚农妇，但她知书达理。他说，正是他母亲的个性和成长背景使他拥有了思辨和逻辑推理能力，造就了他的内心世界和宏大的志向，以及与汉克斯家族后代成员中不同的禀赋。他由此认定遗传基因理论是，由于某种原因，非婚生孩子比合法出生的子嗣往往要强壮、聪慧得多。他坚信，他那卓越的禀赋和过人的智慧皆因那位心胸宽广的弗吉尼亚母亲赐予。一路上颠簸跋涉的马车伴随着痛苦的回忆，林肯哀婉频频，他祈祷："上帝呀，请保佑我的母亲！不管过去还是将来，愿上帝和母亲同在。"然后，就是沉默。到此，我们的思想交流终止了，林肯再也

没有说过只言片语。深深的哀伤使林肯沉浸在对自己身世的探寻和揭示之中。我们沉默相对，我怕惊扰了他的冥想。他的语调抑郁，措辞哀伤，这一切留给我的印象极为深刻。这是一次让我终生难以忘怀的公务旅程。

艰苦的童年生活

林肯的母亲是南希·汉克斯，她是在叔叔和婶婶的抚养下长大成人的。南希可能从来没有上过学。她目不识丁，不会写字，在与人做交易要签字，或者做记录的时候，只能画些符号来应付。

他们居住在沉寂的森林里，南希·汉克斯很少外出，鲜有朋友。在22岁的时候，她嫁给了肯塔基州的一个既没有文化又身处社会最底层的男人，这个男人叫托马斯·林肯。托马斯·林肯是个对生活知之甚少又缺乏情趣的劳工和猎人。然而，在那落后的藤蔓丛生的密林中，那里的人们都叫他"林克汉"。托马斯·林肯的生活居无定所，是个十足的流浪汉，他总是一个地方一个地方地到处漂泊。忍饥挨饿是常事，每当饥肠辘辘的时候，他什么活儿都干。比如：修路、伐木、捕猎、犁地、种庄稼、修猪圈等。据记载，他还扛过枪，在三个不同的地方当过狱卒。1805年，还被雇用去肯塔基州哈丁县当差，负责追捕和鞭挞抗命不从的奴隶，薪水6美分。

对金钱，托马斯·林肯毫无感觉和规划：在印第安纳州的一个农场他曾经待过14年，在那期间他总是一文不名，即使获得一点微薄收入，最后也花的一文不剩，一直难以维持每年10美元的土地租金。有一次，家里穷得捉襟见肘，他的妻子用野荆棘来缝制衣裙，可他却跑到肯塔基州伊丽莎白镇，贷款给自己买了一条吊带长裤。此后时间不长，又在一次拍卖会上，他花了 3 美元购得一把利剑。可以想见，即使光着脚丫子跑路，他也不会忘了穿上那条银白色的吊带裤，佩带那把利剑。

结婚时间不长，托马斯一家迁往小镇居住，托马斯试着做一些木匠活儿，想以此为生。但他对怎么干木匠活儿一窍不通。在得到一份建造小作坊木工活儿以后，他不知道如何丈量木料，也不知道切割的比例。他的笨拙使雇主拒绝付给他工钱，后来还引起了官司。

生于大森林的托马斯·林肯虽然知道大森林的生活了无生趣，但他知道，其实那才是他的归宿。于是，他与妻子又回到了那个荒蛮贫瘠的农场。从那以后，终其一生，托马斯再也没有离开过那片生他养他的故土。

有一片不毛之地，人称"秃头地"，它离伊丽莎白镇不远，在那里，印第安人经常放火烧林，林子里树木大小不分都已被焚烧殆尽，很难找到一棵成材的树木。如此一来，相应的，牧草却沐浴着阳光疯长，大片绿油油的草原出现了，欢快撒野、竞技觅食的水牛栖息其上。

1808 年 12 月，托马斯·林肯以每英亩近 67 美分的价格在"秃头地"买了一个小农场。小农场里有一间茅草屋，还有一座小木屋，小木屋四周满是野苹果树。在离小木屋不远处是诺林河。每到初春时节，诺林河两岸山茱萸竞相怒放。炎夏时分，湛蓝的天空，山鹰悠闲翱翔，而直立的草甸逐风翻浪，一如绵延无际的碧海中阵阵汹涌的波涛。然而，有一丁点儿生活常识的人绝对不会选择这里为栖息地，因为寒冬时节的肯塔基州最为寂寥而荒凉。

在 1809 年严冬，这片荒凉"秃头地"的农场茅屋里诞生了一个婴儿，他就是亚伯拉罕·林肯。林肯出生那天是二月的一个星期天，早上他降生在一张铺满玉米穗的木板床上。这一天风雪交加，茅草屋四面寒风肆虐，雪粒在寒风的裹挟之下飞入茅屋，飘落在覆盖着南希·汉克斯和婴儿的那张熊皮被子上。

艰苦的农垦生活延续了 9 年之后，生活的负累使南希过早地撇下了她的儿子和丈夫，她离世时年仅 35 岁。幸福是什么？她是茫然的，她从来不知道。她无论身居何处，总有关于她的风言风语，总有关于她是私生女的卑贱身世的闲言碎语。多悲戚啊！她没能看到，在一个清晨，一个心存感激的民族，在她常年肩负劳作之苦、时时经历羞辱之痛的地方，为了纪念她并启示后人，树立了一座大理石纪念碑。

那个时候，商品流通中用的是纸币，然而在人烟稀少的旷野地带绝大多数纸币通常没有价值可言。而猪、鹿肉火腿、威士忌、浣熊皮毛等，还有农产品都被作为商品交换的等价物。更有甚者，牧师们有时候也将威士忌当作做礼拜的报酬。在 1816 年，亚伯拉罕刚刚七岁，这年秋季，托马斯·林肯卖掉了农场，换了约四百加仑的玉米威士忌以后，举家来到印第安纳州的森林地区安家落户。这里依然荒凉，并且与世隔绝，与他们为邻的是一个专门捕杀狗熊的猎人。乔木、灌木和葡萄藤将他们的住处层层包围，要出行就必须披荆斩棘以斧头开路。亚伯拉罕·林肯在这样恶劣的环境下，生活了 14 年。

他们家乔迁印第安纳州的时候，迎接他们的是冬天的第一场雪，托马斯·林肯匆匆忙忙在地上搭起了一座人们称其为茅棚的帐篷。这个帐篷是没有地板，没有门窗，三面篷身和一根木杆支撑的棚子，第四面敞开着，任由寒风裹挟着雪花和细雨往屋里钻。如果在今天，这里的农夫在寒冷的冬季肯定不会将牲口圈进这种茅棚里；但是，托马斯·林肯却认为这茅棚已经很好了。1816年至1817年的冬季是有史以来最为漫长而又寒冷的，托马斯和他的家人就在那里度过了整整一个严冬。

在茅棚的一个角落的脏兮兮的地板上凌乱地堆放着一堆树叶和熊皮。南希·汉克斯和孩子们每晚睡觉的时候，就像狗一样蜷缩在那堆树叶和熊皮下，就这样他们艰难地熬过了那个冬天。

生活上他们主要靠打野味或者采摘坚果度日。他们没有其他可吃的东西，像牛油、牛奶、鸡蛋、水果、蔬菜等都没有，即使是马铃薯也很难找到。托马斯·林肯曾想养猪，但是那里环境非常恶劣，就是那些狗熊也很难觅食，如果养猪，也会成为狗熊的猎物和美餐。

在印第安纳州的日子，对亚伯拉罕来说是无尽而可怕的贫穷和困苦交融的岁月，那段日子，可以说那些被他从奴隶制枷锁下解放出来的奴隶们曾经的生活也抵不上亚伯拉罕的生活那样悲惨。

生活在那个地区的人几乎没有几个知道关于牙医的事，就是最近的医生离林肯家也要56千米。所以，当南希·林肯牙疼的时候，托马斯·林肯按照当时那些开荒者用的办法：把削尖的山核桃壳用石头敲击，嵌进南希疼痛难忍的齿缝里。

初期，中东部地区，在那些拓荒者中间流行过一种人称"牛奶病"的神秘疾病。牛、羊、马，甚至整个居住区的人，一旦得了这种病，都难逃一死。这在整整一个世纪里让医学界一筹莫展，无人知晓病因。到了 20 世纪初，科学实验才使谜底得以揭开：那是因为动物吃了一种叫白蛇根的植物后引起中毒。而人们通过喝了带毒的牛奶也会中毒。白蛇根大多生长在茂密的森林和阴暗的沟壑里，就是现在，对人的生命也会构成威胁。所以，每年伊利诺伊州官方都会布告警示农民，铲除白蛇根，以确保生命安全。

1818 年秋天，在印第安纳州的巴克罕山谷发生了可怕的瘟疫，许多家庭被血洗，甚而灭绝。在离林肯家不远处住着猎户彼得·布鲁纳一家，那时猎人的妻子生病，南希·林肯前往照料。最终那女人还是死了，而南希也病倒了。她觉得头晕目眩，肚子疼痛，不停呕吐，人们把她抬回家，躺在用树叶和皮毛铺就的草垫上，她四肢冰凉，但身体却像一盆火，她不断地要求给她水喝。

托马斯·林肯是个十分迷信的人，对一些征兆他深信不疑。南希得病的第二天晚上，茅棚外有一只狗不断哀号，托马斯认定南希要走了，于是他便放弃了所有挽救的希望。

而这时躺在席垫上的南希连抬一抬头都很困难，话也说不出来。她把亚伯拉罕和他的妹妹叫到她跟前，让他们弯腰俯身听她说：友好相处，遵从上帝，按她的教导生活。

这是她留给儿女们最后的话。那以后，她的喉咙和肠道系统已经在麻痹的状态，而整个人陷入了长时间的昏迷之中。就在她病魔缠身的第七天，即 1818 年 10 月 5 日，南希去世。

此后托马斯·林肯在她的眼睑上放了两枚铜板，为的是让妻子闭上眼。之后，他去森林里将砍下的树劈成粗糙不平的木板，再将木板用木栓钉在一起做成简单的棺材。然后再将南希那刻满风霜与沧桑的躯体装殓。

两年前的他，用一辆雪橇带着她来到这穷山恶水之地讨生活，两年后也是他用同样的雪橇，载着他的妻子南希的躯体到离家不远的密林山顶，悄然而又寂寞地将南希下葬了。

亚伯拉罕的母亲永远走了。她的容貌和行为方式也许我们永远无法知晓，因为她的一生很短暂，而且常年在阴森的密林中度过，与外界交往很少，对她有些许印象的只是极少数路过她家时偶尔见过她的人。

亚伯拉罕·林肯去世后不久，有一本他的传记中提到林肯的母亲。当时，南希已过世达半个世纪了。这本传记的作者采访了曾经见过南希的几个健在者，但他们的记忆中南希的形象只是一个模糊的影子，恍如迷梦。关于对南希的外貌特征，他们的说法莫衷一是。有人说她"强壮、矮胖"，也有人说她"小巧玲珑"。她的眼睛是什么颜色，有人说是黑色的，另外有人说是淡褐色的，更有人振振有词地说是蓝绿色的。即使是南希的堂兄丹尼斯·汉克斯，他曾经和南希一家在同一屋檐下生活了 15 年，他一会儿说南希的头发是"灰白"的；想一想后又说头发是黑色的。

在南希去世后的半个多世纪里，没有任何物体标示她的安息之所，今天我们能知道的只是一个大概。她的墓穴与她的叔叔和婶婶的墓穴相邻，因为他们曾经抚养过她；但她的墓穴到底在哪儿，我们无法分辨。

南希去世前不久，托马斯·林肯建起了一座新木屋。新小木屋是四面体，但屋内没地板，没窗户。在小木屋的出口处挂了一块脏兮兮的熊皮，屋内凌乱不堪，潮湿发霉。南希过世后，托马斯·林肯大部分时间去林子里狩猎，屋里只剩下两个孩子料理家务。亚伯拉罕生火，萨拉做饭，亚伯拉罕还要去挑水。没有刀叉，他们用手抓饭吃。因为挑水路远，家里也没有肥皂，所以他们很少洗手。南希去世之前，可能做了些灰碱液，但没有留下多少，而两个孩子又不懂得制作，托马斯·林肯也懒得去做。所以，托马斯和孩子们只能在脏乱与困厄中度日。

在漫长而寒冷的冬季，他们既不洗澡，也很少换洗油渍斑斑的破衣服。床上的树叶和兽皮因时间过久而发出的恶臭令人窒息。小屋里阳光进不来，缺少阳光的屋子难以消毒，只有壁炉或者猪油灯是他们唯一的光源。从那些垦荒者的口中得知，女主人南希过世后，林肯小屋里：到处是臭虫和跳蚤，而且臭气熏天。

一年邋遢与困顿的生活使老托马斯·林肯再也无法忍受，他决定续弦迎新，再娶一位妻子，以便照料家务。

13 年前，在肯塔基托马斯曾经向一个女人求过婚，但最后被那位叫萨拉的被求婚者拒绝了，萨拉最后嫁给了哈丁县城的监狱看守。而现在，看守已死，萨拉带着三个孩子以及前夫留下的一笔债务过活。托马斯·林肯觉得重新求婚的机会到了。于是，他在小溪旁，将全身进行了彻底的清洗，并用沙子刮洗了双手和脸上的污垢，再将那把买来的利剑别在腰间的捆扎绳上，带着狂喜，穿越密林，奔向肯塔基。

托马斯到伊丽莎白镇后，又买了一条银白色吊带裤穿上，吹着口哨，精神振奋，得意扬扬，在伊丽莎白镇上晃荡游逛。

那是 1819 年，发生了很多事情，人们津津乐道于世界的变化和进步，蒸汽动力船横渡大西洋取得成功！

书籍的力量

林肯在他 15 岁的时候才学会了 26 个字母,虽然能看懂片言只语,但他依然不会写字。那是 1824 年秋天,有一位老师来自落后地区,他在皮金河办了一所学校。每天林肯和妹妹都穿越树林,徒步 6.5 千米,去向名叫阿泽尔·多尔西的老师求教。在这所学校里,孩子们起劲儿的闹嚷人人皆知。多尔西认为,只有让学生们叫嚷,教师才能分辨出真正学以致用的学生。在教室里他来回踱着步,手提教鞭,发现哪位学生不嚷嚷,他会抽一鞭子下去。学生们知道那是什么"奖赏",所以每一位学生都会卖力地嚷嚷,以便自己的嚷嚷声显得更加突出。通常,这种闹哄哄的叫嚷声在 400 米以外的人都能听见。

上学的时候,亚伯拉罕·林肯总是戴着松鼠皮鸭舌帽,穿着一条鹿皮马裤。由于裤脚处裂着大口子,因此马裤遮不住林肯的下肢和脚踝,双腿暴露在寒风和雨雪之中。

作为教室的小木屋非常低矮,以至于老师无法站着讲课;也没有窗户。为了采光,从木屋的每一面墙体中抽下一根木条,再用油纸裱糊,这样屋子里就会亮一些。教室的地板和桌椅用劈开的木条做成。

林肯阅读的时候,基本选取《圣经》里的内容;而书写练习,他将华盛顿和杰斐逊视为自己的榜样。从笔迹看,林肯的笔迹显得清晰且别具一格,这与华盛顿和杰斐逊两人非常相像。他的字写得漂亮,邻居们对他颇为赞赏,那些不识字的熟人,或者邻居们,有的会步行好远来请林肯帮他们写信。

　　林肯对学习有浓厚的兴趣。在学校的学习时间不够，到家后继续学习。由于当时纸张缺乏，要买的话，价格昂贵。于是他用木炭根作笔在木板上书写。有时候，他在木屋墙体的木面上进行计算。等墙面上的字写得满满当当的时候，林肯就用刀子将写的字从墙面上刮掉，墙体因此又像新的一样，在上面他又能写字了。

　　由于家境穷困，没钱买算术书。林肯向别人借来一本，把全书抄在纸上，并用麻绳订起来。这是属于林肯自己的算术书。他去世以后，从他的继母那里还能看到这本算术"书"的一部分。

　　那个时候，在林肯身上显现出的气质，完全不同于其他落后地区的学生。他对许多问题有自己的看法，并渴望发表自己的见解；有时候他也写诗歌散文。他曾经将自己的诗文习作交给邻居威廉·伍德阅读评判。他的诗文也曾引起关注，最后被一名律师结集出版。有一份俄亥俄州的报刊还刊登了他的有关禁酒的文章。当然这都是后面的事。他写第一篇文章的灵感来自校园里伙伴们玩的残忍游戏：他的伙伴们经常抓些乌龟来，然后把燃烧着的煤炭放在龟背上。林肯求他们停止这种行为，并跑过去用赤脚把煤炭踢开。所以他的第一篇文章的主题就是人类对动物该有的情怀。虽然还是个孩子，但他身上已经具有成年人应有的、对痛楚的感受与悲悯。

　　5年以后，林肯断断续续地去另一所学校学习，就像他自己说的，只是"受过一点教育"罢了。从此以后，林肯再也没有受过正规教育，他的学历总共不到12个月。

　　在1847年，林肯当选国会议员，要填写简历，当人家问到"受教育程度"时，他只是淡淡地说："不完备。"

　　当林肯被提名作为总统候选人准备参加竞选时，他说："就在成年的时候，我还不谙世事，然而无论怎样，阅读、写作和基本的三则运算我学会了。我的全部教育就是这些，之后，我再也没有上过学。在学识上，我如今的一丁点收获都得益于压力和需要。"

　　是什么人有幸做过林肯的导师呢？显然是那些学识不高、居无定所的教书匠，他们深信巫术，甚至认为地球是平的。然而，恰恰是这些不怎么系统和正规，而且断断续续，支离破碎的学习经历，使得他对知识的热爱和渴求所表现出的素养，如同接受过大学教育的人一般。这是林肯所具有的人类最宝贵的品格之一。

　　培养阅读能力也为林肯打开了一个做梦都想不到的境界，那是一个充满着梦幻的世界。这个世界改变了他：他的思想境界得到了升华，他的视野更为开阔。在他生命的25年里，他的生活激情之所在非阅读莫属。他继母的收藏里有《圣经》《伊索寓言》《鲁滨孙漂流记》《天路历程》和《水手辛巴德》这五本书。这是林肯小时候曾经如饥似渴地阅读过，被视为无价之宝的书籍。《圣经》和《伊索寓言》是林肯的最爱，它们往往被放在触手可及之处，为的是便于及时阅读。这两本书深深地影响了林肯，他的为人处世、谈话策略、雄辩风格无不与其密切相关。

　　当然，只有这些书籍对林肯的求知欲而言还远远不够。他渴望读更多的书，没钱买书就向别人借，只要是铅印的材料，无论报纸或书籍他都要。为了从一名律师那里借《印第安纳州修订后的法律》的复本，他跋山涉水去了俄亥俄河南岸。也由此，他第一次接触到了《美国独立宣言》和《美国宪法》。

　　林肯经常替邻居挖树坑、收玉米，为的是能够从他们那里借得两三本传记来阅读。借来的书中有一本是帕森·威姆斯著的《华盛顿生平》。捧着它，林肯完全沉迷其中，晚上一直读到眼睛模糊，无法辨清字体时才休息。睡觉的时候，他把书放在靠近木屋的墙缝旁边，以便在清晨第一缕光线射进屋子时开始阅读。但一天夜晚，狂风大作，如注的雨水灌进了墙缝，这本书完全被雨水浸湿。后来书的主人拒绝林肯归还，林肯无奈，就将可用三天的干禾秆捆扎起来作为赔偿给了书的主人。

在所有借来的图书中，让林肯最为受益的是《斯科特教程》。它教会了林肯如何发表公众演说，还让他领略了狄摩西尼、西塞罗等这些古代希腊罗马的名嘴们演说的风采，以及莎士比亚戏剧中各色人物的形象。

林肯经常手握《斯科特教程》漫步林中，并高声朗诵哈姆雷特的警句。有时还吟诵安东尼在恺撒尸体旁发出的旷世名言："朋友们，罗马人，乡亲们，请听我说，我是来埋葬恺撒的，不是来赞美他的。"

林肯读书如饥似渴，每当他读到起兴之时，如果一时手跟前没纸，他就在木板上刻下他喜爱的文字。后来，他做了一个剪贴板，以羽毛作笔，蘸上野果汁，把他喜欢的词句全部抄在木板上。他走到哪儿都随身携带剪贴板，只要有空闲时间就诵读这些语句和演说词，一直到背会为止。

在田地里劳动的时候，林肯也是书不离手。马儿在玉米堆旁边歇息，这当儿他就在篱笆的高处读书。午饭期间，家里人都围在一起用餐，而林肯却半躺着，翘起双腿，一手拿着玉米团，一手捧着书，陶醉在书本美妙的字里行间。

当镇上的法院开庭时，林肯往往要徒步 24 千米，赶去聆听律师们的辩论。过后，去田地里劳动的时候，他也会不时地扔下锄头，爬上篱笆，高声朗诵他记下来的律师们的演说词。甚至有时候，他还模仿星期天在皮金河教堂里的那些牧师的洗礼布道。

林肯去田地的时候经常会带上《女王的俏皮话》。他总是拿着这本笑话集在木屋里为大家朗读里面的章节，惹得听众们开心狂笑，那种欢快笑声常常会在林间萦绕回荡。然而，这样一来，他忘了田地的工活儿，玉米地里杂草疯长，禾苗也已枯黄了。工头抱怨说："林肯太懒了。"这点林肯承认。

"我父亲教我怎么干农活，"他说，"但他从来没有教我热爱劳动。"

最终，老托马斯·林肯断然要求说：这种行为太愚蠢，必须停止。然而，这种命令没有奏效，林肯继续讲他的笑话，发表演说。然而有一天，在众目睽睽之下，老托马斯重重地给了林肯一耳光，还把他打倒在地上。他默默地流着泪，一言不发。从此，一种隔阂在父亲和儿子间产生了，而且这种隔阂一直伴随在他们日后的岁月。当托马斯年迈体弱的时候，在经济上林肯给予了他关怀和支持，然而在 1851 年，当这位老人躺在床上将要与这个世界告别的时候，他的儿子却没有去看望他。林肯黯然说道："我不知道，如果我们现在相见，痛苦和喜悦到底哪个多一些。"

1830 年冬，"牛奶病"再一次袭来，印第安纳州巴克罕山谷又一次笼罩在死亡帷幕之下。

恐惧和沮丧占据了托马斯·林肯内心。处理完家猪和玉米，把破败不堪的农场以 80 美元的价格变卖以后，他带着家人和家具，坐着唯一也是第一辆粗糙的自制马车，由亚伯拉罕·林肯执鞭，赶着牛群，奔向伊利诺伊州的一个山谷。那个山谷印第安人称作"桑加蒙"——意即"丰衣足食之地"。

在茂密的印第安纳森林里，他们赶着牛群缓慢前行。两个星期里，笨重的马车伴着"嘎吱嘎吱"之声，艰难越过山丘，穿越伊利诺伊苍凉的大草原，踏过了烈烈夏日下半尺多高的枯黄草丛。

在温森斯时，林肯才 22 岁，他在这里第一次看到了报纸。

到迪凯特时，他们无处安身，只能露宿于法院前的广场。26年后，林肯还能清晰地记得停靠马车的具体位置。他感慨道："在那个时候，我很难知道，将来我也会成为律师。"

关于这段故事赫恩登回忆道：

我曾听林肯描述过这段旅程。他说，那时尚在严冬时节，白天时马路上的冰霜慢慢开始融化，而一到夜幕降临，马路上的冰霜又会重新凝结成冰。这样的路况，加之还赶着牛群长途跋涉，使人畜异常疲惫，注定是一个艰难漫长的旅程。当然，那时也没有桥梁，如果不去找迂回的小路，我们只能不断地蹚过大大小小的溪流。旅程刚开始的时候，道路上在马车过后会留下一层被轧碎的薄冰。还有一只狗伴随着这一家人，紧紧地跟在马车旁。有一天，可爱的小家伙掉队了，在这家人蹚过一条小溪时发现它还站在小溪对岸，哀鸣声声，而破冰下溪水急流，它不敢下水。这时，大部分家庭成员由于急着赶路，说返回对岸让牛群和马车搭上小狗没有意义，决定还是别管了。"但是，我不能容忍抛弃任何东西，哪怕它

是一只狗，"林肯回忆道，"我脱下鞋和袜，蹚过溪水，到了
对岸，抱起颤抖的小可怜，再返回到一家人身边。小狗欣喜
若狂，向我流露出深深的感激，这让我觉得蹚过刺骨的溪水
救它非常值得。"

　　当林肯一家驾着马车、赶着牛群穿越茫茫大草原的时候，美
国国会正在激烈辩论着：州政府有没有权利脱离联邦政府。在这
场辩论中，丹尼尔·韦伯斯特从议席上站了起来，声如洪钟，发
表了慷慨激昂的一场演说，即著名的《韦伯斯特答海恩》。这场演
说后来被林肯称为美国人雄辩的"典范"。这场精彩演说的最后词
句"自由和联盟，现在和永远，一个美国，不可分割"令人难忘，
后来，林肯将它运用在他的政治观点当中。

　　南方 11 个州是否有权利脱离联邦的议题掀起了汹涌波涛，在
韦伯斯特演说之后的三十年里才得以平息。这一切不是因为韦伯
斯特强悍的心性与实力，也不是因为克莱天才般的智慧，更不是
因为卡尔霍恩声誉的崇高。甚嚣尘上的脱离运动最后平息完全归
功于亚伯拉罕·林肯。然而，此时不名一文的林肯，正驱赶着马
车向伊利诺伊州进发。他头顶熊皮鸭舌帽，穿着一条鹿皮马裤。
赶路的林肯在面对当时的情境时引吭高歌："你好啊，哥伦比亚，
你是幸福的土地，你已经让我倾倒，让我沉醉。"

机会终于来了

　　在伊利诺伊州的迪凯特附近林肯一家才得以安顿下来。他们
在林间的半山腰上搭建了房子，站在这里桑加蒙河便可跃入眼帘。

林肯帮家人伐木砍树，平整土地，修建房屋，赶牛犁地，15英亩土地上的杂草被清除了，还在犁过的荒地上种了玉米。他还伐木劈柴，将自家的土地用栅栏围了起来。

第二年，林肯为邻居当雇工，干一些农活，像犁地、叉干草、劈围栏或者杀猪等。

亚伯拉罕·林肯在伊利诺伊州度过的第一个冬天是人们所熟知的最寒冷的冬天之一。大草原上的积雪厚达一尺多，大批的牲畜被冻死，麋鹿和野鸡几近绝迹，甚而有不少人也在严寒中丧失了生命。

林肯想要一条用白核桃树皮浸染的褐色牛仔裤，在那个寒冷的冬天，他答应为人家劈一千条围栏。每天为了去上工地点他要徒步4.8千米。有一天，在过桑加蒙河的时候，乘坐的小木船翻了，他掉进了冰冷的河水里。从河里爬上来，在他还没有走到最近的人家——沃尼克少校家的时候，他的双腿就已经冻僵了。由于无法行走，林肯在沃尼克家里躺了整整一个月，在沃尼克家他每天躺在壁炉旁讲故事，同时他还阅读了一卷《伊利诺伊州的法律》。

在此期间，林肯曾向沃尼克的女儿求婚，但沃尼克皱了皱眉头，没有答应。少校心里想：他说什么？少校女儿，沃尼克的后代，和这个呆头呆脑、没有文化的伐木工结婚？他既没有土地，也缺少钱财，又没有发展前途，整个一穷光蛋，还想娶我女儿？痴心妄想！

的确，没有哪一块儿土地属于林肯自己；他根本没有想着去占有一片土地，这也是事实。因为他22年的光阴都耗费在农场里了，他干的最多的活儿是开荒种地。他厌倦了田间煎熬般的劳作，生活中的孤独与寂寞日复一日,这又让他十分憎恨。他渴望与人交往,期待着出人头地。他盼望着有一份自己的工作,这样可以接触更多的人,可以向他们讲故事,让他们开心大笑。

还在印第安纳州的时候,亚伯拉罕曾经乘小船去新奥尔良,那时候,那种新奇、刺激、兴奋使得他十分快乐!有一天晚上,小船刚刚停靠在杜谢恩夫人家的橡胶园,一群手持刀枪棍棒的黑奴爬了上来,他们准备杀光船上的人,抛尸河中,然后让船载着货物沿河顺流而下漂向新奥尔良的贼窝。

这时,林肯拿起棍子,将三个强盗打到了河中,其余盗贼也被林肯赶到了岸上。在这场械斗中,有一个黑奴混战中一刀砍在了林肯的前额,从此,林肯的右眼上方留下一道永远无法抹去的刀疤。

这样下去不行,托马斯·林肯不想让亚伯拉罕再去开荒种地了。

新奥尔良漂流的经历锻炼了林肯,林肯找到了一份船上的活计,每天可收入50美分,另外还有奖金。林肯与继母家来的兄弟、堂兄一起自己伐木,建造船只,船只长约25米。他们在船上装上熏肉、玉米和猪肉等,然后驾船运送到密西西比河下游。

在船上,林肯负责烧饭、掌舵、讲故事,还组织大家玩"七喜"游戏,并高声歌唱:

> 戴着头巾最自傲的土耳其人,
> 蓄着浓密的连鬓胡子扬扬得意,
> 他们的眼里除了自己什么都没有。

林肯对这次漂流生活的记忆是那么经久而又深刻。赫恩登说：

到了新奥尔良以后，人类奴隶制的存在让人震惊，也真正让林肯第一次感到了它的可怕。真是百闻不如一见，之前的一切所闻成了林肯眼中无法漠视的现实，当他面对镣铐下被无情折磨和抽打的黑奴时，一股反抗非人道主人的正义感在他内心油然而生。难怪和他一起的伙伴说："从那时起奴隶制就在他的心里留下了深深的烙印。"一天早晨，当他和两个同伴在城中闲逛时，经过一个奴隶拍卖场，拍卖会上正有一个黑白混血女奴待售，看上去，她活力充沛，面容秀丽。那些叫价者围着女孩左瞧右看，有的出价人还在女孩身上捏来摸去，试试她的皮肤的弹性，还有的让她像马一样在屋里跑来跑去，以检验她的灵敏度。拍卖师对此说："应该让叫价者满意，检查他们出钱购买的东西是否有瑕疵是应该的。"这种情形令人作呕，林肯心里充满了"难以克制的憎恨"，他愤然离开了那个地方。他对跟在后面的同伴说："天哪，朋友们，赶快离开吧。假如我有机会用鞭子抽它（指奴隶制），我将毫不犹豫狠狠地抽下去。"

由于憨厚诚实，林肯的雇主丹顿·奥福特对林肯喜爱有加。他喜欢听林肯说笑话、讲故事。他派林肯回伊利诺伊州去伐木，在纽萨勒姆用圆木搭建了一座杂货店。这个小村庄有 15 到 20 座木屋，它坐落于蜿蜒的桑加蒙河边上方的高地上。林肯在杂货店里当店员，并兼管着一个磨坊和一个锯木厂。在那里他一待就是六年，但这六年对他的未来有着深远而重大的影响。

村子里有一帮粗野、荒唐、好斗的地痞流氓，叫作"克拉瑞林中之王"。他们自己夸耀说，他们是全伊利诺伊州在喝酒、斗嘴和打架方面最有能耐的人。

不过，这些人的本性并不坏。他们忠厚、坦率、慷慨而且富有同情心，他们只是想出风头而已。因此，当大嗓门的丹顿·奥福特在镇上夸奖他的店员亚伯拉罕·林肯体力过人、勇武强壮时，克拉瑞树丛帮的人可就不乐意了。他们准备给这位强者一点颜色看看。

结果，年轻的林肯在跑步和跳高两项比赛中远远超过了他们；而且凭借他修长的手臂，林肯在他们所有人中成了抛实心球比赛的赢家。与他们在一起时，林肯还用朴素的语言给他们讲趣闻轶事，他讲述的那些滑稽的森林奇谈让他们开心大笑，那笑声持续了好长时间。

在纽萨勒姆村，林肯的生活蒸蒸日上。有一天，镇上的人们全都聚在白橡树下，观看"林中之王"的领袖杰克·阿姆斯特朗和林肯的摔跤比赛。最后，林肯将阿姆斯特朗打败了，他赢了，在此取得了他人生的最高境界。从此以后，"林中之王"对林肯十分折服，与他成为朋友，还拥他为王，并请他担当赛马和斗鸡的裁判。当林肯失去工作、无家可归的时候，这些朋友们就带他回家，供他吃穿和住宿。

在纽萨勒姆，林肯找到了他多年以来梦寐以求的机会——克服自身恐惧、学会公开演讲。还在印第安纳州那穷乡僻壤的时候，他的机会只能是给在田间的小群农民讲话；而在这里，每到星期六晚上，拉特利奇旅馆的餐厅里都有聚会。林肯会欣然前去，并很快成为聚会活动的核心。在那里他讲故事，朗诵自己的诗，对各类议题展开辩论，还对桑加蒙河的航道问题等发表即兴演讲和评论。

参与这些活动对林肯来说受益匪浅，它使林肯的思路更为宽广，雄心受到激发。从中他也发现自己有一种用演说去激励和影响他人的潜质。这一发现使他树立了勇气和自信，对他而言这种力量是其他任何力量无法比拟的。

奥福特的杂货店没有存在几个月就关门了，林肯失业了。而此时选举日临近，举国上下政治气息浓烈而炽热，林肯认为这是一个锻炼演说能力的机会。

在当地一位叫门特·格雷厄姆的老师帮助下，林肯准备参加州议会选举，他花了几个星期的精力和时间起草和修改公众演讲稿。在演讲中，他宣布将参加州议会的选举。并宣称他赞同关注"完善内部建制……治理桑加蒙河的航道……使教育优质化……公平"，等等。

在演讲即将结束时，他讲道："我生长在最为清苦贫寒的家庭。我身无分文，更没有很具地位和影响力的人举荐。但是，假如人们好心地认为我该退出，我也不会懊恼，因为我经历过的这种失落已经很多了。"演讲结束了，他的结束语充满善良与温情。

几天后的一天，有一位骑士急匆匆地来到纽萨勒姆。他说，印第安人酋长布莱克·霍克正率领人马杀戮而来，所到之处烧毁房屋，抢掠妇女，杀戮平民，罗克河一带被血色弥漫。

在惊慌失措之中，雷诺兹州长急忙下令招募志愿兵。失业的身无分文的候选人林肯进入了军队，在那里他待了 30 天。他被推选为队长后，试图训练"克拉瑞林中之王"。但是，那些人在背地里却说："见你的鬼去吧。"

赫恩登说，布莱克·霍克战争在林肯看来是一种度假和偷鸡摸狗的事。而事实上就是这样。

后来在国会的一次演说中，林肯讲道，他没有攻击任何一个红皮肤印第安人，但是他又说"还是教训了那帮狂野的洋葱头"。他说他并没有见到任何印第安人，但他"与蚊子们进行了生死较量"。

林肯从战场上归来后，又投身于竞选当中。他挨家挨户地拜访、握手致意、讲述故事，与每个人沟通分享见解，随时随地发表演说。然而这场竞选中林肯输了。他只赢得了纽萨勒姆 280 张选票中的 3 票。

两年后，他再次参加竞选。这一次他赢了。为了参加议会，他向别人借钱买了一套服装，让自己穿戴整齐前往议会。

在 1836 年、1838 年和 1840 年，他连续参选，并都取得成功。

那时，在纽萨勒姆，有个游手好闲的人，名叫杰克·凯尔索，他喜好外出钓鱼、拉提琴和背诵诗词，他的家境一般，妻子经常不得已收一些寄宿者以挣点钱，贴补家用。小镇上很多人瞧不起他，认为他游手好闲，一事无成。但林肯喜欢他，和他成为朋友，并深受他的影响。之前，林肯不甚了解莎士比亚和伯恩斯，他们对林肯而言只是个模糊的姓名而已，没有什么意义。在遇到凯尔索后，当聆听杰克·凯尔索朗诵《哈姆雷特》和《麦克白》的时候，林肯第一次感受到了英语的和谐与壮美，以及富有智慧和如火情感！

莎士比亚令他敬畏，而伯恩斯则让他热爱和同情。和林肯一样，伯恩斯面世之时也栖息在一间小木屋，境况比林肯好不到哪儿去。伯恩斯也曾躬耕田垄。在他们的人生中那些曾经的犁田、捣田鼠窝等杂役和经历铸就了他们不朽的诗篇。在伯恩斯和莎士比亚的诗篇中，林肯看到的是一个极富意义、充满情感的全新世界。

莎士比亚和伯恩斯都没有上过大学，甚而亚伯拉罕·林肯受过的教育比他们还多一些。这让林肯非常惊讶。

林肯有时候也会妄想：也许，他这个父亲托马斯·林肯是文盲，自己又没有接受多少正规教育的人，也可以做一些高雅的事；也许，他没有必要再在杂货店当店员卖东西或当铁匠。

林肯最钦佩伯恩斯和莎士比亚。在他读的作品中，莎士比亚的作品他读得最多。他后来为人处世的风格都能反映出这些作品深深的烙印。即使入主白宫的岁月，当内战的重负和操劳使他面容憔悴，身体疲惫时，他都会抽时间阅读莎士比亚的作品。无论多么忙碌，他都要和学者权威们研究探讨莎士比亚的剧本。在他遇刺前的一星期，他花了两个小时向朋友们朗读《麦克白》。

因此可以说，纽萨勒姆的那个无名小卒——渔夫杰克·凯尔索的影响力已经深达白宫了……

纽萨勒姆的创建人是南方人詹姆斯·鲁勒吉，也是个酒店老板。他有一个女儿，名叫安妮，她长得非常迷人。林肯第一次见到安妮的时候，她才19岁，是一个金发碧眼的女孩。那时的安妮已经和当地的富商订婚，但是林肯还是深深地爱上了她。

安妮·鲁勒吉答应嫁给约翰·麦克尼尔，但是要等她完成两年大学学业之后再完婚。

　　林肯来纽萨勒姆后时间不长，发生了一件怪事：麦克尼尔变卖了店铺，说是要去纽约州把父母兄弟接到伊利诺伊来。走之前，麦克尼尔对安妮说的一些事情让安妮惊呆了。然而，年轻的安妮那么爱他，便相信了他的话。数天之后，他挥别安妮，并保证会写信给她，保持联系。

　　林肯当时是村里的邮递员。每周由公共马车运送两次邮件到村里。因为那时的邮资按邮件行程的距离计算，大概在 6.25 至 25 美分，并不便宜，所以信件很少。林肯将邮件放在帽子里四处行走寄送分发。碰到有人询问有没有自己的信件时，林肯便会掀开帽子翻翻捡捡。

　　安妮每个星期都会向林肯问信件的事。过了三个月，安妮终于等到了麦克尼尔的第一封信，然而收到这封信还不如没收到。麦克尼尔的信内容冷淡，语焉不详。在信中解释说，他在经过俄亥俄州时发烧生病，昏迷卧床好几个星期，所以没有早点给她写信。又经过了几个月，麦克尼尔在他的第二封信中说，他的父亲得了重病，而那些债主们对父亲纠缠不放，这样的话，不知道什么时候才能返回纽萨勒姆。

　　这之后，好几个月过去了，安妮再也没有接到麦克尼尔的信，安妮一直处于漫长的等待之中。她开始怀疑，麦克尼尔是否真正地爱她。

　　看到安妮郁郁寡欢的样子，林肯告诉安妮，他愿意帮她寻找麦克尼尔。

　　"不用了，"她说，"我在等他，他是知道的，他如果连信都不想给我写，找他还有什么用，我也不愿去找他。"

然后，她说了麦克尼尔在临行前实情坦白。麦克尼尔对她说，他在这里生活的几年来，是用麦克尼尔化名居住在这里，他真正的姓氏是麦克纳玛尔，不是纽萨勒姆都知道的麦克尼尔。

他为什么要这样？他解释说，他父亲由于在纽约州经商失败，债台高垒。在家中他是长子，这种情况怕影响到他的前程，所以只身来西部赚钱。他隐姓埋名，是怕家里人知道他的行踪以后追踪而来，这样的话他就得尽义务养活家人，压力就更大，不利于他的事业，他不想受影响，因此他用了假名字。但是，现在他成功了，他就想把父母接到伊利诺伊州来，让他们享享福。

这件事一传开，村子里像开了锅一样。人们议论纷纷，都说麦克尼尔是个骗子，他满嘴都是谎言。这种情形本来就很乱了，加上流言纷纷使得情况变得更为复杂。他到底是个什么样儿的人，其实根本就不知道他是谁！也许他已经结婚；也许他有两三个老婆，而且瞒着她们，他自己在外胡作非为。天知道！也许他是个抢劫犯或者杀人犯；也许，太多的也许……总之，他最终抛弃了安妮·鲁勒吉，然而安妮却为此谢天谢地。纽萨勒姆的人们对这件事看法种种，而林肯对此却保持着沉默。

他祈祷和等待的机会终于向他走来。

最后的枝叶

鲁勒吉小酒店是座饱经风雨，建造简陋的小木屋，与林立在西部边疆的众多小木屋相比没有什么特别之处，经过此地的人一般不会投去多余的一眼。然而，此时的林肯被深深地吸引，他的身心和双眼再也离不开它。于他而言，鲁勒吉小酒店的那种气势使他每一次跨入，心跳都会不由自主地加快。

林肯向杰克·凯尔索借了一本莎士比亚戏剧，随性地躺在店铺的柜台上，逐页翻阅，反复朗读下面的句子：

> 轻柔的！是一抹什么光辉照进了那扇窗？
> 它来自东方，是朱丽叶的光芒。

吟诵着诗句，合上书本，林肯再也无法平静，内心很乱，他安静地躺着，脑子里浮现的是昨晚安妮的音容笑貌，耳旁萦绕着她每一句甜美的话语。如今，在他的心念中一件事是最重要的，也就是和安妮共度美好的时光，并为此而活。

那个时候，缝被服聚会很流行，村子里到处都有这样的聚会。安妮心灵手巧，手工娴熟，针线活做得精巧别致。她经常应邀参加聚会，是那里的常客。每个聚会的早上，林肯都会骑马送她去聚会的地方，傍晚再把她接回来。这样的地方，男人是很少去的，可有一次，林肯大胆地走进聚会的屋子，安静地坐在了她的旁边。安妮的心跳得很厉害，脸颊上浮现出阵阵红晕。一阵慌乱中，她缝被服的手开始不稳定，针法有点散乱，这一切，没有逃过旁边那些同伴们的眼睛，她们开心地笑了。

那床被子被它的主人一直当作绝版珍藏着。就是在林肯成为总统后，他还常常十分自豪地将它拿给人看，还能指出他喜欢的人安妮当年针法走样的地方。

夏夜，在桑加蒙河的岸边，总有林肯和安妮并肩漫步的身影，两岸高大的树上夜莺在吟唱，夜空中萤火虫编织的丝丝金线在闪烁。

秋的时节，橡树一团火热，红艳如炽；熟透的山胡桃啪啪坠地。他们徜徉在收获的林中。

冬日里，雪停了，他们手拉手，踩着一片银白的世界。那时——

一株株橡树、桉树和山胡桃树褪去了一身繁华，光秃的躯干像裹上了貂皮一样，倔强地矗立在寒冰中。榆树娇嫩的枝丫上缀满了晶莹剔透的珍珠。

周围的世界如此美丽，充满温柔，生活在这对恋人的眼里，其意义是多么的神圣而庄严，他们的生活是全新的温馨的。每当林肯的目光落在安妮那幽蓝而充满希望的眸子时，安妮快乐的芳心如鸟儿般婉转歌唱；而当与安妮的纤纤柔荑碰触时，兴奋的林肯便是呼吸急促，几乎窒息。于他，仿佛这世间莫大的福分降临了……

不久前，林肯和一个酒鬼在生意上曾经有过合作。他叫贝利，是一个牧师的儿子。当时纽萨勒姆这样的小村庄正在慢慢衰败，人气式微，街面上的大多数商铺很不景气，勉强挣扎在败落之中。但是，林肯和酒鬼却盲目地买下三家几近惨败的木屋杂货店，然后对它们进行了重新加固修整，合并成一间店铺，从此便开始了他们自己的创业。

一天，有一个人赶着篷车准备前往依阿华州，在路过林肯和贝利的店铺时，停车歇脚。由于旅途劳顿颠簸，人困马乏，疲惫不堪，为了减轻负担，这人将车上的一些物品准备扔掉，以便轻装上路。于是，他把一桶零碎的家庭用品以 50 美分卖给了林肯。这些物件对林肯来说似乎没多大用处，所以他看也不看就把圆桶推到了店铺后面。

两个星期以后，林肯想起这事来，想看个究竟，看看桶里到底装的什么，于是他把桶内的东西全倒在地上。在这堆杂物底下，他看到了一套布莱克斯通所著的《法律评论》。时值农忙季节，大多数庄稼人在田间忙活去了，店里顾客很少，读书的时间多的是，林肯利用空闲时间认真地读起这本书来。他全神贯注，越读兴致越高，一口气读完了四册全文。

《法律评论》这套书使林肯立志要成为一名律师。他要让安妮以成为他的妻子为荣。安妮十分赞同他的计划，并准备在他完成法律课程，正式执业之时，与他结为伴侣。

读完布莱克斯通的著作后，林肯去了 32 千米以外的斯普林菲尔德，找一名律师向他借了其他法律著作。他与那名律师结识于那场与印第安人的作战中。林肯在回家的路上，捧着书一边走一边读，有读起来难理解的章节和段落，读到难懂的章节，便放慢脚步或者停下来仔细品味思考，直到完全读懂其中的含义为止。

他一直都在读书，就这样他一路上读了二三十页，直到夜幕降临，群星闪烁，书页上的文字在朦胧中跳动，无法辨清，方才罢休……实际上他也饿了，他这才加快了回家的步伐……

如今的他，只是聚精会神心无旁骛地看书学习，对其他的事情一概不过问。白天，他躺在杂货店外面的老榆树底下，一对光着的脚丫子蹬着树干，捧书而读。夜晚时分，他去制桶场地读书，将到处散落的废料收集起来再点燃，以此作为照明。他时而高声朗读，时而合上书本，默写、改正、重写，或写读后感，并一次次的改，直到文句通畅明白，即使是孩子读了也能理解才会停笔。

不管是沿着河边散步，在林中徜徉，还是在劳作的田间地头，无论到哪儿，都能看见林肯的腋下总是夹着一本书，那是布莱克斯通的著作。有一天中午过后，林肯的雇主发现林肯在谷仓的角落里，光着脚丫子坐在柴堆上研读法律。

门特·格雷厄姆对林肯说："你若想在政治和法律方面有所建树或者发迹，非懂语法不可。"

林肯问道："这种书我该去哪里借呢？"

离这里 9.6 千米的地方住着一个农夫，叫约翰·万斯。他有一本柯卡姆语法书。听到此，林肯马上站起来，戴上帽子，直奔那里去借书。

林肯在很短的时间内掌握了所有柯卡姆的文法规则，这让格雷厄姆非常吃惊。30 年后，格雷厄姆对人说，他拥有五千多学子，在他们中间，林肯是他所见过的"在追求知识和学问的道路上最积极、最用功和不断进取的年轻人"。

格雷厄姆又说："我了解林肯，为了在三个表达方案中选取最佳的一个，他会花上好几个钟头去推敲。"

读了柯卡姆的语法书之后，接着林肯开始读爱德华·吉本的《罗马帝国衰亡史》、洛林的《古代历史》、托马斯·潘恩的《理性时代》，以及反映杰斐逊、克莱和韦伯斯特等人军事生涯的传记。

看看这位年轻人，他的穿着打扮格调多么与众不同，他上身裹着蓝色的棉布外套，脚蹬粗笨的皮鞋，腿上的那条浅蓝色斜纹布马裤，裤脚离脚上的袜子有一两寸远，怎么看都不与全身搭调。

他就在纽萨勒姆逛来逛去，或看书学习，或做梦和讲故事。他人缘非常好，不管走在哪里，都会有一大帮人成为他的朋友。

已故的阿尔伯特·J. 贝弗里奇是研究林肯的学者，他在有关林肯的传记中说："让人民关注的不仅是他的睿智、学问和善良，他那奇特的装束和由此所致的笨拙姿态成了他与众不同的标志。尽管马裤又肥又短，令人发笑，然而，时隔不久，亚伯拉罕·林肯这个名字却从此闻名遐迩。"

没有出人意料，林肯一心扑在书本上，而贝利整天泡在酒缸里烂醉如泥，他们两人合伙的杂货店最终也关门大吉了。这时候的林肯身无分文，没钱吃饭，也无地方可住，他只能打点零工，干些体力活维持生计。最后替人：砍伐树木，堆干草，做篱笆围墙，剥玉米，去锯木厂做搬运工，一度还做过铁匠。

后来，林肯在门特·格雷厄姆的帮助下，开始了三角和对数的学习；他想当勘测员。他借款买了一匹马、一副罗盘，并找来一根葡萄藤充当测链，然后动身前往镇上。为人勘测丈量土地。每干完一桩测量的活，他就能收取 37.5 美分的费用。

而在同时，鲁勒吉小酒店也破产了。安妮不得已就去了一位农场主家里，做了伙房女工。林肯也很快在同一个农场里找到了一份工作，替人种玉米。到了晚上，林肯就去伙房帮安妮洗刷碗碟。这样就可以与她近距离相处，林肯倍感快乐。此后，他再也没有享受过内心那种被幸福和满足充实的感觉。林肯在去世前不久曾经向人说，他在伊利诺伊州光着脚为人锄地干农活儿比在白宫当主人更快乐。

但是，这对相恋的人快乐的日子没有持续多久。1835 年 8 月，安妮一病不起。刚开始，安妮只是感到疲乏无力，并不觉得疼痛，她依然忙碌。可是，一天早上，她竟然无法下地，她发起高烧，她的哥哥骑马从纽萨勒姆请爱伦医生为她诊治。爱伦医生诊断她得了斑疹伤寒。她的身体热的滚烫，但双脚冰凉，必须把加热的石头放在脚下取暖。她不停地嚷嚷着要喝水。现代医学认为，斑疹伤寒要用冰敷退烧解热，并尽可能多饮水，然而可惜的是当时爱伦医生不知道这些。

日子在恐惧中缓慢消逝。最后，疲倦的安妮已经没有力气把手从被子里伸出来。爱伦医生要求不要打扰安妮，让她完全休息静养，林肯要去探望也被拒绝。后来的几天，安妮嘴里一直无力地念叨着林肯的名字，在深深的呼唤中，她的家人请林肯过去。林肯走进屋中，关上门，坐在她的床前与她默默相对，两个互相深爱着的人单独相处，在相互注视中沉浸在一种眷恋的情绪中，这一刻是他们相对的最后时光。

第二天，安妮失去了知觉，在昏迷中离开了这个世界。

此后的几个星期里，安妮的离去使得林肯伤心欲绝，这一段时日是他一生中最黑暗的日子。他茶饭不思，难以成眠，轻生的念头不断在大脑中闪现。他离群索居，不与人言，目光总是凝视远处，一如灵魂随安妮而去，只留一副人皮空壳，现实世界与他毫无瓜葛。这引起了他周围的朋友们的警觉，他们拿走了他的小刀，还时刻盯着他，以防他去跳河。

安妮去世后，被安葬在8千米以外的协和公墓。每天林肯都要步行前往安妮长眠的地方陪伴她。有时候，他会独自在那儿待很久，担心他的朋友们不得不去劝他并把他带回家。如果遇到暴风雨，他便泪眼涟涟地说，他不能让安妮被狂风暴雨惊扰。

一次，有人看到林肯在桑加蒙河岸漫无目的地踉跄行走，嘴里时不时地念叨着什么。大家担心他会精神崩溃而发疯，于是，就请爱伦医生来为他治疗。爱伦医生很清楚林肯是怎么回事儿，他说林肯必须找点事儿做做，让他参与一些集体活动，让他的心思转移到工作上，减轻他对安妮的思念。

林肯有位很要好的朋友叫鲍林·格林，他住在城镇以北1.6千米的地方。他愿意负责照料林肯，并将林肯带回自己家。

格林的家是一处环境优美、寂静祥和的地方，在那里清新舒爽，后院满是高大的橡树，林立的山岩向西延伸；屋前是一片平整的洼地，向着郁郁葱葱的桑加蒙河舒展而去。格林夫人让林肯帮她干各种各样的活，让他砍柴，挖土豆，摘苹果，挤牛奶。有时还让林肯帮她在纺纱的时候扯线。格林夫人的目的是故意让林肯多干活，忙起来，使他没有时间想别的事儿，以便调整心绪。

虽然忙碌，可林肯还是没有从失去爱人的伤痛中走出来，他把一切藏在心里过着每一个难熬的日子。1837年，安妮离他而去的两年后，有一次，他对议会的同僚说："虽然有时候别人看我好像很快乐，以为我可能恢复了，但是，在人后当我独处的时候我还是极度莫名的悲伤与无助。甚至，有时候感到只有用刀子自行了断了自己。"安妮的离去使林肯完全变成了另一个人。随着时间的推移，初时那永别的哀伤变成了无尽的悲恸。他成了伊利诺伊州最忧伤的人。

后来林肯在法律事务所的合伙人赫恩登曾说："二十年里，林肯一直处在忧郁当中，即使有那么一些日子是快乐的，但我没有看到……不管他到哪儿，忧伤总是如影随形。"

从那个时候开始直到去世，对于悲哀和死亡主题的诗篇林肯多了一份偏爱，有时候可以说沉迷其中，几近着魔。经常会看到他神情茫然，呆呆地无语而坐，在那种冥想神态中坐好几个小时而一言不发。突然间，他又会念叨《最后的枝叶》中的诗句：

> 布满青苔的大理石，
>
> 盖在他曾经亲吻的红润上，
>
> 那刻骨的昵称，
>
> 已镌刻在墓碑上，
>
> 累月经年。

安妮走了不久，一首取名《致命》的死亡诗成了林肯最喜爱的诗篇。他常常在没人的时候将这首诗的诗句反复地念诵给自己听。在伊利诺伊州的乡村旅馆也曾念给别人听，在公众场合演讲时引述，对白宫的客人，他都会背诵里面的诗句。有时候还抄下来赠予友人。他说："我愿意尽我所能、不惜代价，只为能写出如此美妙的诗句。"林肯最欣赏这首诗的最后两节：

> 噢！希望和失意，欢乐和痛苦，
>
> 在阳光和雨水中交融；
>
> 欢笑与泪水，欢歌和挽歌，
>
> 接踵如浪涛般相随。
>
> 转瞬吐纳间，

生之红晕换成死的惨白，

金碧厅堂泛起尸架和青衣裹挟的悲戚。

噢，致命的神灵，你为何如此地骄傲？

安妮·鲁勒吉长眠的协和公墓地处一块农场的中央，那是一片静谧祥和的地方，三面被麦田围着，另一面与一片蓝草牧场相连，牧场上有成群的牛羊觅食。如今的公墓灌木丛生，野藤遍地，很少有人前去参观。春暖花开的季节，鹌鹑回来筑巢，也就在这时，鸟儿"叽叽喳喳"的欢叫和羊群"咩咩"的呼唤才会打破那里的寂静。

安妮·鲁勒吉静静安卧在协和公墓半个多世纪了。1890 年，有位当地的商人在彼得堡新修了一个公墓，离协和公墓不远。而当时，在彼得堡已经有一个公墓，叫玫瑰山公墓，那儿环境优美，很受人们青睐。这样一来，在此地再建新墓的销售状况可想而知。于是，唯利是图的本性驱使那位商人对林肯心上人安妮的墓穴打起了主意，他想将安妮迁移到新墓中去，为的是以此作为推广手段，扩大它的商业影响，促进销售。

据那位商人坦白，在 1890 年 5 月 15 日，他掘开了安妮的墓穴。他发现了什么？

有位居住在彼得堡的老太太，总是显得那么慈祥善良，她是安妮堂弟麦格雷迪·鲁勒吉的女儿，她向本书作者发誓她所讲的句句属实，然后说出了所有的一切。麦格雷迪·鲁勒吉和林肯常常一起下地劳作，在林肯为测量员的日子里，有时候他还帮助林肯测量土地，两人同吃同住。他非常清楚林肯和安妮之间炽热的恋情。

在一个宁静的夏夜，老太太坐在庭院前门廊的摇椅上，向作者细说："我常听爸爸说，安妮去世后，林肯经常徒步8千米路，到安妮的坟前呆呆地坐很长时间，爸爸担心林肯会出事儿，每次都去那里接他回来……当安妮的墓穴被挖开的时候，爸爸和那个商人都在现场，我听爸爸说，安妮已尸骨无存，在墓穴中找到的唯一的东西就是安妮的衣服上掉下来的四颗珍珠纽扣。"那个商人挖出了四颗珍珠纽扣和一些泥土，然后把这些迁葬于彼得堡的奥克兰新公墓。后来，他宣称：安妮·鲁勒吉就葬在这里。

至今，每到夏季，数以千计的香客如潮般驱车前往奥克兰公墓，凭吊芳冢，以表敬仰之情。我曾亲眼看到过凭吊者们对着那四颗珍珠纽扣深深低头，潸然泪下。在这四颗纽扣的上方有一座雄伟的花岗岩纪念碑，碑上刻着埃德加·李《汤匙河诗集》中的诗句：

> 盛放的野玫瑰
>
> 娇啼的北美鸽
>
> 耳畔骤响的乐章
>
> 没有怨恨彷徨
>
> 正义和真理同在，
>
> 宽容与祥和写在脸上。
>
> 亚伯亚罕·林肯我的爱人
>
> 用他的泪水润泽着这块土地。
>
> 我，安妮·鲁勒吉
>
> 安眠于此。

我们看似分离，实则相依，

我们终会相逢在同一片土地。

噢！共和国！愿我的尘埃化作沃土，

愿您的鲜花长盛不败！

实际上，贪婪的商人怎么能带走安妮呢？他带走的无非身外之物，而安妮的灵魂永远留在她的长眠之地。因为那里有林肯和她的记忆，有欢歌的北美鸽，有怒放的野玫瑰，而亚伯拉罕·林肯那肃穆的身影英灵安眠的寄托，坠落的热泪滋养着她的安息之所。林肯说，他的心已与她埋在一起，这也是安妮所希望的。

与玛丽相识

安妮去世两年后的 1837 年 3 月，林肯离开了纽萨勒姆，准备开始他那"实习律师"的生涯。

他借来一匹骏马，然后把所有的财物家当装在了马鞍袋子里，要说全部家当，也只不过是一些法律书籍和几件破衣烂衫。还有，在一个个破旧的蓝布袋子里，塞满了 6.25 美分和 12.5 美分的零碎硬币，这些硬币还是他在纽萨勒姆当邮差时代收的邮资。带着所有这些，林肯骑马直奔斯普林菲尔德，开始新的生活，他要当律师。

林肯在斯普林菲尔德的第一年，经济条件非常不好，十分拮据。事实上，对邮局里的那些邮资他完全可以挪用或者据为己有，但是他认为如果这样做，那就失去了做人的基本诚信。因此，当邮局查账员前来结账的时候，林肯一分不差地交出了他收的邮资，还如实报告了一两年前他做邮递员时所领取的薪酬数目。

在林肯到达斯普林菲尔德的那一天，他就已经不名一文了，更难堪的是，他还身负别人1100美元的债务，这些债务还是他和贝利在纽萨勒姆开杂货店时欠的。后来贝利因酗酒过量而死，所有的债务林肯一个人承担了。本来林肯不必这样做，他完全可以以生意失败为由要求分割债务责任，随便钻个法律的空子规避还债。

但这与林肯的做人原则相悖，他主动找债主，请求给他时间，到时他保证连本带息一并偿还。除一个叫彼得·凡柏金的人提起诉讼之外，其他人都答应了林肯的请求；彼得·凡柏金胜诉后，马上将林肯的马儿和测量工具拿去拍卖了。而其他债权人则耐心地等了14年，在以后的14年里，为了信守诺言，林肯省吃俭用，有时候都不顾自己的温饱。直到1848年林肯当选国会议员之后，他还将部分薪水寄回家，偿还这笔老账，最终兑现了他的诺言。

那天上午，林肯到达斯普林菲尔德广场后，他将马拴在广场背面的乔舒亚·F.斯皮德日用品商店门前。斯皮德后来回忆：

> 他进城时骑着一匹马，到这里后准备找个木匠定做一副单人床。他走进我的店铺，把随身的马鞍袋子放在柜台上，就问我做一副床架的材料和工钱需要多少钱。我帮他算了算告诉他：要做一套得花销17美元。他说："能不能再给优惠一点？我的意思是说，虽然这已经很便宜了，但我还是没有那么多钱。假如你能让我先赊欠，那么，到圣诞节时我的律师事务所成功了，就可以给你还钱；但假如失败了，可能我一辈子都还不起。"听了他满是凄凉的话，我抬头向他看去，

他的脸是那么的忧郁和悲伤，这无法不让人同情。想想就是到现在，这还是一张我从来没见过的面孔。我对他说："花费虽少但对你却如此沉痛。这样吧，我住的房间比较大，里面有张大床。如果你不介意，我很乐意和你一起住。"他问道："房间在哪里？"我说："就在楼上。"并指了指店铺的楼梯口。他什么也没说，拎起马鞍袋便上楼去了，他将袋子放在地板上。然后轻快地从楼上下来，春风满面，对我大声说道："好啦，斯皮德，我搬进来了，非常感谢你！"

就这样，在此后的五年半里，林肯没有付过任何租金，在这个店铺里与斯皮德住在一起。

还有一位叫威廉·巴特勒的朋友，他不仅收留了林肯五年，还供给林肯伙食、住宿，甚至还给他买衣服。

威廉·巴特勒对林肯的接济，林肯记在心里，在后来林肯有能力的时候，他尽可能地给了巴特勒一些补偿，然而他们之间并没有说明欠谁多少，两人的交往纯粹出于一种朋友间的义气和情意，是一种互相帮助。

林肯非常感激上帝恩赐给他这两个好朋友。正是巴特勒和斯皮德的帮助使得林肯在法律事务上取得了成就。

后来，林肯曾经和一位名叫斯图尔特的律师合作。斯图尔特关注的是政治事务，所以把大量的时间花在了它上面，而林肯则负责事务所的例行事务，但是律师例行事务少得可怜。办公地的摆设也十分寒碜：一张脏兮兮的小床、一件野牛皮毯子、一张椅子、一条长凳，以及一个书架，上面摆放了几本法律书。

　　根据律师事务所的业务记录，在他们开业的前半年里，事务所的业务收入只有 5 项：一笔生意收入是 2.5 美元，另两笔各收了 5 美元，还有一笔收了 10 美元，然而最可怜的是最后一桩案子的律师费，他们的收入是客户的一件大衣。

　　林肯看着律师事务所惨淡经营，心灰意懒。在斯普林菲尔德，有一天当他在一家木匠店门前驻足时，他突然想放弃当律师，想做个木匠。当然当木匠的事前些年还在纽萨勒姆学习法律的时候，他就曾经认真考虑过。

　　初到斯普林菲尔德的一年林肯是孤独寂寞的。晚上偶尔去斯皮德店铺的后院，与那些谈论政治的人聚在一起，就这样打发着时日。每个星期天，林肯也不去教堂做祷告，这里的教堂幽雅宁静，但他说，他不知道该往何处去该做什么。

　　在那儿的头一年里，和他说过话的女人只有一位。在给玛丽的信中他写道："若非不得已，她是不会开口和我讲话的。"

　　在 1839 年，有一个女人来到斯普林菲尔德，她叫玛丽·陶德。玛丽不仅主动和林肯说话，而且还追求他，声称要嫁给他。

　　后来有人向林肯问起，陶德家的姓氏怎么会这样拼写成"Todd"时，林肯听后幽默地说，"也许是因为上帝（god）只一个'd'就很好了，而陶德（todd）家族需要两个'd'才觉得最好！"

　　玛丽·陶德是贵族出身，她的家族历史据说可以追溯到公元7 世纪，这也是他们引以为豪的事儿。在玛丽·陶德的曾祖父到叔公辈几代人中，曾经出过将军、州长、海军参谋等。玛丽本人曾经就读于肯塔基州莱克星顿的一所有名的法语学校，这所学校的管理者是维多利亚·夏洛特·拉、克莱尔·芒泰勒夫人和她的丈夫，他们是法国贵族。在法国大革命期间维多利亚、克莱尔等人为避免被送上断头台而逃离巴黎，来到此地。玛丽在这所学校里学得了一口流利的巴黎腔调法语，她还学会了凡尔赛宫贵族们才跳的八人舞和塞加西亚圆圈舞。

玛丽的气质高贵，自己也觉得高人一筹。她自信，终有一天她将会嫁给一个美国总统。虽然这让人觉得有点可笑，但她还是坚信这一点，并且公开讲这些话，毫不在意别人的嘲笑。听了这样的话后，人们也只认为那就是一些戏言和谈资，然而在玛丽看来那是她不可动摇的信念。

当说到玛丽时，她的姐姐说她"爱表现、夸耀、浮华和权力"，说玛丽是她见过的最有野心的女人。

玛丽性格张狂，脾气很坏，遇事很难控制自己的情绪。1839年的一天，她和继母大吵一架后，摔门而去，头也不回地离家出走，跑到家住斯普林菲尔德的姐姐家，并再没有回父亲的家。

一心要嫁个总统的玛丽，离家出走算是选对了地方，因为除了斯普林菲尔德以外，在伊利诺伊州没有任何能让她实现宏愿的地方了。当时的斯普林菲尔德只是个脏乱不堪的边陲小村镇，整个村镇大约有1500人。那里光秃秃的，没有树木，没有石板车道和人行道，晚上没有路灯，更别说排污的下水道了；小镇四面杂草丛生，牛群四处游荡，无人看管，街道泥泞的水沟里家猪打滚，牲畜粪便到处都是，空气中阵阵臭气扑鼻。

然而，苍天注定这个村镇必是美国的政治重镇，因为两个年轻人——1860年总统候选人——民主党北方候选人斯蒂芬·A.道格拉斯和共和党候选人亚伯拉罕·林肯从1839年就生活在这里。

他们是玛丽·陶德的共同追求者，他们都挽过玛丽的手拥抱过玛丽。玛丽自己也说，他们都曾向她求婚。

据玛丽的姐姐回忆，当问玛丽两个追求者中间她要嫁给哪一位时，玛丽说道："谁最有希望成为总统，就嫁给谁。"

这很明显，玛丽指的就是道格拉斯。因为那时，从政治前途看，道格拉斯前景远比林肯光明得多。虽然道格拉斯当时相当年轻，时年 26 岁，但他已官至国务卿，人送外号"小巨人"；再看看林肯，一个蜗居在斯皮德店铺小阁楼里的小律师，整天还在为支付住宿费、饭钱发愁，为生存而苦苦挣扎的人。他们两人无法比较。

亚伯拉罕·林肯还在默默无闻中挣扎的时候，道格拉斯已经是美国政坛上举足轻重的人物，是一个很有实力的政治选手。

实际上，就是在林肯当选总统的前两年，美国人对林肯印象还是非常模糊，普遍认识他，也只是在他和斯蒂芬·A.道格拉斯这位政治上的重量级选手展开激辩的那次。

亲戚们都认为，玛丽更倾向于道格拉斯。道格拉斯正是女人们向往的白马王子：他极具个人魅力；与林肯相比，他前途一片光明，举止优雅，有更高的社会地位。此外，他还具有一副发声浑厚深沉的嗓子，发质卷曲漂亮，交谊舞技巧娴熟；他还善于和女人打交道。与玛丽在一起时，很会讨好她，深得玛丽欢心。

他是玛丽眼中理想的男人。在夜深人静之时，她有时会立于镜前，看着自己的模样，自恋地说："玛丽·陶德·道格拉斯……"这时她看到自己与道格拉斯正在白宫里翩翩起舞……她沉醉在美妙的幻想中。

当道格拉斯追求玛丽的时候，一天，他在斯普林菲尔德的公共场所和一名报社记者打了一架，而这名记者是玛丽的一位密友的丈夫。

这种事情，也许玛丽向道格拉斯说过自己的看法或者他们之间起过争执；也可能玛丽对他在公众宴席上喝醉酒后，跳上一张桌子跳舞，大喊大叫，又笑又唱，踢翻了酒杯、烤鸡，威士忌酒、油腻的汤盘和碗碟散落满地的这种失态行为进行了批评。道格拉斯带着其他的女孩参加舞会，玛丽在现场大闹，搞得很不愉快。

总之，他们的交往没有什么结果，两个人的关系从此画上了句号。贝弗里奇参议员说：

> 虽然事后有人说，道格拉斯曾经向玛丽求婚，但由于他不怎么样的"道德"品行而被玛丽拒绝，那是道格拉斯为了保住面子而说的话，而被玛丽用作保护性宣传。精明机智，老于世故的道格拉斯，从来没有打算和玛丽·陶德结婚。

玛丽对道格拉斯的失望到了极点，于是转而向林肯示好，以激起道格拉斯的嫉妒心，但这一招并没能挽回他对她的热情，却抓住了倒霉的林肯。

事后，玛丽的姐姐爱德华兹女士在回忆他们的交往经过时说：

> "他们一起在房间里说话的时候，有很多次我碰巧在场。那时的玛丽总是侃侃而谈，掌控着谈话，林肯只是静静地坐在一旁聆听，几乎一言不发。他注视着玛丽，犹如被一股难以抗拒的魔力所吸引。他为她的聪慧和机智而着迷而倾倒，

与这样的一位贵族小姐聊天谈话，他显得是那样的笨拙。"

那一年7月，已经谈论了数月之久的辉格党（美国共和党前身）集会终于在斯普林菲尔德召开，整个镇被搞得天翻地覆。镇上旗帜飘扬，鼓乐喧天。几百千米以外的人们从四面八方汇聚而来。芝加哥代表驾着一艘官方的双桅船而来。船上飘来悠扬的音乐，少女们在船上翩翩起舞；礼炮齐鸣，火焰四射，直上云霄。

在竞选中，民主党人批评辉格党的候选人威廉·亨利·哈里森说，他像一个坐在木屋里喝着苹果酒的老太婆。于是辉格党人真的在车上装一间小木屋，栽在木屋旁的山核桃树摇摆着，还有树狸在树上嬉戏，一桶苹果酒放在门口。由30头牛拉着，在斯普林菲尔德的大街上游行。

夜晚，在耀眼火炬的照耀下，林肯发表他的政治演说。

曾经有一次聚会，民众指责林肯所在的党是"贵族党"，他们自己着装光鲜考究，却要求平民百姓投他们的票。林肯于是答道：

"刚到伊利诺伊州的时候，我一贫如洗，无亲无故，没有文化，我只是人们眼中陌生的小伙子。起先我在一条平底船上打工，每月收入8美元，身上只有一条鹿皮制的马裤。干活的时候如果马裤被弄湿，再在太阳底下晒干之后就缩水，这样裤脚很短，都够不着袜口，裤脚和袜口之间几英寸的地方裸露在外，任凭风吹雨打。等我个头长得越高，马裤就变得越加窄短，以至于在小腿上勒出一圈蓝色的印记，直到今天还能看出来。如果这在您看来是着装光鲜考究的贵族做派。

那我就无话可说了。"

林肯的演说在听众中引起了强烈反响。听众们中间的口哨声、叫嚷声此起彼伏，林肯收获了很大的支持。

之后林肯和玛丽去了爱德华兹家，到那以后，玛丽对林肯说，林肯是个伟大的演说家，她将以他为荣。玛丽认为，终有一天，林肯会登上总统宝座。

月光如洗，他凝视着眼前的女子。玛丽的眼神和举止说明了她内心的一切。林肯温柔地拥吻了她……

他们决定在 1841 年 1 月 1 日结为连理。

然而，离举行婚礼只有半年时间，却接二连三生出许多枝节来。

结　婚

在与亚伯拉罕·林肯订婚没多长时间，玛丽·陶德就开始对林肯的言行举止不满意，于是想尽办法去改变他。她不喜欢林肯的穿着打扮，还经常将林肯与她的贵族父亲作比较。

在十几年的时间里，几乎每个早晨，在莱克星顿大街上，玛丽都会亲眼看到她的父亲罗伯特·陶德散步的身影。他手挂金头拐杖，身着上等蓝绒尼外套和白色亚麻裤，裤管紧紧地捆扎在长靴子里。可是，林肯完全是另外一副模样，他在炎热天气根本不穿外套，有时候也不戴披肩。他总是用一根带子将裤子往腰上一系算完事；衣服的扣子如果掉了，他就削块小木钉先在衣服上应付一下。

　　林肯的这种粗犷打扮，玛丽看着怎么都不舒服。而他那随便而不拘小节的作风，让玛丽觉得颜面尽失。她对林肯的言辞就不那么宽容，说出的话爽直狠辣，不留情面，常常搞得林肯下不来台。玛丽·陶德告诉林肯，她讨厌他那粗俗鲁莽的举止。很可惜，她没有温婉语气，更不懂如何说好话。虽然曾经在莱克星顿的法语学校上过学，在那里学会了交谊舞，可偏偏就没有学到哪怕一点与人交往的技巧。她思想顽固，自以为是，言语利索而尖刻，唠叨起来喋喋不休。她不停地折磨林肯，使其不得安宁，这让林肯觉得很不舒服，因而开始回避她。之前，他们每周见两三次面，如今林肯有时候十天都不上她们家。可怜的玛丽还没有明白，是她亲手毁坏了她和林肯之间的感情。就是这样，玛丽还写信抱怨林肯，并指责林肯冷漠和轻视了她。

　　就在这个时候，玛丽·陶德的姐夫尼尼安·W.爱德华兹的堂妹玛蒂尔达·爱德华兹来到了镇上，也住在宽敞的爱德华兹大楼里。玛蒂尔达个头高挑、金发碧眼、端庄迷人。

　　林肯去玛丽那儿探访时，见到了使他眼前一亮的玛蒂尔达。从此以后每次林肯去见玛丽，玛蒂尔达便会有意地与林肯亲近。她不会讲巴黎味儿的法语，也不会跳交谊舞，但她却在待人接物上显得很有修养，也懂得与人相处之道，林肯慢慢地有点迷上她了。玛蒂尔达的每个举止林肯都很关注，有时候在和玛丽·陶德说话时林肯也会常常走神。玛丽看到这些非常气愤。有一次，林肯和玛丽一起去参加一个舞会，在舞会上他并不想跳舞，但他让玛丽和别的男子跳，而他自己则在一角和玛蒂尔达聊天。当玛丽指责林肯，说他爱上了玛蒂尔达，而林肯既不承认也不否认。玛丽失声痛哭，蛮横地要求林肯，以后不许他再多看玛蒂尔达一眼。

本来那么美好甜蜜而又为人看好的一桩恋情，一时间变成了斤斤计较、争吵不休的遗憾。

这时的林肯已经看出玛丽和自己之间存在的巨大差距：从所受教育的程度、家庭背景、个性、日常爱好和品位，还有对事情的看法等各方面相差甚远。他们互相之间总是怄气，彼此惹恼对方。林肯已经意识到，这样下去，他们未来的婚姻生活将是不幸的，所以必须解除他们的这桩婚约。

而玛丽的姐姐和姐夫也清楚地认识到这一点。他们劝说玛丽放弃与林肯结婚的决定，并多次警告她，说她和林肯在各方面都不般配，如果将来在一起的话，肯定不会幸福。

然而，这时候的玛丽哪里能听进去劝告，仍然一意孤行。

林肯苦苦思考了几个星期之后，鼓起勇气，想告知玛丽与她分手。当天晚上，他去了斯普林菲尔德店铺。来到壁炉旁，林肯从口袋里掏出一封信给斯皮德，让他看看。斯皮德回忆道：

> 信是写给玛丽·陶德的。在这封信中，他坦诚地说出了自己的想法。他说他对这桩婚事经过了反复斟酌和冷静的思考，觉得不太可能了。他告诉玛丽，他并不是很爱她，他不能要求玛丽嫁给他。他请我把这封信转交给玛丽，我没有答应。他说他要托别人转交。我告诉他，不能把这封信交出去，陶德小姐如果拿到这封信，会对他不利。我说："如果是私下谈话，还不太要紧，事后可能被人遗忘或过后否认，而一旦变成白纸黑字，必将成为把柄，永远对你不利。"说完这番话

后，我将那封信扔进了壁炉里。

贝弗里奇参议员说："林肯到底在信里对玛丽说了什么，我们无从知晓，但是可以通过他给玛丽·欧文斯小姐的最后一封信中看出一些端倪来。"

关于林肯与玛丽·欧文斯小姐的那段恋情还得回顾一下。那是四年前，还在纽萨勒姆时，林肯就已经认识本尼特·阿贝尔夫人的妹妹玛丽·欧文斯小姐。1836 年的秋天，当阿贝尔夫人回到肯塔基探望亲人的时候，她对林肯说，如果林肯愿意娶她妹妹，她回来的时候就把她的妹妹带到伊利诺伊州来。

林肯在三年前曾与玛丽·欧文斯小姐有一面之缘，觉得印象不错。所以，他就表示愿意娶欧文斯小姐为妻。过了不久，欧文斯来到了纽萨勒姆。她脸长得很美，举止文静大方，受过教育，又比较富裕，可林肯不想娶她。他认为"欧文斯表现得过分主动了，有些一厢情愿"。何况，她比林肯还大几岁，既胖又矮。按林肯说的："她和莎士比亚戏剧中的吹牛胖子福斯塔夫倒是很般配。"

林肯说："我一点也不喜欢她，可是我又能怎么样呢？"

阿贝尔夫人一门心思地想促成他们的婚姻，并且要求林肯兑现他的诺言。

然而，林肯就是不愿意。他说那是他的一时冲动，现在很后悔那种鲁莽行为。他很害怕娶欧文斯小姐，他害怕的程度就像"爱尔兰人被套上绞索一样"。

最后，他写信给欧文斯小姐，在信中林肯坦率而婉转地说了自己的想法，并提出希望能解除婚约。

这封信是林肯于 1837 年 5 月 7 日在斯普林菲尔德写的。从这封信中我们可以推测出林肯写给玛丽·陶德的那封信的大致内容。

玛丽，亲爱的朋友：

在写这封信之前，我曾经写过两封信给你，但是两封信没有写完就让我撕掉了。因为我觉得第一封信语气不够庄重，而第二封却觉得过于严肃。这封信我想无论如何都要呈现在你的面前。

斯普林菲尔德的生活对我来说，实在是沉闷寂寞透了。不管住在哪里，我这个人一样都会感到寂寞。可在这里可能是我这辈子最无聊的时期。自从到了这里，只有一个女人和我说过话，若非不得已，她是不会开口和我讲话的。以前我没有进过教堂，就是现在也没打算去。我不去教堂，是因为如果身处幽雅的教堂我会觉得无法自处。我们谈过你来斯普林菲尔德生活的事，我想恐怕无法让你满意。在这个地方，你没法参与很多坐马车亮相的、让人风光的社交活动，许多活动你不能分享，你只能是个旁观者。而且你会变得很穷。你自信能够忍受这一切吗？如果有哪位女子愿意托付终身于我，我一定会竭尽全力使她快乐美满。假如为此的一切努力付诸东流，那是最让我痛苦和无奈的事。所有这一切你全都能忍受吗？如果你没有什么不满的话，对于我而言，我知道如果能跟你在一起生活，一定比现在幸福。

以前你对我说的话也许是玩笑，或者是我误会了。假若如此，那就让我们把它忘掉吧。如果你是当真的，我希望你再三考虑之后再做出决定。就我而言，我已决定，如果要我遵守诺言，我会的。不过我觉得，这对你不公平。你没吃过苦，过不惯艰辛的生活，如果和我一起生活，没准儿艰苦的让你难以想象。我知道你有准确判断事情的能力。对这件事只要经过慎重考虑以后你再做决定，我将愿意按你的决定去做。

在你看完这封信以后，请务必回信详细说明。也许你觉得没有回信的必要，不过在这蛮荒偏僻之地和纷乱的日子里，写信也可以做个伴儿，以解除内心的孤独，这样的话，读一封远方的来信也是一件美妙的事儿。请转告你姐姐，我不希望再听到你们卖掉财产搬家之类的话，这是最令我忧心的事了。

林肯

林肯和欧文斯小姐之间的所谓的感情纠葛告一段落。我们看看他与玛丽·陶德之间到底有什么麻烦。斯皮德将林肯的信扔进壁炉后，转身向他说道："如果你是个真正的男子汉，你就应该亲自去向玛丽说明，把你不爱她也不能娶她的想法当面告诉她。话尽量少说，说完尽早告退。"

斯皮德说道："他听了我说的话，穿上大衣，神色坚定地向外走去。"

赫恩登在《林肯传》中叙述：那天晚上，斯皮德在楼下假装找书看，而没有上楼和我一块儿休息，我知道他在等林肯。直到晚上 10 点钟，林肯还没有回来。在 11 点之后，林肯回来了，进门时蹑手蹑脚地。斯皮德看在眼里，再从林肯逗留的时间来看，他知道林肯没有按他说的办事。

斯皮德说："回来了，伙计，你有没有按我说的去做呢？"

林肯沉吟了一会儿，答道："是啊。可当我说我不爱她，不能娶她时，她几乎从椅子上蹦了起来，立刻哭了，两手猛然绞在一起，显得非常恼怒痛苦，嘴里说着什么骗人的人反而被别人骗之类的话。"

"那你怎么说的？"斯皮德问道。

"实话说吧，斯皮德，我说了很多话。我受不了她那样，我也哭了，我把她搂在怀里，吻了她。"

"哈，原来你所谓的解除婚约是这样办的，"斯皮德挖苦道，"你这样做不能单看成是一种愚蠢，它说明你和陶德小姐又定了一次婚约。毁约的事再不能提了，你只能信守诺言。"

林肯慢条斯理地说道："唉，我认了，既然已经这样了，那就随它去吧。我也只好兑现承诺了。"

一天天，婚礼的日子逐渐临近。裁缝们给玛丽·陶德忙着赶制嫁妆。爱德华兹大楼内外被整修一新：起居室被重新装修布置，更换了地毯，家具被擦拭的油光锃亮。

然而此时，亚伯拉罕·林肯那副落魄的神情，无法用普通的悲哀类比。

林肯在精神的消沉和痛苦中消磨着时光，他的内心经受着煎熬，接连几周的痛苦对他以后的心理状态，可能产生了不良影响。

虽然他应允了这桩婚事，但他的内心和潜意识中却处在抗拒状态，只是他没有意识到，在激烈的内心斗争中，他想逃避。他待在店铺里既不去办公室，也不去参加州议会，一连几个小时待在那里不动。有时候，他半夜三更起床，去楼下，两眼紧盯着炉火，一个人坐着直到天亮。他饭量逐渐减少，身体日益消瘦。他脾气暴躁，回避见人，不愿与人说话。

伴随着婚期而来的是，林肯越加感到恐惧，退缩更深，他的心仿佛跌入黑暗的深渊，在里面打着转，难以出来，他怕自己理智崩溃。于是他写信给辛辛那提的丹尼尔·德莱克，德莱克当时是辛辛那提学院医学系的主任，也是西部最著名的内科医生。在信中他详尽地描述了自己的症状，请求医治良方；但德莱克医生回复说：要有治疗的良方，就得他亲自检查诊断。

婚礼定在 1841 年 1 月 1 日举行。这天，天气晴朗，斯普林菲尔德的权贵们纷纷坐着雪橇出门，走亲访友，互致新年的问候。马儿的鼻孔喷着水汽，铃铛声在空中回荡。

在爱德华兹家大厦里，人们为操办喜事做着最后的准备，送货的人在最后时刻把订的货品搬到后门那里。今天家里还请了一位大厨；刚刚发明的新产品——烹饪炉被用上了，而旧铁烤炉被弃置一旁。

新年的夜幕降临了，烛火发出的光焰柔和温馨，圣洁的冬青树花环点缀着窗台。爱德华兹大厦里，人们静静地等待着，压抑着那种即将迸发的兴奋和快乐。

六点半，宾客们陆续到达，每个人脸上洋溢着快乐。六点四十五分，主持仪式的牧师带着主持婚礼的教堂物件来了。房间里，摆放着五彩缤纷的植物，各色鲜花争奇斗艳。壁炉内火焰熊熊，噼啪作响。整个大厦里，回荡着愉快和友善的交谈声，还有那欢声笑语。

时钟指向了七点……七点半。

新郎没有现身，怎么了……林肯迟到了。

时间在人们的期盼等待中一分一分地过去……毫不留情，分针又走过了 30 分钟……新郎官依然没有出现。这时爱德华兹太太开始紧张起来，她来到前门车道上，焦急地朝来的方向张望。到底怎么了？他该不会……不！不可想象！怎么可能！

宾客们三三两两聚在一起，交头接耳，窃窃私语，家人们焦急地商量着对策……

房间里的玛丽·陶德已经身穿丝袍，头顶婚纱，在等待着新郎的到来。可是，等啊等啊……她显得焦躁不安，手不耐烦地摆弄着头花。她还不时地走到窗边，向大街上望去。有一阵子，她的双眼死盯着时钟一动不动，她的掌心开始变得潮乎乎的，额头上不断地渗出汗珠。在煎熬中，时钟又爬过了一个小时。他答应过我……他会来的……

到九点半时，客人们开始陆续默默地离去，每个人面显讶异、尴尬和不安。

当宾客们都离开后，准新娘玛丽·陶德从头上狠狠地扯下婚纱，撕掉头花，满脸愤怒和失望，一口气跑上楼，然后重重地扑在床上，放声痛哭。她头疼欲裂。伤心、耻辱、颜面尽失等痛苦和暴躁冲击着她的全身。

哦，上帝啊！人们会怎么看她？她肯定会被人耻笑、嘲弄、指指点点。她哪有脸面再到大街上去？这一刻，她多么希望林肯能牵她的手，拥抱她，但又恨不得即刻杀了他，以平静他带给她的羞辱和伤害。

林肯到底去哪儿了？他自杀了？出意外了？还是逃走了？没

有一个人得知林肯的行踪。

男人们直到半夜里，还打着灯笼汇集起来，组成一支搜索队，四处寻找林肯的下落。有人去镇上他经常爱去的地方，有人在通往乡间的道路上搜寻。

道义和幸福

整个晚上，人们到处在找林肯。天快亮的时候，人们在他的办公室里发现了林肯，林肯目光呆滞地坐在那里，嘴里念念叨叨的，不知道说着什么。朋友们以为他出了什么问题，更担心他可能神经不正常。陶德小姐的亲朋好友们则干脆说林肯已经疯了，所以他没有前来参加婚礼。

朋友们就像前一次一样，又将亨利医生请了过来为林肯做检查。林肯曾经向朋友们说他想自杀，因此亨利医生叮嘱斯皮德和巴特勒密切注意林肯的一举一动。像安妮·鲁勒吉去世时的情形一样，好友们把林肯的刀们收缴后藏了起来。

为了缓解紧张情绪，转移注意力，必须让林肯有事儿可做，让他忙起来。于是，亨利医生向林肯建议，让他参加议会的例会，身为自由党（辉格党）的底层议会领袖，理应经常参加会议的工作。可是根据记录，林肯在三个星期里，只参加了四次会议，而且每次只是逗留一两个小时。1月19日，约翰·J.哈丁向议会报告了关于林肯生病的情况。

逃婚3个星期之后，林肯写信给他的合伙人。在这封信里，他道尽了悲戚，可以说是他一生之最：

这一刻，在这个世界上，我是最悲哀的人。如果将我的感觉和世人平分，我想这世上再也找不到一张愉快的笑脸。我不知道，明天我自己能否会好一些，也不能长此以往，就这样下去。对我来说，如果我不能康复，我只能一死了之。也许死会比现在的情形好一些。

已故传记作家威廉·E.巴顿在他著的《林肯传》中讲道，这封信"说明亚伯拉罕·林肯已经神志错乱……他很害怕自己疯掉"。

他的脑海里尽是死亡的念头，他渴望死亡。为此，他还写了一首以自杀为题材的诗，在《桑加蒙期刊》上发表。

斯皮德怕林肯真的自杀，便将林肯带到路易斯维尔附近的母亲家里。在那里，他们让林肯住在一条蜿蜒流淌的小溪旁边的寂静的小屋子里，并给了他一本《圣经》。小河随着溪流向前延伸，流经草地向 1.6 千米以外的树林而去。每个清晨，都有一名黑奴为林肯送一杯咖啡。

玛丽的姐姐爱德华兹太太说，她妹妹玛丽为了"消除人们的误解，也使林肯先生可以解除压力，安心静养，她曾经写信给林肯先生，表示婚约可以解除"。这一方面是为了解放他，但另一方面，玛丽也表示"如果林肯愿意复约，他依然拥有权利。"

然而复约是林肯最不愿意做的事，对于玛丽，林肯不想再见她。即使在林肯逃婚一年之后，他的另一位好朋友詹姆斯·马森尼还认为"林肯依然有自杀的可能"。可以看出，林肯对婚姻的惧怕到了何种程度。恢复婚约是不可能了。

1841 年那个"致命的 1 月 1 日"之后的两年里，林肯对玛丽·陶德从来没有再理睬过，他希望玛丽最终能把他忘记，而看上其他男人。然而，她怎么能够做到！因为这关系到她的尊严和骄傲。她决心证明自己，让那些曾经可怜她、蔑视讥讽她的人看看：她完全能够嫁给林肯，也会嫁给林肯。

但林肯已经下决心不娶她。

事实上，林肯打定主意后，不到一年，他已向另一个女孩求婚，当时那个女孩才 16 岁，林肯已经 32 岁了，比她大了一倍的年龄。女孩儿名叫莎拉·里卡德，是巴特勒夫人的小妹妹。林肯有四年时间曾经在巴特勒家借住过，而这位莎拉小姐就是 4 年来一直为林肯供应伙食的女孩儿。

林肯向她求婚时说，他的名字是亚伯拉罕，而她叫莎拉，看起来他们天生就是一对，两人的名字似乎都是为对方而取的，犹如《旧约》中的那一对一样。所以，他们应该结为夫妻。

然而，林肯的求婚被莎拉拒绝了。莎拉后来在给朋友的信里吐露真情：

那是我年纪还小，才 16 岁，对于婚姻问题，我没有考虑过，没打算出嫁……我把他只是作为一个要好的朋友看待而已，我并不讨厌他。当然你也知道他那古怪的装扮和神情，让一个初出茅庐的少女倾心实在比较难……他和我姐姐相熟，经常来往，像是姐姐家里的一名成员，在我心目中他就像一位大哥哥。

　　林肯经常为当地的《斯普林菲尔德日报》撰写政论文章，所以与报社总编辑西蒙·弗朗西斯的关系十分要好。弗朗西斯太太已年过四十，却膝下无子，可她自命为斯普林菲尔德的媒婆，不幸的是，媒婆们总喜欢为别人的闲事操心。

　　1842 年 10 月上旬的一天，弗朗西斯太太给林肯带话，让他第二天下午到她家去。林肯对此虽然觉得莫名其妙，但还是准时赴约。到她家后，林肯就被引入客厅。这时，眼前的情况让他感到十分意外，因为玛丽·陶德正坐在客厅里。

　　林肯和玛丽·陶德说了什么话，神情态度如何，做了些什么，现在无从知晓。然而有一点是肯定的：他这位心慈面软的汉子根本没有逃脱窘境的余地。假如玛丽使出她擅长的招数——哭一鼻子，林肯肯定会立刻伸手过去安慰她，并会为自己放弃她而低声下气地向她表示歉意。

　　自那儿以后，他们约会过几次，而且是在弗朗西斯家偷偷地关门进行的。

　　当然一开始，和林肯见面的事，玛丽没有让她姐姐爱德华兹太太知道。

　　最后，还是让她姐姐发现了，她质问玛丽，为什么搞得神神秘秘，瞒着家人。

　　玛丽说，事情已经这样，况且发生了那么多事，现在又有交往，还是避一避人的耳目为好。还不知道又会怎么样，万一再出现什么问题，免得人们知道我们又重新交往过。

　　看来，玛丽在经历了上次沉痛的教训后，这次与林肯交往，她要严格保密，直到林肯娶她为止。

为此，玛丽·陶德小姐要用什么高明的招数呢？

詹姆斯·马森尼回忆，林肯经常告诉他：他是一步一步地被拽向婚姻的，陶德小姐对林肯说，从道义上讲，林肯必须娶她。

对这件事，赫恩登应该更清楚，他曾经说：

> 林肯先生娶玛丽·陶德，我想他完全是为了顾全道义。他对自己的内心做过深刻的剖析，他清楚自己并不爱玛丽，但他的确答应过要娶她。在道义和幸福二选一的矛盾冲突中，林肯选择了道义。选择前者，对林肯来说即是开始了一场噩梦，多年的精神折磨和牺牲，使他没有尝到一个家应有的幸福滋味。

在将要迈入婚姻殿堂之前，斯皮德已回到家乡肯塔基，他给斯皮德写信，向他询问关于婚姻生活中的快乐问题。

在信的最后，林肯急切地请斯皮德尽快回信，并说："我快等不及了。"

斯皮德在回信中讲：婚姻生活中，幸福比他期望的多。

这样，林肯在收到斯皮德回信的次日，也就是1842年11月4日下午，带着充满复杂而又痛楚的心绪，艰难地请求玛丽·陶德嫁给他。

玛丽打算当晚就举行婚礼，林肯开始犹豫不决。他没想到这件事情发展得这么快，这让他感到既吃惊又害怕。玛丽是很迷信的人，因此林肯就说当天是星期五，不吉利。然而，玛丽一想起以前发生的种种情形，对林肯提出推迟婚期很害怕，她怕和前次一样这次婚约又无疾而终，她一天也不想等。更何况，那天恰好是她的 24 岁生日。于是，他们俩急急忙忙去了夏特顿珠宝店买了一枚结婚戒指，并让人在上面刻下了几个字：永恒的爱。

那天下午，林肯请詹姆斯·马森尼做伴郎。林肯说："詹姆斯，我只能娶那女孩为妻了。"

晚上，在巴特勒家，林肯穿上最好的衣服，脚蹬锃亮的长靴。这时，巴特勒的小孩跑了进来，问他要去哪里。林肯答道：

"可能是去地狱吧。"

因为前次婚礼的失败，使玛丽·陶德在绝望中扔掉了当时准备的所有嫁妆，所以这次她只能穿上极为平常的白色裙子。

婚礼的准备工作在紧张匆忙中进行着。在举行婚礼前两个小时，爱德华兹太太才得到通知。她赶忙开始做婚礼蛋糕，可是做成的蛋糕由于时间仓促，当端上桌时，上面的糖粒还是热的，没法切开。

当查尔斯·德雷瑟牧师在婚礼上诵读婚礼致辞时。林肯的伴郎说，林肯脸上没有一点儿兴奋的光泽，他倒像是"要上屠宰场似的"。

婚礼完成一个星期以后，林肯在写给萨缪尔·马歇尔关于商讨业务的信件中，对于这桩婚事做过一次评论。他是这样写的："除了我结婚一事，这里没什么新鲜事。婚姻于我，的确是一个奇迹。"如今，这封信仍保存在芝加哥历史学会里。这是林肯对自己的婚姻所说的唯一一句话。

黑夜与黎明

这种生活

在伊利诺伊州纽萨勒姆，我有个好友叫亨利·庞德，他是一名律师。在我撰写这本书的时候，他多次提到吉米·迈尔斯，并对我说："应该去见一见吉米·迈尔斯大叔，因为他有个叔叔叫赫恩登，赫恩登与林肯曾是法律事务所合伙人，而他的一个婶婶开过旅店，林肯夫妇曾在那里住过一段时间。"

这个建议不错。在 7 月里的一个星期天下午，我与庞德驱车赶往迈尔斯农场。以前这个地方，林肯经常在这里歇脚。因为林肯去斯普林菲尔德借阅法律书籍经过这里，在这里歇脚时，他常常会以讲故事的形式换苹果酒喝。

到农场后，迈尔斯大叔费力地搬出一张快要散架的三人椅，放在院子前边的一棵繁茂的桃树下。桃树下的草地上有可爱的小火鸡，有毛茸茸的小鸭子，它们欢快地叽叽喳喳地叫着跑来跑去。在轻松祥和的气氛中，我和迈尔斯聊了好几个小时。我从迈尔斯大叔那里知道了一个从未公开的事件。

迈尔斯有个婶婶嫁给了一位名医生，这名医生叫雅各布·M.厄尔利。大概是林肯到斯普林菲尔德一年后，也就是 1838 年，那年的 3 月 11 日晚上，有个人骑着马来找厄尔利医生，叫厄尔利出来后，举起手枪对厄尔利一阵狂射，然后扬长而去。斯普林菲尔德当时尽管是个小地方，但还是没有抓到凶手，至今这起枪杀案依然成谜。

厄尔利医生留给妻子的仅仅是一处小房产，厄尔利夫人把这处房产改作旅馆，以维持生计。林肯在婚后不久，夫妇二人便住进了厄尔利夫人家。

迈尔斯对我说，当时他经常听厄尔利夫人讲关于林肯夫妇的事：一天早晨，他们夫妇吃早餐的时候，不知道林肯做错了什么，他的妻子非常恼火，怒不可遏时，夫人将一杯滚烫的咖啡泼向了林肯的脸。当时，有客人在场。

林肯对这种歇斯底里的侮辱行为忍气吞声，默不作声。厄尔利夫人走过去，把林肯脸和衣服上的咖啡渍用湿毛巾擦拭干净。林肯就是在这种境况中度过他 25 年的婚姻生活的。

斯普林菲尔德镇子那么小，可律师有十一位之多，他们的开业很困难，在当时连生活都难以为继。所以，律师们都跟随着大法官大卫·戴维斯在第八区法院的各个地方流动开庭，从一个地方到另一个地方辗转奔波。一周结束时，他们都想方设法赶回斯普林菲尔德，与家人共度周末。

然而林肯不这样，回家对他来说是一种恐惧。在春秋两季的几个月里，他都会在外巡回办案，很少走进斯普林菲尔德。

一年又一年，林肯都是如此。常年的巡回办案，即使乡下的住宿条件再怎么恶劣，林肯也不愿意回家。他的妻子可是远近闻名的悍妇，他不愿回家去忍受妻子的颐指气使。林肯的邻居们也说："他的心让妻子伤透了。"当她对林肯发威的时候，连他们的邻居都难以忍受她的喋喋不休。

参议员贝弗里奇先生说，林肯太太的"高亢刺耳的嗓音在整条大街上都可以听见，近邻们对她长时间痛斥林肯的粗言恶语都听得一清二楚。通常，语言没法释放她的愤怒，她就用其他方式发泄出来，施以暴力是家常便饭"。

"她的行为使她的丈夫不知怎样才能跟上她的节拍，这样的林肯就像跳着一支狂乱而欢快的舞曲。"赫恩登说。

赫恩登认为林肯明白"她发泄失落和狂怒"的原因所在。

赫恩登说："林肯的仁慈与宽容彻底毁坏了她自负的个性，她觉得因此在别人面前颜面尽失，抬不起头来，因而爱意全无。她极力想报复，那种强烈的报复欲泯灭了她的理智和情感。而经常地向林肯发泄她积压在心底的怨恨，将林肯整得惶恐眩晕。"

玛丽无休止地抱怨指责她的丈夫，在她的眼中，林肯的所为一无是处：他肩塌背驼，走路没个正形，步态笨拙，没有弹性，跟个土里土气的印第安佬一样。她故意学他走路的样子，讥讽取笑他。还经常唠唠叨叨，要求林肯走路时脚尖着地，就像她当年在法国贵妇人的学校中学来的走路姿势那样。

她嫌弃林肯的耳朵长得太大，脑袋太难看。她挑剔他的鼻子不挺拔，下嘴唇太突出，脸色看上去跟患了肺痨一样；而且，他的脑袋小，四肢却粗长。

对外观举止，林肯从不在乎，而玛丽对此非常在意，她爱体面。林肯的这种态度使得玛丽·陶德敏感的神经大受刺激，她非常厌恶他。赫恩登说："林肯太太的大吵大闹和她粗暴的脾气也不是没有原因的。"有时候，林肯在大街上行走时，也是一副不修边幅的样子，他的裤管一只塞进皮靴里，而另一只在皮靴外头摇来晃去。他很少擦皮靴，也不上油。他的大衣穿很长时间，很少洗涤，硬领经常脏兮兮的，很少换。

詹姆斯·高利与林肯家做了多年的邻居。他说："在来我家时，林肯先生经常穿着一双旧拖鞋，穿的那条已经发白的褐色长裤用一根背带系着。"

林肯在天气晴朗温暖的时候，常常会外出走很远，去游玩。他穿的大麻布外罩汗渍斑斑，肮脏不堪，衣服上的斑驳印迹犹如绘制的地图一般。

在一家乡村旅馆一位年轻律师曾见到过林肯，他印象深刻：林肯当时正在准备睡觉，只见他穿一件"长过膝盖、遮住了半截小腿、自己缝制的法兰绒黄色睡衣。这位年轻人说："我所见过的人中，没有比他更荒唐古怪的。"

林肯几乎从来没有刮过胡子，他也很少去理发店，尽管他的太太经常要求他去理发店修整。

玛丽看着他那副穿着懒散，发如野草般的模样，气不打一处来，无名之火立刻上蹿。她也时常帮他收拾，但用不了多长时间，又会被林肯搞得乱糟糟的。这是因为，林肯经常把存折、信件，还有法律文书放在帽子里，然后把帽子随意往头上一戴。头发哪能不乱呢？

林肯有一天在芝加哥照相，摄影师让他好好整理一下形象。然而他却说："就怕修整后，斯普林菲尔德的人认不出来这是林肯。"

在用餐时，林肯的举止幅度很大，不拘小节。他从来不会用刀叉，用完后也不知道放在什么地方正确。他更不懂得怎样用刀叉吃鱼和切面包。有时候，他不会很好地切肉，盘子弄得倾斜着，使得肉块滑到盘子外。有时他非要用自己的刀切奶油，他太太会被深深地激怒，难免发生争吵。有一次，他将吃剩的鸡骨头放在盛有莴苣的小碟子里，这可把玛丽气得差点儿晕了过去。

如果有女士走进屋里，他从不起立以示礼貌，更不会为她们接住脱下的大衣；客人要告辞时，他也不去送。这种行为往往使得玛丽牢骚不断，不时地责骂和抱怨他。

林肯看书的时候喜欢躺着。平时从办公室回到家里，他马上脱掉大衣、鞋子，卸下肩膀上的吊带。然后把过道上的一把椅子翻个身，底朝天，再在倾斜的椅背上垫个枕头，脑袋和肩膀靠在椅背的枕头上。

这样躺着阅读，通常会连续好几个小时，大多数时间是看报纸。有的时候，他会读《亚拉巴马的繁荣时代》一书，并从中找出幽默的关于地震的故事来读。他也喜欢阅读诗歌。在印第安纳州的时候，"高声朗读法"使林肯养成了一个习惯：无论他读什么，他都要大声朗读出来。他觉得这种办法很有好处，因为大声朗读可以在听觉、视觉等感官上给人以刺激，从而使人对阅读内容的记忆更加深刻。

躺在地上，他有时候会闭上眼睛，吟诵莎士比亚、拜伦或爱伦坡的诗句。

例如：

> 每当皓月生辉，
> 我就梦见美丽的安娜贝尔·李；
> 每当繁星点点，
> 我就看见明目闪烁。
> 那就是，美丽的安娜贝尔·李。

有一位亲戚曾经和林肯夫妇朝夕相处两年，她回忆道，有天晚上，林肯正躺在大厅地板上看书，这时有客人到访，他没有等佣人去开门，就自己起来穿着一件衬衫，把客人迎进屋里，还说这样就是要"捉弄一下女人"。

当时林肯太太就在隔壁的房间里，客人们进屋了，林肯本身说的是玩笑话，可玛丽认为丈夫在胡说八道，于是她马上暴跳如雷。这样一来，林肯倒被弄得满脸尴尬。无奈之下，林肯出门而去，他宁愿离开家落得个清净。那天夜深人静时，他才悄悄地溜进了家，然后静静地睡在后院的屋里。

林肯太太的嫉妒心很强，爱记仇。乔舒亚·斯皮德是林肯非常要好的朋友。林肯太太曾怀疑林肯逃避第一次婚约是因为斯皮德对林肯的影响，所以她非常讨厌斯皮德。与玛丽结婚之前，林肯给斯皮德写信时，总会在信的结尾对其太太捎去问候："代问芬妮好！"但是在婚后，林肯太太要求林肯写信时将问候语改为

"代问斯皮德太太好"。

林肯突出的品质之一是，别人对他的点滴之恩，他都不会忘记报答。他曾许诺，要将第一个儿子的名字起为乔舒亚·斯皮德·林肯，以表示对好朋友斯皮德的感激之情。但是，当这件事儿被玛丽·陶德知道后，她火冒三丈，暴跳如雷。她觉得孩子是她的，怎么能有别人的名字在里面呢，应该由她给孩子取名。不准取名叫乔舒亚·斯皮德·林肯，应该用她的父亲罗伯特·陶德的姓给孩子取名。就因为这事儿，玛丽几次三番的闹个不停。这样，最后给那个孩子取名为罗伯特·陶德·林肯。

关于给孩子起名的事儿就不多说了。在林肯的四个孩子中，唯有罗伯特·陶德·林肯长大成人。1926 年 7 月 26 日，罗伯特·陶德·林肯于佛蒙特州的曼彻斯特过世，享年 83 岁。林肯的另外三个孩子是：埃迪，1850 年夭折于斯普林菲尔德，年仅 4 岁；威利，12 岁时死于白宫；泰德，1871 年死于芝加哥，去世时年仅 18 岁。

最初，林肯家的院子里没有栽种花草树木，林肯太太就抱怨说，院子里没点花花草草，缺乏生气，死气沉沉。于是，林肯试着栽种了一些玫瑰花，但是因为他不善此道，又不感兴趣，不久种的花草就枯萎而死。林肯太太要林肯给她建一个花园。后来，林肯按照吩咐建了一个花园，可最后花园里却杂草丛生。

虽然林肯不喜欢体力劳动，也没做多少体力活。但他还是做过一些他喜欢的事儿，比如他养过"老公鹿"，还经常为它梳理鬃毛；还亲自"喂牛，挤牛奶，锯木头板子"。他经常这样做，即使是当选总统之后也没停止，直到搬离斯普林菲尔德。

然而，林肯有一位表亲叫约翰·汉克斯，他却说："阿贝除了梦想，什么活儿他都干不好。"玛丽非常同意这种看法。

林肯时常陷入一种忘我和冥思的境态，对周围的一切显得心不在焉，就像周遭的世界与他无关。有时到周末，他会把孩子放到婴儿车里，推着车子在门前的低洼不平的人行道上来回溜达散步、沉思冥想。甚至有时候，孩子不小心从车上滚下来，他都不去注意，而是眼睛盯着地面，继续推着车往前走，对身后孩子的号叫完全没有反应。这时，玛丽太太从门缝里探出头来，看到这种情形，对着林肯一顿吼叫，他才会意识到问题很严重。

还有的时候，林肯工作了一整天后回到家里，见了太太也是少言寡语，或者视而不见，不会对太太多瞧一眼。在用餐的时候，太太准备好饭菜后，经常要费好大的劲才能让他坐在饭桌旁。喊他的时候，他对喊声没有反应，像得了梦游症似的，两眼直直地看着远方，记不得要吃饭用餐。直到他太太再三提醒，他才会开始动手。

吃完饭后，他又会长时间地盯着炉火，半句话都不说。即使孩子们爬到他身上，他也视若无睹，扯着他的头发与他说话，他也没有回应。但是，当他突然间如同从梦中惊醒时，他会给孩子们讲笑话，或是给他们背诵他非常喜欢的诗句：

　　人啊，你有什么可自豪的？
　　一如飞逝的流星，一如飞奔的青云，
　　恰似闪电，恰似波浪，
　　人生如白驹过隙。

林肯对孩子们十分宠爱，他太太总是责怪他不去花精力教育他们。她说："对孩子们的过失和错误视而不见，可孩子的优秀表现他从来不会忘记夸奖。还总是说：'我的愿望是让我的孩子们快乐自由，而不受父母的压制和束缚。爱是一条无形的纽带，它可以把父母和孩子紧紧地连在一起。'"

林肯给孩子的自由有时候就是一种放任，让人觉得很过分。有一次，他和高等法院的一位法官正在下棋，罗伯特跑来说该吃饭了。林肯连声说"好的，好的"。可是他下棋太投入了，下着下着就忘了孩子让去吃饭的事儿。

过了一会儿，罗伯特又来叫他，说妈妈都等急了。林肯答应说"马上来"，可结果还是忘了。

罗伯特第三次来叫他的时候，林肯答应后，却还是没有结束的意思。这一次，罗伯特向后退了一步，突然照着棋盘狠狠地踢了一脚，棋盘飞过了林肯和客人的头顶，棋子四散，满地都是。即使如此，林肯也没有发怒，只是微笑着说：

"好吧，法官，这盘棋我们只好改天再下了。"

林肯根本没想着要纠正孩子的这种不礼貌的行为。

林肯家的孩子比较顽皮淘气，他们经常将一根木棍伸到篱笆墙外面，一等到晚上，他们就藏在篱笆后面看着行人通过。那一带晚上没有路灯，行人走过时，撞到棍子，他们的帽子就会被碰掉。有一次，林肯的帽子碰巧被撞了下来。但是，林肯却没有责备他们的这种行为，只是轻描淡写地告诉孩子们要小心点，不要招来别人的不满。

林肯很少也不愿意与教会有过多的联系，即使是关系最密切的朋友，他也不愿意和朋友探讨宗教问题。但有一次，他对赫恩登说，他对宗教的看法和一位叫葛伦的老人基本一致。他说在印第安纳州的一次教堂集会上，听过葛伦老人的演讲："做一件善事的时候心里就感到愉快舒坦；而当干坏事的时候就会感到难过不安。这就是我的信仰。"

随着孩子们慢慢长大，林肯经常会在星期天的早晨与他们一起出去散步。有一次，林肯和太太去了第一长老会教堂，而把孩子们放在家里。大概过了半小时，泰德见爸爸不在家里，于是他跑过大街，直奔教堂。这时的泰德头发蓬乱，鞋带松散，衣裤不整，手脸沾满泥土。当着装优雅的林肯太太看到这些的时候既震惊又尴尬；然而林肯却像个没事儿人一样，亲切平静地伸出他修长的手臂，轻轻地将泰德搂在怀里，让他的小脑袋靠在自己温暖的胸前。

有时候在星期天时，林肯也会带孩子们到他的办公室玩儿，在办公室任由孩子们撒野。赫恩登回忆说："不一会儿，小家伙们就会把书柜、抽屉等各个地方翻个遍，把金笔整坏，把铅笔扔在痰盂里，还把墨水打翻，把信件扔得满地都是，根本不管后果，在上面开心地手舞足蹈。"

赫恩登说，可就是这样，林肯还是"从来没有摆父亲的架子去教训孩子们，甚至连眉头都没有皱过。对孩子的宠爱和娇纵，作为父亲是少见的。"

林肯太太很少去林肯脏乱不堪的办公室；然而只要她去，就会满脸的惊讶：办公室凌乱不堪，东西摆放毫无章法。在一堆捆在一起的文件上，林肯在上面附了一张纸条，上面写着：

"如果别处找不着你的东西，不妨在这里找找。"

就像斯皮德说的，这就是林肯的规矩，也就是说林肯的规矩就是："没有规矩"。

在林肯的办公室墙上还留着一块巨大的墨迹，那是一名学法律的学生拿墨水瓶对着他的同事砸过去，没有击中而留下的杰作。

林肯对办公室很少去打扫和清理。不知什么时候散落在书架上的几粒花籽，已经在常年的厚厚尘泥中开始发芽生长。

贫困的律师生涯

如果就节俭和持家而言，在整个斯普林菲尔德，玛丽·陶德是没哪个主妇能比得上的。然而有时候她又显得极为奢侈，她喜欢炫耀和交际，所以，她这方面的开销占了很大一部分。当时，林肯的收入还没达到购买马车的水平，可是太太还是坚持购置了马车，而后雇用了一个少年专门为她驾车，走亲访友，要不就在镇子上东游西逛，显摆派头。而这样的话，每天还要付给赶车的少年 25 美分。斯普林菲尔德也就是一个小村庄，完全用不着马车，要急用也可以雇一辆。可是，林肯太太偏偏不这样，她觉得如果那样的话太掉价且有失身份。因此为了讲排场，不顾经济拮据，既买车又置办衣服。

林肯夫妇在 1844 年花了 1500 美元从查尔斯·德雷瑟牧师那

儿买了一幢房子。这幢房子有一间起居室、一间厨房、一间会客室和几间卧室，后院有一个杂物间，堆放柴火，还有一间可作牲畜棚或者谷仓。

刚开始，在林肯太太看来，与先前已经离开的出租屋相比，有着天壤之别，简直像天堂一样。况且她对这幢房子有了自己的产权，因此自然有了一份作为业主的自豪和骄傲。但是，那种新鲜而又满足的感觉没有持续多长时间，很快消失了，她开始觉得新居这也不行那也不是，和她姐姐家的房子比，人家住的是两层洋房，而自家的房子才有姐姐家房子的一层半高。她总是找茬，甚至对林肯说："一般住一层半高房子的人，大都没有多大出息。"

在平时，她向林肯要求什么，林肯从来都是依着她，林肯会说："你知道需要什么，去买就好了。"但是，这一次要扩建房子，林肯坚决反对："我们家也不大，人又不多，房子够住就行了。"实际情况是，林肯并不富裕，他们结婚时身上仅有 500 美元，后来也没什么积蓄。林肯知道他们当时没有换大房子的能力，这一点他的太太也知道。然而她就是无休止地责难和抱怨。到了后来，林肯无奈之下叫了装修房子的承包商，让他算算装修成本，并故意让承包商把成本价估算高一些。最后当林肯把估价单给她看的时候，他太太目瞪口呆。林肯看到玛丽这样，以为这事儿总算了结了。

然而，他还是低估了他的太太，高兴得太早了。在他巡回办案时，他太太找了另一个承包商，以比较低的价钱，对房屋进行了扩建。

当林肯办案回来时，走到斯普林菲尔德第八街的自家门口，他差点认不出自家的房子。他用略带调侃和嘲讽的语调问一位朋友："请问这位先生，林肯先生的家是在这个地方吗？"

当时，律师的收入十分微薄，林肯的收入自然也不会丰厚。他自己说，经常为了付清账款而"苦苦凑钱"。而这一次，庞大的装修费又是一笔不必要的开销，成了他沉重的负担。他说，这的确让他很伤心。

林肯对太太的所作所为很气愤，抱怨了她。但他太太使出了她惯常的手段，主动出击，对林肯进行攻击，反口骂他不懂理财，不会持家，律师费收得太低，没经济头脑，对这个家担不起责任。

对林肯收取的律师费太低的指责，很多人站在玛丽一边，因此也同情她。林肯的律师同行们也经常对林肯收律师费较低的事颇有微词，甚至气愤，认为正是林肯搞得整个律师界贫穷寒酸。

1853 年，林肯 44 岁。这一年，在麦克来恩巡回法院他只办了四桩案件，总共收取了 30 美元的律师费。

对此他解释说，大多数当事人和他一样都是家境贫寒之人，收取过高的律师费于心不忍。

有一次，一个当事人给林肯 25 美元的律师费，林肯却把 10 美元退了回去，还说当事人太慷慨了。

曾经有个骗子打算侵吞患有精神病症的姑娘的 10000 美元财产，林肯花了 15 分钟为那个姑娘打赢了官司。官司之后，当他的合伙人沃德·拉蒙要和他分 250 美元律师费的时候，林肯严词拒绝了他。拉蒙竭力辩解，他说律师费是先前谈好的，没什么不合适，况且那位姑娘的哥哥愿意付这笔费用。

林肯反驳："可能是这样，但我不想这样做。因为拿这笔钱等于从人家的口袋中掏出来据为己有，而且这钱是一个可怜的疯女孩儿的，我的内心无法安宁。即使饿死我也不想用这种方式勒索一位姑娘。你应该至少退还一半，如若不然，我分文不取。"

还有一次，一位军人遗孀为了领取400美元的抚恤金，她找了一名代理人为她代办。事后，这个贪婪的代办人从中收取了200美元的代理费。那位老妇人孤苦贫穷，步履艰难。看到这些，林肯帮她起诉了那名代办人，帮她赢了官司，而林肯没有收取分文的律师费。而且还为她结了住宿费，并买了车票让她回家。

一天，寡妇阿姆斯特朗太太前来请求林肯，让他救救她的儿子杜夫。因为有人控告她儿子醉酒后杀了人。在纽萨勒姆时，林肯与阿姆斯特朗一家就相熟。事实上，杜夫已去世的父亲杰克·阿姆斯特朗就是"克拉瑞树丛帮"的首领，在一次摔跤比赛中败给了林肯，失去了首领地位。这是有历史记录的。那时，阿姆斯特朗一家性情好斗，狂野不羁，但林肯很喜欢他们。在杜夫还很小的时候，林肯还伴着他的摇篮，哄他入睡呢！现如今，杰克已不在人世，他那孤寡的太太求他……

来到陪审团面前，林肯为杜夫作了一场激动人心的辩护演说，也正是这次演说将杜夫从死亡的边缘拉了回来。

此后，阿姆斯特朗太太要把她的40英亩土地送给林肯，以表示对林肯的感谢。

看到这些，林肯说："汉娜大婶，我不能收您的任何东西。因为很多年前，当我穷困潦倒，无家可归的时候，是您收留我，供我吃，给我住，还帮我缝补衣服，我感激都来不及，我怎么还能接受您这样的感谢呢！"

其实，林肯不是那种喜欢和人打官司的人。有时候，他会奉劝当事人在法庭之外化解矛盾，冰释恩怨。为此，他做过不少工作，但都分文不取。一次，他拒绝对一个人的控告，原因是在他看来："他年迈而又贫穷，我于心不忍。"

待人仁慈心软、善良体贴，愿望很美好，可这样是来不了钱的。所以太太玛丽·陶德对林肯的行为非常恼怒，指责他：心肠好有什么用？活得没个人样，看看其他的律师，他们能靠着这一行致富发财，像大卫·戴维斯法官、洛根法官，他们靠律师起家，再通过投资去发财。还有斯蒂芬·A.道格拉斯，他在芝加哥做房地产生意发了大财。他还为芝加哥大学的建设捐赠土地十英亩，而做慈善事业让他妇孺皆知。而且，他如今已经是美国颇有声誉的政坛精英之一。

当想到道格拉斯，玛丽·林肯只恨当初没有嫁给他。如果那样的话，成为道格拉斯太太，那现在的她肯定早已是华盛顿社交界的名流了；穿上来自巴黎的服饰，与国之贵胄共赴宴会，没准还能成为白宫的女主人。玛丽一想起这些就悔恨不已。

林肯太太不知道她的将来会是个什么样子！看看林肯的现状，估计他这辈子也就这样了，直到终老而死。每一年中有六个月，他在外巡回办案，太太一人操持家务，无人过问，无人关怀。

幻想中的浪漫情景与现实之间的距离总是那么遥远！做林肯先生的太太，前途是多么的渺茫啊！

不想回那个家

前面已经说过，林肯太太在操持家务方面是很在行的，对此，她自己也很自豪。对家里的所需所用，她都会精打细算；每日三餐，每到吃饭的时候，桌子上的碟子里分给每个人的食物都是基本适量，这样的话，能留给猫等宠物的食物几乎没多少。所以林肯的家里从来不养狗。

林肯太太做事比较严酷尖刻，不讲情面。她为自己买来一瓶瓶香水，然后逐瓶开封，一一试用，觉得不满意，就说质量不好，或者没送对货，又一瓶瓶退回给商家。她经常这样，搞得商家觉得她缺乏诚信，不讲道理。店主也不想再卖东西给她。到现在人们还可以在那位店主的账本上看到用铅笔标出的"林肯太太退回的香水"的字样。

林肯太太和店主们过不去是家常便饭。有一次，她认为迈尔斯卖给她的冰块不够斤两，她追上门去对迈尔斯大声责骂，搞得街坊邻居纷纷跑来看热闹。

她这样对待迈尔斯已经是第二次了。迈尔斯气愤至极，诅咒她说，即使他下地狱，被地狱之火灼烧，他也不会再卖给她冰块。

从此，迈尔斯真的再也不给林肯太太送冰块儿上门了。眼看这事麻烦大了，因为冰块是生活必需品，林肯太太要用冰块儿冷藏存放食物，而在普林菲尔德只有迈尔斯一家卖冰块儿的。玛丽·林肯束手无策，最后她不得不去求别人帮忙，自己还是没有亲自出马，而是付给邻居 25 美分，让她去和迈尔斯说和。邻居对迈尔斯的劝慰消减了他的怨气，后来迈尔斯终于再次给林肯家供应冰块。

有一份报纸名叫《斯普林菲尔德共和党人报》这时候在镇上开始售卖。这份报纸是林肯的一个朋友办的，林肯也订了一份。当第一份报纸送来的时候，林肯太太简直气疯了。她想：我在家里节衣缩食，省吃俭用，他倒好，挥霍浪费，买什么毫无用处的破报纸！于是，便骂骂咧咧，对林肯又是一顿斥责。为了让她平息怒气，林肯说并没有让人家送报纸上门。这是事实。在这以前，他说过要订阅报纸，但没有要求派送。

玛丽在当天晚上瞒着丈夫写信给报社主编，对报纸谈了自己的看法，措辞很不礼貌，并提出不要再送。这封信使得报社主编很不高兴，于是他在报纸栏目中对林肯太太做了公开回复，还来信要求林肯对此做出解释。林肯被玛丽的举动搞得非常被动，他连忙去向主编道歉，解释说这都是误会。因为此事，林肯忍受了难看和屈辱，化解这场不快。

有一年，林肯准备让继母到家里来共度圣诞节，但太太却坚决不同意。玛丽看不起托马斯·林肯和汉克斯家族的亲戚们，也瞧不起林肯的继母。林肯也知道，就是那些亲戚主动来看望他们家，玛丽也不会有好脸色。于是他也就不再有共度圣诞节的打算了。林肯的继母就住在距斯普林菲尔德134千米的小村庄，林肯自己还去看过她。但是，在23年里，林肯的家里，继母从来没有来过。

自打林肯结婚以来，唯一曾经到过他家的是一个名叫哈丽雅·汉克斯的女孩儿，她是林肯家的一个远房亲戚。这个女孩儿性情温和而又懂事儿，很讨林肯疼爱。那时，她在斯普林菲尔德读书，林肯就让她来他家住。但是他太太却把哈丽雅·汉克斯当作女仆一般呼来喝去地使唤，让她干很多家里的杂活儿。林肯对太太的这种做法很反感，他反对太太这样对待哈丽雅·汉克斯，最终闹得不欢而散。

林肯太太经常与她的女佣们不和，动不动就是打架吵闹。女仆们只要看见林肯太太发火，卷起包袱，转身就走。林肯家里曾经雇佣过一连串的佣人，但没一个能长久干下去的，换人如走马灯似的，来去匆匆。那些佣人们看不惯林肯太太的行为，所以他们在离开以后串通一气，到处散布林肯家的坏话。因此，时间不长，没有人愿意受雇来他们家干活儿。

对于那些曾经在林肯家干过活儿的爱尔兰人，林肯太太经常给他们找茬，责骂他们的时候总是离不开"野"这个字。她还很无聊地把这些写信告诉朋友，说这些爱尔兰人如何"野蛮"，如何没有教养等。她还公开说，要是她比丈夫长寿，那她在晚年的时候，会搬到他的家乡莱克星顿去住，因为在那里，主人绝对不会容许仆人们有任何放肆行为。黑人奴隶一旦不注意自己的行为，或偷懒不卖力，就会被绑在公共广场上挨鞭子。陶德的邻居家就有六个黑奴因为不顺从管教而被活活打死。

朗·雅各是斯普林菲尔德的知名人物。他用两头骡子和一辆快散架的马车经营着一家"快车行"；他的一个侄女在林肯家当佣人。没过几天，他的侄女就和主人闹翻了，那女孩脱下围裙，摔门而去。

当天下午，朗·雅各赶着骡子来到林肯家，对林肯太太说，要取他侄女的行李。这下林肯太太可不干了，她勃然大怒，把雅各和他侄女裹在一起骂得狗血淋头，并威胁说，如果再来她们家惹麻烦就将他打出门去。雅各完全被激怒了，他去了林肯的办公室，要求林肯太太向他道歉。

林肯听了雅各的申述之后，便无奈地向雅各说道："听您说的这件事，让我感到很遗憾。实话说，这种情况已经延续了 15 年，这 15 年来，这种事可以说已经成了我生活的一部分，我每天都面对和忍受这样的事。希望您忍一忍，和我的 15 年比，就忍一会儿，好吗？"

听了这些，朗·雅各还能说什么呢？他反而对林肯很是同情，临别时，还向林肯说了声："抱歉，打扰了！"

不过，还有一位女佣人竟然在林肯家待了两年之多，这让街坊邻居颇感惊讶，觉得太不可思议了！其实，这位女仆和林肯之间在私下里有个约定。女仆初到林肯家里的时候，林肯就很坦诚地告诉她将会面临什么样的待遇，在今后遇到那种情形，请她做到不往心里去，林肯这时还表达了歉意。林肯答应，如果她能做的话，每周他会多付给她一美元的酬劳。

因为这个原因，女仆在经常的找茬和斥责中坚持了下来。每当林肯太太对她粗言恶语以后，林肯便会趁着太太不注意，溜进厨房，鼓励道："没关系，玛利亚。勇敢点，别退却。"

后来玛利亚结婚了，她嫁给了格兰特将军手下的士兵。当李将军投降以后，玛利亚赶去华盛顿为丈夫申请退役，和孩子们一样，她希望丈夫早点回家。在华盛顿，玛利亚再次见到了林肯。

再次见到玛利亚，林肯十分高兴，他想和玛利亚坐下来好好聊聊，拉拉家常，在一起吃个饭。但是玛丽·陶德不同意。于是，林肯送了一篮水果、一些钱给她，并嘱咐她第二天再来，给她开具一张通行证。可是第二天，她并没有去，因为就在当天晚上，林肯被暗杀了。

陶德家族的人都有些古里古怪的，尤其是玛丽的性格和言行。

这也许和陶德家族姻亲关系有关联，玛丽的父母其实是表兄妹。玛丽旁边的一些人（包括她的医生），都怀疑玛丽患有轻度精神病。

多年以来，林肯都是在太太的谩骂与责备的屈辱中度过的。在林肯的心里更多的可能就是令人压抑的酸楚和憎恨，那种压力使他有时几近发疯。

林肯以近乎基督般的忍耐承受着一切，很少指责他的太太。然而林肯的那些朋友可不是那么厚道了。

在赫恩登的眼中，玛丽就是一只"野猪"，一只"母狼"。

特纳·金是林肯的狂热崇拜者，他说他不止一次地看到过林肯被太太赶出家门。他称玛丽是"捣蛋鬼"，是"女魔"。而在华盛顿总统府供职的约翰·海在私下给玛丽起的绰号更是不宜公开。

在林肯家附近住着斯普林菲尔德卫理公会教堂的牧师，他是林肯好友。牧师太太也说："家庭生活中，林肯夫妇之间并不和睦，林肯常常被太太用扫帚打出家门。"

詹姆斯·高利作为林肯的邻居16年。他说，林肯太太好像鬼魔附体，有时候似乎是心魔驱使，她会狂暴撒泼。街坊四邻经常听到她哭闹不止，嘴里还胡言乱语，说有人使坏，要暗算她，要求叫人在房屋周围守卫。

林肯太太的狂暴脾气不但没有收敛，相反发作的次数越来越频繁，火暴程度也愈演愈烈。这样的家庭生活，林肯很难尝到它的温暖。他从不邀请朋友来家里做客款待他们，即使像他的亲密好友赫恩登和戴维斯法官这样的人也一样。朋友们都为他那不堪的处境而深深难过。而他自己则是想方设法避免和玛丽见面，到了傍晚，他总是与律师们在法律图书室闲谈聊天，或者去店铺里给大伙儿讲故事听。

夜深人静的时候，无奈的林肯低垂着脑袋，一个人徘徊穿行在空旷凄凉的大街上，神情显得沮丧和极度忧伤。一个人自言自语道："我真不想回那个家。"那些好心的朋友知道为什么，所以他们往往带林肯去他们家过夜。

关于林肯的家庭悲剧，他的朋友赫恩登是最清楚的。他在《林肯传》第三卷第 430 页至 434 页中写道：

> 林肯先生没有心腹之交，无处吐露满腹苦水。据我所知，他也从没有向他的朋友，当然也包括我，诉说他的苦衷。他默默地忍受着一切，什么都不说，其实是郁闷不堪的。在最严重的时候，即使他不愿意说出来，我也能看出他的不快和忧伤。他一般不会早起，上午九点之前他很少到办公室，而我经常比他早到一个钟头。可有时候也有例外，他会在早晨七点以前到办公室。我记得有这么一次，我发现他到办公室很早，天还没亮。根据经验判断，只要他在我之前到办公室，那说明前一天他的家里肯定又有事儿，没准儿又是狂风大作，暴雨雷霆。这时的他即使看见我进来，连头都懒得转转，要不躺在休息室注视着天花板，要不将身子窝在椅子里，两只脚放在后窗的窗台上，嘴里只是含混地对我说"早上好"。我则赶忙投入工作，拿起纸和笔忙自己的事，或是看书。然而过不了多久，看着他那副苦闷的神情和可怕的沉默状态，我的内心就极度不安，我就借口去法院或者去做别的事，走出办公室。

办公室门的上半截装着玻璃，玻璃上挂着一块帘子以遮挡视线。每次当我要出去，办公室只有林肯一个人时，我都会把帘子拉上。还没等我走到楼梯口，就会听见林肯从里面"咔嚓"一声把门锁上，忧郁地待在阴暗的房间里。在法院职员的办公室里我会待上个把小时，然后出来再去附近的小商店里闲逛一阵子以后，再回办公室。这个时候，或许已经有客户上门了，而林肯正在向他们提法律方面的建议；也许，阴霾已经散去，林肯在惬意地背诵一则印第安纳的故事。

到了中午，我回家吃午饭。大概一个小时之后回到办公室，一看，林肯还待在办公室，正在吃从楼下的商店里买来的奶酪和饼干。其实他家离办公室不远。

下午五六点钟，我要下班的时候，他却逗留不走，不是坐在楼梯口的柜子上，就是坐在法院的台阶上跟一帮人闲聊，以打发时光。当夜幕降临后，办公室的灯会亮起，林肯一定还在那里。在夜深人静之时，他那高大的身影在影影绰绰树影下徘徊，在一种举棋不定的无奈中潜回他那所谓的"家"，这个将会成为国家总统的男人本来应该在这一刻进入每个人都应该拥有的欢乐所在……

可能会有人说，我这样描述言过其实，渲染过分了。但我要说的是，事实就是这样，认为夸张，那是因为他们不了解事实的真相。

林肯是一个对"任何人都不存恶意，处处与人为善，对人怀有悲悯之心"的人。林肯太太攻击谩骂丈夫的事经常发生，但有的时候连林肯都无法忍受。有一次，太太对他进行恶狠狠地攻击，而且久久不能罢休。这让林肯情绪失控，他伸手抓起太太的胳膊，将她拖出厨房，一直到家门口。他气愤已极，对她喊道："你这个天杀的，你难道要毁掉我的一生？这个家让你整得和地狱一样。你给我滚！"

地狱般的哀愁

假如林肯的妻子不是玛丽·陶德，而是安妮·鲁勒吉，也许他的一生将会是幸福如意的，这样的话他未来可能不会成为美国总统。在思想和行动方面，林肯不是那种雷厉风行的人，他总是显得迟缓，而安妮·鲁勒吉也不是那种强势逼迫他争取功名的女子。反而，玛丽·陶德就不这样，她是那种极力想进入白宫，成为第一夫人的女人。自打嫁给林肯开始，就撺掇督促林肯争取自由党国会议员提名。

但是，竞选活动是一个惨烈的过程，林肯不属于任何一个教会，他的政敌将他说成是异教徒，他参加竞选未必有好的结果。又因为他与高傲自大的陶德和爱德华兹家族有姻亲关系，他被政敌们说成是财阀与权贵势力的代表。虽然这种指责显得那么滑稽可笑，但林肯还是感觉到了这些指责给他的政治前途带来的伤害有多大。对于这样的批评，他进行了反驳，他说："自从我到斯普林菲尔德之后，我的亲戚只有一个人来看望过我。而在他出发准备出城之前，就有一位高利贷商人控告他偷了他的一架竖琴。如果依据他是权贵世家的一员，那么，我会欣然接受。"

林肯的竞选失利。他经受了他政治生涯的首次失败。

两年以后，他再度参加竞选，最后赢得胜利。玛丽激动万分，她坚信她的丈夫已经开始了真正迈向政治辉煌的历程。她马上为自己订制了一套晚礼服，还开始下功夫苦练法语。当丈夫一到华盛顿，她立刻写信给他，表示她也想住在华盛顿，信的开头还以"可敬的亚伯拉罕·林肯"称呼。

玛丽一直向往着迈入上流社会，成为社会名流，住在华盛顿，享受社会威望。可当她赶到东部与丈夫会合之后，她发觉眼前的境况完全不是她期盼的那样。林肯实在太穷了，他还没有收到政府给他的第一张薪水支票，这之前他只能找斯蒂芬·A.道格拉斯借钱来维持开销。所以，林肯和太太刚到华盛顿的时候住在斯普里格斯太太的出租屋里。那个屋子地处杜夫格林街，屋子门前没有铺石板，人行道上满是砾石和灰土。房子里阴暗，墙壁布满裂缝，里面也没有水暖设施。整个院子的后院还有一间小屋子、一个鹅棚、一片菜园。经常有邻居家的猪跑进菜园子偷吃青菜，这时斯普里格斯太太的一个儿子便会用木棍把那家伙赶走。

在当时，华盛顿市民的垃圾处理不由政府负责，因此，垃圾成堆的堆积在后巷子里，全由满街游荡的牲畜将它们吃掉。

华盛顿的社交圈子很排外，林肯太太无法跨入华盛顿权贵的社交之门，他们拒绝接纳她。她只能孤单地蜷缩在出租屋里，屋子和她的心情一样灰暗，陪伴她的是她那骄纵的儿子。她经常性地犯头疼病，尤其是当房东太太的儿子将闯进菜园子的猪往外赶的时候，那种刺耳的尖叫声更让她难以忍受。

面临的境况虽然令人非常失望，但要与当时美国潜在的政治危机比起来，也算不了什么。当林肯当选国会议员的时候，美国正在与墨西哥打仗，美国政府在那些主张蓄奴的议员的怂恿下向墨西哥发动了可耻的侵略战争。这场战争持续了 20 个月。侵略的主要目的：掠取土地，促进南方种植园奴隶制度发展，保证种植园主的利益。

经过侵略战争，美国获得了两大利益：夺取了墨西哥将近一半的领土，将这些掠夺而来的土地划分设立为美国的新墨西哥州、亚利桑那州、内华达州和加利福尼亚州；迫使墨西哥放弃得克萨斯州的主权，割让给美国，变成美国的一个州。

美国南北战争时期的英雄格兰特说，美国对墨西哥的侵略是历史上少有的邪恶战争，他永远不能原谅他自己也参加了那场战争。在那场战争中，有许多美国士兵倒戈相向。在墨西哥圣塔安那军中有一个军营士兵全是由美军逃兵组成。

林肯在国会里，和许多自由党成员一样，大胆发表对那场战争的看法和观点，谴责总统发动了一场"公然劫掠和屠杀的不光彩的战争"。它宣布了上帝已经"忘记了那些弱者和无辜者，放纵那些来自地狱的恶魔黑煞，听任他们屠戮男人、女人和孩子，亵渎了和平与正义，使那片土地遭受邪恶的蹂躏"。

这只是一个默默无闻的议员的演说，华盛顿的政治家们自然不会有多大的反响。但是在林肯的家乡斯普林菲尔德却掀起了一场轩然大波。因为伊利诺伊州有六千人参加了这场战争，这些人认为他们在为神圣的自由而英勇奋战；现在倒好，他们选出的代表却在国会上说这支军队是来自"地狱的恶魔"，是一帮"刽子手"。群情激奋的自由党人士公开集会，指责他们的代表林肯是"卖国贼"、"卑贱的懦夫"、"没良心"……聚会的自由党人一致宣称，他们从来没见过他们的代表林肯"做过这么丢人的事"。自由党人士同时宣称，林肯的演讲是对"英勇的生还者和光荣的杰出的烈士的恶意中伤和诽谤，让他们蒙受的冤屈将会使伊利诺伊州正直之士感到愤慨"。

这种愤恨之情一直积郁在自由党人的心中长达 13 年之久。13 年后，当林肯竞选总统时，这种激愤和责骂又一次向林肯袭来。

这件事对林肯的政治生命是一次严重考验。林肯曾经向他的律师合伙人说："对我而言，这是政治自杀。"

那时林肯都不敢回到家乡，他无法面对那些为他投票的愤怒的选民。所以他力求谋个职位在华盛顿安全地住下去，当时他想获得"土地局委员"的职位却没成功。他又设法谋求被提名为俄勒冈州长，想着能否在该州加入联邦时成为该州的首批参议员，可还是事与愿违。

无奈之下他回到了斯普林菲尔德，走进了他暗淡脏乱的律师事务所，重操旧业。他再度赶着那辆摇摇晃晃的小马车在第八法院区巡回办案。这时的他，可以说是整个伊利诺伊州最忧郁的人。他立意逃离政治旋涡，专事他的律师事务，不再谋取政治前途。

他感觉到自己的工作方法和推理及表达能力还有待提高。为此，他买了一本几何学书籍，总是带在身上，以便巡回办案时随时学习。

赫恩登在他的《林肯传》中写道：

> 我们去乡下住小旅店的时候，经常是睡在一张床上。那里的床铺很短，林肯又是大个子，床铺不适合林肯的身材。

因此他的两条长腿总是露在床铺外面。条件很艰苦，但是，他每天晚上在床头放一张椅子，再在上面点根蜡烛，连续读几个小时的书，有时甚至到深夜两点钟，而那时我们其他的人早已进入了梦乡。每次巡回办案的路上，他都手不释卷，认真钻研。他那样坚持和努力，到后来他竟然学完了六册"欧氏几何"，并对其中的所有定理都能轻松地证明。

林肯学完几何学之后，又开始学习代数，接着学天文学，还写了一篇关于语言发展的演讲稿，对语言的发展发表见解。但莎士比亚的戏剧作品对他更有吸引力，他读的最多的还是他的剧作。还在纽萨勒姆时杰克·凯尔索使他养成的文学兴趣依然保持着。

从那时起，深深的哀伤和忧郁一直伴随着亚伯拉罕·林肯走向生命的终点，它是林肯最明显的特征，那种深切的哀愁无法用语言表达。

当杰西·维克帮助赫恩登整理《林肯传》时，他认为对林肯的那种描述有些过于夸张。于是，他去找了一些与林肯有过多年交往的人，来了解情况。这些人有：斯图尔特、惠特尼、马西尼、斯威特以及戴维斯法官。

经过详细了解，维克才相信赫恩登的结论："与林肯不相识或者没有亲眼见过林肯的人，确实无法体会他那忧郁的性格。"赫恩登还说："在我和他合作共事的20年里，从来没有见过林肯曾经快乐地过了一天。他最显眼的就是那副永远挂着忧伤和悲戚的面孔。不管他走到哪里，哀伤总是如影随形。"

在外出办案的时候，林肯总是与其他几个律师住在一起，律师们经常一大早就被林肯吵醒：他往往坐在床边，一个人自言自语，不知说着什么。有时候独自起来给壁炉生火，然后两眼盯着炉火，呆呆地坐着，好几个小时不动；或者小声地背诵诗句："唉，人啊，何必骄傲呢？"

当他走在大街上的时候，经常会陷入沉思，满脸的绝望，当对面的来人向他打招呼时，他却没有一点反应。甚至有时候，当他和别人握手的时候，也显得那么茫然若失，忘记对方的姓名。

约纳森·伯奇对林肯的记忆力近似崇拜。他说：

> "在布鲁明顿出庭的时候，林肯有时把审判庭、办公室或大街上的听众逗得捧腹大笑，可接下来他又陷入一种沉思当中，这时候没人敢去打扰他……他就静静地坐在靠着墙角处的一把椅子里，双脚踏在矮梯上，小腿曲起，下巴紧贴在膝盖上，双手抱膝。他那宽檐帽往前斜，双眼充满了无尽的悲哀。我见过他曾经如此神情忧郁地坐上好长时间，就是他最要好的朋友，也不敢去打扰他。"

对林肯一生的研究，恐怕无人能与参议员贝弗里奇相比。他认为：自1849年到去世这段时间，林肯有一种难以揣度的悲戚哀伤，其程度之深一般人难以估量和体会。

然而，与林肯的哀伤特点一样明显的是，他拥有无限的幽默感和优异的讲故事能力，这使林肯完整的人格魅力有一个显著特征。他的这一特征同样令人记忆深刻。

有时候，林肯甚至能使戴维斯法官中断问案，听他讲述幽默的故事和笑话。赫恩登说："经常有两三百人围在他周围听他说笑话。"他们被逗得长笑不止，让人一想起来就笑，延续好几个小时。有位亲历者回忆道：林肯的故事讲到最精彩的时候，听众就欢呼不已，有些笑得捧着肚子从椅子上滚下来。

那些与林肯熟悉的人一致认为："他那无法言语的哀愁"，究其原因，大概有两个：一个是他悲惨的婚姻；一个是政治上的失意。

失意和悲戚充满内心，林肯恍恍惚惚度过了 6 个年头，随着岁月的流逝，林肯对政治期望已经消磨殆尽之际。他身边发生了一件事情，可以说由这件事改变了林肯的一生，也使他鼓起勇气，向白宫进发。

这件事与林肯太太玛丽·林肯年轻时所追求的斯蒂芬·A.道格拉斯有密切关系。

密苏里折中案

1819 年，密苏里州要求加入美利坚联邦，但要求蓄奴，保持奴隶制。这个要求遭到了当时北方各州的强烈反对。最后情势经过几次转变，达成了一个《密苏里折中案》，方案认可密苏里加入联邦，可以成为蓄奴州。但是，密苏里南部和西部地区不允许奴隶制存在。这个方案得到双方的承认，关于奴隶制是否可以存在的争端暂时得以缓和。

然而，这场奴隶制的纷争在沉寂了三十余年以后，再一次被人搬上了台面，一时甚嚣尘上，预示了一个新时代的到来。

为了废除这一方案，史蒂芬·A.道格拉斯极尽努力，进行了长期的国会辩论。在国会，道格拉斯锲而不舍，他哀求，并一次次地争辩，持续好几个月，甚至因为争辩发生了议员们跳上桌子，拔刀相向的事情。道格拉斯的鼓惑和煽动，最终，在1854年3月4日，议员们通过了他的提案，将原来的议案废除。他的提案使密苏里（密西西比）以西相当于13州面积总和的大片地区再度实行奴隶制度。这一提案的通过引起了强烈的轰动。在进行了一夜激辩之后的华盛顿还没有从酣睡醒来的时候，它的大街小巷已经回荡着信使们散发传单的吆喝声。在海军造船厂那边想起了隆隆的炮声，宣示了新时代的到来。然而，它毕竟是一个充满鲜血的时代。

为什么道格拉斯要竭尽全力去废除这个方案？出于什么目的？没有人知道。即使到了今天，历史学家们也无法按图索骥，找到合理的答案，还在喋喋不休地争论。但是，有一点可以肯定，那就是道格拉斯希望在1856年的总统大选当中获胜，当上美国总统。他清楚，只要经过他的努力，撤销折中方案，他就可以在大选中获得南方的选票。

然而，看看北方会怎么样呢？

道格拉斯很清楚自己的作为会产生什么影响，他说："我知道，在北方，狂风暴雨将会猛烈的袭来。"

他说的没错，但现实远没有他估计的那样乐观。正是他的举措掀起的风暴撕裂了两大政党，使两党陷入了无可挽回的分裂状态，美国南北战争就在这种风暴中催生了。

愤怒的狂风席卷了城镇和乡村，各地掀起了各种形式的抗议活动，激愤不平像野火一样蔓延开来。愤怒的民众将史蒂芬·A.

道格拉斯斥为"叛徒阿诺德",是给他 30 美元就能出卖主人的现代犹大。有人还送他一根绳子,要他自行了断。

教会方面对这一事件的反应也很激烈,很快就加入了斗争之中。有 3050 名新英格兰神职人员以"伟大上帝和神灵的名义"向参议院递交了抗议书。抗议的形势如火如荼,社会舆论沸沸扬扬,各种社论更是助长了民众的激奋。在芝加哥,连民主党的报刊都加入到讨伐道格拉斯的行列中。

到了 8 月份,国会进入休会期,而打算返回家乡的道格拉斯看着眼前发生着的一切,他非常清楚自己前面的路会是什么样子:从波士顿到伊利诺伊,燃烧的火焰将会"照耀"他的归途——他的画像被群情激愤的人们放火焚烧,画像里他的脖子拴着绳索而被吊起。

但他却蔑视这一切,还大胆地宣布,在芝加哥他要发表演讲。在他的家乡,到处充满着人们对他的憎恶之情,甚至是仇恨。人们在报刊上发文对他进行抨击,连牧师们都忍无可忍,愤怒地发出"伊利诺伊州鲜美的空气都被他背信弃义的污浊之气给污染了"。愤怒的人们纷纷前去购买左轮手枪。夜幕降临前,全城的五金商店里手枪已经售罄。他的政敌誓言:绝不能让他再活着去干那些臭名昭著的勾当。

道格拉斯抵达芝加哥时,船只靠岸后降了半旗,许多教堂里人们敲响钟声,以示对失去自由的哀悼。

道格拉斯在芝加哥发表演说的那天晚上闷热无比,神情木然的男人们坐在椅子上,汗水一个劲儿地往下流,女人们也热得头晕目眩,许多人向湖边蜂拥而去,想找一块凉爽的沙土在上面躺一躺。无力拉车的马匹倒卧在大街上喘着微弱的气息。

即使如此炎热难耐，但是人们依然成群地向道格拉斯的演讲地涌去，个个情绪激动，怀揣手枪。芝加哥没有一座大厅容纳如此多的听众。人们只好全都挤在广场上，还有许多只能站在广场附近房子的阳台上，甚至爬上了屋顶。

道格拉斯刚开口讲话，台下人们就报以阵阵吼声和嘘声。他想坚持下去，然而听众们又是一阵吆喝声，要不就大吵大闹，台下充斥着难听的谩骂讥讽，还有带有侮辱性的歌声不绝于耳。

陪同道格拉斯的人看着眼前的情景也很激动，恨不得和这些人干一仗，可道格拉斯要求他们冷静，声称他能稳住局面，会说服这些人。然而他的各种努力在民众激愤的情绪中显得那样苍白无力。他大加抨击《芝加哥论坛报》，可听众却为它喝彩，欢呼着拥护该报；于是他向听众说，如果不让他在这里发表演说，他将会一直站在讲台上不走，听众听了后，齐声回答道："今晚我们不回家，天不亮，我们不回家。"

这一天是星期六。道格拉斯晚上的演讲无法进行下去，在苦苦支撑了四个小时的侮辱之后，他无奈地看了看手表，向台下的这帮"暴民"们喊道："现在已经是星期天了，我去教堂了。你们最好下地狱去吧。"

他身心俱疲，神情黯然地走下讲台。"小巨人"遭受了他政治生涯中第一次屈辱和失败。

第二天一大早，昨晚的事件经过被报纸非常详尽地刊登出来。可以想到，当斯普林菲尔德那位孤傲的中年妇人看到这些报道，她一定会得意地笑出声来。还在15年前，渴望成为道格拉斯太太是她曾经的梦想。自那以后的这些年来，她眼睁睁地看着他一步步高升，成了这个国家最有势力且人人敬仰的政治家，可她的丈夫处处蒙受屈辱和失败。她的内心填满了不平，充斥着憎恨。

哦，感谢上帝！道格拉斯这个高傲的家伙总算倒霉了。这正是大选之际，他自己的家乡，他所在的州，他的政党分崩离析，搞的天怒人怨。玛丽·林肯激动难掩，她知道林肯的机遇来了。林肯极有可能挽回 1848 年所失去的公众形象，重新赢得民众的支持，有机会再度登上政治舞台，当选联邦参议院议员。对此，玛丽深信不疑。虽然道格拉斯任期还有四年届满。但是，在几个月之后，他的同僚希尔斯就要改选，希尔斯得为连任忙碌。

道格拉斯的同僚爱尔兰人希尔斯，本是个狂傲好斗之徒。玛丽与他有一笔没算的旧账。还在 1842 年，因为玛丽写的一封言辞很不妥当的信，使得希尔斯向林肯发难，要与林肯决斗。这样，两人各自佩剑，由助手陪同到密西西比河的一个沙洲上，准备进行殊死决斗。直到最后关头，在朋友的调停之下，这场决斗才未见血。从此以后，希尔斯的政途一帆风顺，官运亨通，而林肯境况却是一片灰暗，默默无闻。

如今，林肯可是有了触底反弹的好时机。他说，《密苏里折中案》的废除"唤醒"了他的良知，他再也无法保持沉默了。他已决意全力奋战，投入他的全部灵魂和信念去战斗。

于是林肯开始准备。有好几个星期他泡在图书馆里，查阅资料，核证史实，分析事例，了解真相，对议会里与这一法案相关的辩论议题进行分析研究和整理；同时构思演讲稿。

在这年 10 月 3 日，伊利诺伊州的博览会在斯普林菲尔德举办，来自各处的成百上千的农民纷纷拥向城里。他们带来了他们最好的马匹、肥壮的牛羊，以及像玉米等农作物，妇女们带着手制糕饼、果酱、蜜饯等美味食品。然而这一切都不是人们所期待的，人们等着另一个更加有魅力的节目上演。因为几个星期前，大会筹办者宣布在博览会开幕首日，道格拉斯要亲临现场进行演讲，这样的话，全州的政治家、政党领袖都将前来倾听演说。

当天下午，道格拉斯演说了三个小时。三个小时之内，他主要重申了他的政治立场，并找了一大堆理由为他的那份报告辩护；同时对他人的反对意见进行了攻击。他还竭力否认自己"将奴隶制在某个地区合法化或废除"的意图，就奴隶制问题，他的意见是"要让各区民众自己决定"。

"如果堪萨斯和内布拉斯加的人民有自治能力，那他们一定也能管好那部分可怜的黑奴。"他还说。

当时，林肯坐在听众席的前排，他认真听了道格拉斯所讲的每一句话，并对他讲话里的每个观点进行了仔细思考。道格拉斯演讲刚一结束，林肯马上站起来宣布："明天我将在这里纠正他的谬误，让他的虚伪暴露于阳光之下。"

第二天一大早，整个城镇和展览会的各个角落都散落着传单。民众知道林肯将对道格拉斯演讲时的言论进行辩论和反驳，他们兴趣浓厚。还没到下午两点，整个辩论大厅已经被人挤得满满当当，座无虚席。不久道格拉斯终于出现在台上。他打扮的还是那么干净利落，衣着得体耀眼。

这天早上出发前，玛丽为林肯精心地修正了大衣，换上了清洁的衣领，还配了一条经过仔细熨烫的漂亮领带。当时玛丽已经早早地坐在听众席上，焦急地等待丈夫光鲜的身影出现在大厅。然而，由于天气太热，林肯清楚大厅一定很闷。因此，他来的时候没有穿大衣和马甲，也没打领带，就这样当他大步跨上了讲台的时候，他的形象显得如此糟糕：他瘦骨嶙峋的身上穿着一件松松垮垮的衬衫，细长的棕色脖子全部露在外面，显得跟衣架子一般；而他的头发凌乱不堪，脚蹬一双破烂的靴子，又沾满灰泥；看那裤子，用一根手工编织的带子胡乱地系在腰上，显得很不合身。

看到丈夫这副德性的玛丽，差点背过气去。玛丽的羞愤和恼怒填满心间。禁不住内心的失望，差点哭出声来。

那个时候谁能预知未来究竟会发生什么？然而，就是那个让人难耐的炎热的下午，也正是这位令他的妻子感到耻辱的丑陋男人，发表了他那名留青史的伟大演说，从此向他不朽的事业迈进。

如果以那天下午的演说为界，将他以前的演讲词收集编订成册，再将此后的演讲词编成一册，将这两册放在一起比对，你很难相信它们是出自同一个人的作品。那天在台上发表演讲的是一个全新的林肯—— 一个因为人间的不义而深深动怒的林肯，一个为受压迫者代言的林肯，一个被人类道德尊严所感动，并捍卫人类道德尊严的林肯。

他对奴隶制的历史进行了认真的考察、回顾和检讨，并且提出了反对这一罪恶制度的五大理由，每条都切中要害。

不过，他依然表现出了相当的宽容，他并没有将自己置于审判者的位置。他说道：

对南方人民我并不抱任何偏见。如果我们打个颠倒，也处在他们的环境，我相信我也会做出相同的事来。在过去原本就不存在奴隶制，南方人也许不会主动地推行它。同样如果它已经成为一种普遍的社会现象，就是北方人也不会轻易地将它放弃。

南方人认为，不应该将奴隶制的责任完全推卸在他们头上，这一点我同意，因为我们对奴隶制也负有不可推卸的责任。人们说这是现存的体制，很难找到一种令人满意的其他方法，要废除它绝非易事。我也赞成这一说法。所以，我没有谴责他们对这种制度无动于衷。这是因为，即使赋予我世界上所有的权力，我也不知道自己应该怎么去行动好。

林肯演讲了三个多小时，他汗流浃背，但还是继续就道格拉斯的演讲观点进行答辩，驳斥他的错误观点，证明他在诡辩。

林肯的答辩使道格拉斯在台上焦虑不安，如坐针毡，他不断地站起来打断林肯的发言。林肯的答辩演说给在场的听众留下了非常深刻的印象。

新一轮选举就要到来，年青一代民主党员已经开始攻击道格拉斯，拒绝为道格拉斯投票，而是为自己的选票四处奔走。在伊利诺伊州的选举投票中，选民选票之时，民主党中的道格拉斯系成员几乎全军覆没。

那个时候，国会议员都是由各州议会选举产生。伊利诺伊州议会于 1855 年 2 月 8 日在斯普林菲尔德开会，投票选参议员。林肯太太专门为自己买了一套崭新的衣服和帽子，而她的姐夫尼尼安·W. 爱德华兹也兴奋地忙着为未来的林肯参议员举办一场接待会。

在第一轮投票中，林肯领先其他候选人，他和其他候选人差数在六票之内。可是后来的投票中屡屡落后，到了第十轮投票之后，他落选了。当选本州参议员的是莱曼·W.特朗布尔。

林肯和玛丽结婚时，莱曼·W.特朗布尔的太太朱莉娅·杰恩是玛丽的伴娘，她应该说是林肯太太此生最亲密的朋友。那天下午，玛丽和朱莉娅在议会大厅里并肩而坐，观看参议员的选举。当大会宣布朱莉娅丈夫当选参议员时，林肯太太气愤至极，带着怒气立刻站起来冲出大厅。嫉妒填满了她的心间。从此以后至死，她再也没有和朱莉娅·特朗布尔说过话。

林肯满怀失望和忧伤，带着黯然的心绪回到他那黑暗的、墙上还印有斑斑墨迹、灰尘布满书架的法律事务所。

一个星期后，人们又看到他牵着马车，再次在人烟稀少的荒原上奔波，巡回于各个法院之间。然而，他对法律事务的心思已经全然不在，政治和奴隶制已经是他心里的主要问题，也成为他整天谈论的话题。他说当他想起成千上万的人还在遭受奴役，他就心痛不已，不得安宁。他越加忧郁，这种情况比以前延续的时间更长。

有一天，他和一名律师同住一家乡间旅馆，而且同床安歇。黎明时分，这位律师发现林肯还没睡觉，在床边和衣而坐，沉思中嘴里还自言自语，垂头丧气。后来，林肯开口说话了，第一句话是："我告诉你，这个国家不能永远这样下去，绝不能一半自由而另一半被奴役。"

这事之后不久，林肯听一位斯普林菲尔德的黑人妇女讲述了她儿子的悲惨故事。她的儿子去了圣路易斯，在密西西比河的一艘蒸汽船上干活。于是当船到达新奥尔良时，由于他儿子无法向他们证明自己的自由人出身，她的儿子被关进了监狱，而轮船开走了。白人将她的儿子作为奴隶出卖，以出售所获支付他在监狱里的花费。

当林肯向伊利诺伊州州长讲了这件事后。州长告诉林肯，他既没有权力也没有能力管这件事。林肯又给路易斯安那州州长写信反映，可答复同样无能为力。无奈之下，林肯再次去见伊利诺伊州州长，想尽力劝说让他解决这一问题，然而州长大人还是摇头不肯。

情急之下。林肯气愤地站了起来，以强硬的口吻说："州长大人，要让这个可怜的孩子重获自由，您也许没有这样的能力。但是，我以上帝之名起誓，在这个国家绝不能让奴隶主有一席之地。"

第二年，林肯向他的朋友惠特尼说，也许他自己该有一副眼镜了。后来，他去一家首饰店，花了 37.5 美分买了第一副眼镜。这一年林肯 46 岁。

失足未跌倒

在林肯的政治生涯中可谓屡遭失败打击，然而在他生命的最后 7 年里，他却收获了不朽。

在 1858 年，那是一个夏季，亚伯拉罕·林肯站起来了，他一改以前的那种默默无闻，冲出了那个偏远小镇和自己生活的小圈子，积极投身于美国历史上非常著名的一场政治斗争中，去实现他人生中的首次冲刺成功。

那年的他已经 49 岁。多年的艰辛奋斗与沉浮，他得到了些什么呢？

说事业，他就是一个失败者。

讲婚姻，毫无幸福可言，尽是凄凉和不幸。

但要说法律事务，他倒是很成功，他可以说是一个成功的律师，他的年收入在 3000 美元左右。但是，他在仕途上却满是挫折和失败，心灵深处尽是灰暗和沮丧。

他曾坦承："对我的人生而言，抱负的竞技场上我是个彻底的失败者。"

然而从这一年开始，他得到了命运的神奇眷顾，整个事态的发展令人难以置信，目不暇接。虽然此后他只活了七年，可在这七年里，他取得了辉煌的业绩，获得了不朽的荣耀。这一切使他名垂青史。

当时，斯蒂芬·A.道格拉斯是他的政治对手。那时的道格拉斯声名赫赫，是国人景仰的政治明星和英雄。

《密苏里折中案》被撤销之后的 4 年里，道格拉斯通过一场精彩的政治翻身仗，卷土重来，回复了声望。大致经过是这样的。

当时，堪萨斯州提出加入联邦，成为蓄奴州之一。道格拉斯说"不行"，表示坚决反对。他认为该州议会不合法，那些议员都是凭借欺诈和猎枪恐吓的手段当选的。在堪萨斯州拥有投票权利的男人中有一半没做选民登记，也就无法参选。但在密苏里西部那些支持奴隶制的民主党人根本就没权利在堪萨斯州投票，却全副武装，为奴隶制决议摇旗呐喊。这样的选举歪曲了正义，是不公平的。

在堪萨斯州，那些反对奴隶制的人个个拿起武器，他们行军、操练、构筑战壕，准备为正义而战斗。那些自由州的人们也摩拳擦掌，擦亮手枪，给步枪上好机油；在树上和谷仓的门洞里放上枪靶，练习枪法；他们操练、行军、喝酒；他们还将酒店改成碉堡。人们声言既然选举是个骗局，不能用投票获得正义，那就用子弹争取公平。

在北方几乎每个村镇，都有职业演说家向人们讲述堪萨斯州的情形和他们的主张与高见，他们以礼帽作为募捐箱在人们中间传递，为正义之战募捐，捐款不断增加。在布鲁克林，亨利·沃德·比彻演讲时说，为了正义，为了拯救堪萨斯，拿起枪炮远比捧着《圣经》有用。从此，产自夏普家的步枪被称为"比彻的《圣经》"。在从西部运出的枪支箱都贴上了"圣经"、"陶器"、"修正法规"字样的标签。

这个时候，5 个获得自由的黑人惨遭杀害。堪萨斯州奥萨沃托米的约翰·布朗，一位靠种植葡萄酿酒为生的虔诚教徒、一位年迈的牧羊人，愤而起誓："我忍无可忍。遵从上帝的旨意，我必须给那些奴隶制的支持者们一点颜色看看。"

5 月里的一个夜晚，他向家人诵读了《圣经》中的"诗篇"，并带领全家做祷告。之后，布朗率领他的四个儿子和一个女婿，策马穿越大草原，找到一家支持奴隶制的人家住处——一座木屋前。他们杀了男主人和他的两个儿子。天亮前的大雨，冲得脑浆和鲜血横流四处。

此后，各地的暴力事件层出不穷。史书因此有了"流血的堪萨斯"一词。

斯蒂芬·A.道格拉斯终于清醒，他认为堪萨斯州议会不合法，那么草拟的法律毫无意义。他要求，堪萨斯州以公正、诚实、平和的方式，由人民投票决定，是实行奴隶制，还是成为一个自由州。

这是一个正当合法的要求。但是，当时最大的奴隶制支持者、总统詹姆斯·布坎南和华盛顿的那些赞同奴隶制的政客们自然不会同意这样的要求。

布坎南和道格拉斯争执不下，吵翻了脸。

总统布坎南威胁道格拉斯说，要将他送上政治断头台。道格拉斯无所畏惧地反击说："总统先生，我以上帝的名义选你担任总统，同样以上帝的名义可以让你下台。"

道格拉斯一语看是威胁，但他的确改写了美国历史。那时，政治斗争中的奴隶制已经甚嚣尘上。道格拉斯在与总统布坎南发生争执之后，他的政治势头每况愈下。

接下来的战斗中，为了维护自己的尊严和信念，也为了维护每一个北方人的信念，道格拉斯放弃了自己的政治前途，无私地投入了战斗。然而这样一来，道格拉斯所在的民主党陷入了四分五裂的深渊，这给民主党 1860 年的大选带来了灾难性的后果——共和党人林肯入主白宫不可避免。

道格拉斯将他的政治前途与他的和北方每一位民众的信念紧紧地联系在一起，进行了一场无私而光明的战斗。他因坚持伟大的原则而赢得了伊利诺伊州人的爱戴。他作为国人的偶像回到他的家乡。

1854 年的芝加哥还是原来的芝加哥，然而当道格拉斯到来时，这个曾经以降半旗、敲丧钟的方式对待他的城市，如今却是另外一番景致：人们派出专列、乐队和接待委员迎接并护卫他返家。列车上鼓乐齐鸣，道路上人马成群结队。当他进入市区的时候，迪尔伯恩公园的上空传来 150 响礼炮的轰鸣声，无数的人涌向他，争相和他握手，他的脚下铺满了成群的妇女向他抛来的成百上千的鲜花；他的名字被人们用来为他们的长子命名。只要他愿意，人们愿意为他赴汤蹈火，在所不辞，这也不算夸张。在他过世 40 年之后，仍旧有人自我标榜"道格拉斯民主党人"。

道格拉斯顶着荣光回到家乡几个月之后，伊利诺伊州的民主党人一致推举他为国会参议员的候选人。而这个州共和党人推举的候选人却是一个叫林肯的默默无闻的人。

在这之后的竞选之战中，林肯和道格拉斯进行了一系列激烈的辩论，正是这些辩论使林肯为更多人知晓，声名鹊起。他们的辩论充满了浓浓的火药味和战斗气息，民众的情绪被点燃，他们激动若狂。为倾听演说，空前的人潮从各方蜂拥而至，几乎到了没有容纳他们的宽敞的大厅的地步。因此演讲集会只得在树丛中或在郊外的原野举行。各大报刊的记者们纷纷前来采访，报纸也以大量篇幅热烈报道这场惊心动魄的竞选之战的全过程，而两位演说者也收获了他们各自的支持者。很快，这场轰动的竞选辩论吸引了国人的注意力。

这场激烈的竞选辩论为林肯做了绝佳的宣传，为他做了一举成名的铺垫。

两年后，林肯成了白宫主人。

还在竞选前的数月时间里，林肯就开始做准备了。他的大脑一直在思考，脑海里一旦出现一种想法、观念、词汇，他会赶紧写下来，像在信封上、报刊的边缘、废旧的纸袋上。这些纸片他都会随身携带，放在头上的高顶丝帽里。然后，再将它们誊抄整理出来，整理时他一边写，一边朗读。林肯就这样经过再三修改，完成演讲稿。

林肯在第一篇演讲初稿完成后的一天晚上，他把几位亲密朋友请到州府图书馆，然后关上门，让他们听他朗读演讲稿。每读完一段，他都会停下来，让朋友们点评指正，提出修改意见。这篇讲稿中有这么几句后来被广为传诵：

"内部遍布裂缝的房子不会永久屹立。"

"自由和奴役不能共存，我们的政府不可能容忍这种状态永久存在。"

"谁都不愿意看到这个国家发生内战或者联邦解体，但我更不希望国家这样继续分裂下去。"

"或许，她会结为整体；或许，她会四分五裂。"

"为了长远的和平与团结而战斗，完全值得。"

林肯的朋友听了这些言论，个个惊讶惶恐，他们说，这样讲的话，言辞太激进了，这简直是"天大的傻话"，选民们一定会被吓跑。

最后，林肯慢慢地站起来，向大家说明了演讲的主题思想，并表示他决心已定。他再一次强调"内部遍布裂缝的房子不会永久屹立"是人类颠扑不破的真理。

林肯说："这是历史验证、举世皆知的真理。我要用简洁明快的语言，让人们清醒地认识到这一危险时刻已经来临，现在该是需要良心和真话的时候，我的观点、决心和誓言不会再改变。必要的话，我愿意为此而牺牲生命。假如因为这次演说而失败，那就让我和正义一起下地狱好了。"

8月21日，第一场辩论在芝加哥城外121千米的奥太华镇举行。辩论的前一天晚上，各地的民众纷纷赶去。那里的旅馆、私人住宅和马车行房很快挤满了人，四周1.6千米之内的山谷和低洼之处到处是营地，篝火点点，人声鼎沸，整个小镇好像处于军队的包围之中。

时值中午，有一趟来自芝加哥的专列，17节车厢座无虚席，过道也挤满了人，有的人趴在车顶上。

周围的乡镇也派出了乐队，鼓声和号角声不绝于耳，大街上有民兵巡逻，还有兜售止痛药的郎中以及要蛇表演；杂耍艺人们的表演目不暇接，在大厅前竭力献艺；为多有所得和招揽生意，乞丐和妓女们也纷纷行动起来；爆竹作响，礼炮轰鸣，受惊的马匹到处乱窜。

盛名下的道格拉斯，正在乘坐着一辆由六匹白马拉着的精致马车，穿行于城中的大街小巷。所到之处，无不激起民众的欢呼喝彩。

相对于道格拉斯来说，林肯的支持者们更是不甘示弱，他们用两匹白色骡子拉着一辆大车，车上装着一个干草台，上面载着候选人。后面还跟着一辆干草车，车上坐着32名姑娘。每位姑娘身上有一副写有一个州名的披挂，还有一条横幅标语写着：

帝国之星往西走。

姑娘们与林肯携手

一如母亲追随着大地。

那些演说者、委员会成员和记者们，为了越过海一样的人群，挤了半个多小时，才穿过拥挤的人群到达演讲台前。

天气炎热，因此人们用原木在演讲台上搭起了遮阳棚，为演讲者遮挡灼热的阳光。可有一群人爬上了凉棚棚顶，凉棚在重压下垮塌下来，木板掉在了道格拉斯选举委员会成员的身上。

不管怎么看，两位演讲人都截然不同。

道格拉斯身高 1.65 米，林肯是 1.95 米。

道格拉斯声音洪亮，林肯讲话是细细的中音。

道格拉斯优雅斯文，林肯既丑又笨。

道格拉斯拥有大众偶像的魅力；而林肯神情忧郁，面无血色，且满脸皱纹，整个外表毫无吸引力。

道格拉斯的穿着打扮就是一个南方富足的农场主：他一袭褶纹衬衣、深蓝外套搭配白色长裤，头戴白色宽边礼帽；而林肯的打扮则尽显粗鲁，令人忍俊不禁：一件污迹斑斑的陈旧黑外套，衣袖很短，袋状的裤子遮不住小腿，脏兮兮的烟筒帽顶在头上，显得沧桑而怪异。

道格拉斯讲话缺乏幽默，而林肯却是有史以来最幽默诙谐的人物之一。

不管在哪里演说，道格拉斯都是翻来覆去地讲那些曾经讲过的话，而林肯的讲话用词则是信手拈来，话题不断翻新，尽情地表达自己的思想。表达技巧每一天都不一样。

道格拉斯热衷于排场宏大，喜好奢华，惯于吹捧和虚张声势。他给乘坐的火车披上旗帜，让它迎风招展，在车尾架起一门铜质礼炮，所到之处都要炮声隆隆，以示大人物驾临此处。

林肯却很实际，他厌恶拿烟花爆竹造势装腔，他没有专车，而是乘坐普通的客车和货车。出门时手里总是提着一个陈旧的粗布料的提包，另一只手拿着一把绿棉布雨伞，没手柄的雨伞用一条带子将伞叶绑起来，免得自己散开。

林肯曾说，道格拉斯是一个"没确定的政治主张"的机会主义者。他的所有行为目的就是取得成功。而林肯与他有根本的不同，他是为原则和正义而战斗，他追求的是正义能够得以实现，输赢于他无足轻重。

林肯曾这样说："有人说我有政治野心。苍天可鉴，我根本就不希望参与这场相关野心的争斗和竞争，这种期望是多么虔诚。当然我也看重政治荣誉，我也有谋求荣誉之心。可是，假如《密苏里折中案》能够恢复，在原则上反对奴隶制的扩张，并且就奴隶制而言，这种现存的不公平我们仅仅是暂时的'容忍'其在一定的地方存在，那么我倒乐意自己永不当选，而是赞同道格拉斯法官永不出局。

"就原则来说，我和道格拉斯不管哪一位当选国会议员都没什么区别，我们本就无足轻重。但是，我们之间现在与大家分享的论题是一个伟大的议案，它比我们的个人利益和政治前途重要得多。即使在我和道格拉斯法官离开这个世界之后，这个问题还会存在下去。

"道格拉斯并不关心奴隶制本身的对错问题，他只重视结果。在辩论中，他屡屡重申：要是一个州的大部分人赞同并选择了奴隶制，那么无论任何时候，这个州都有实行奴隶制的权利。他还说，他不介意人民是否投票支持他，他的口号是：'各州管好自己的事，不要干涉他人。'"

林肯的立场很鲜明，与道格拉斯的立场截然相反。他说：

> "在道格拉斯法官眼中奴隶制没有错，但是我认为并坚信奴隶制是不义和错误的，这是我与他论战议题的根本区别所在。"

按道格拉斯的观点主张说，任何地区如果愿意实施奴隶制的话，那它就可以享有这一权利。那么我们想想，假如奴隶制是对的，推行它是正义之举，那就再好不过了；可如果这一制度是错误的，那怎么能任由人们去做错事呢？他就更不能说人民有干坏事的权利。

对政府是否让奴隶获得自由和解放，道格拉斯并不关心，在他认为，这就像隔壁邻居家在自家农场里种植烟草或者放牧牛羊一样，完全听凭他自己的意愿，别人管不着。但是，我相信大多数民众可不这样看道格拉斯法官的观点，他们应该有自己的是非判断标准，在他们看来，奴隶制是违背道德原则的坏事。

道格拉斯在各地往来穿梭，在州府上蹿下跳，不断地说林肯要求给予黑人平等的社会地位。

林肯对此驳斥道："我只是为黑人提出一个基本的要求，你如果不喜欢他，就别管他，随他的意去吧。如果上帝给予他一点福佑和自由，那就让那么一点权利属于他们自己好了。他们在很多方面和我们并不平等，但是他们在一点上和我们是相同的，那就是他们也享有'生命、自由和追求幸福'的权利，也享有通过辛勤的劳动来维持自己生命的权利……在这一点上，他们和我是平等的，和道格拉斯法官是平等的，跟在座的所有人都是平等的。"

道格拉斯不断地指责林肯说，他想要"白人和黑人通婚"。

为此，林肯一次次地被迫加以纠正。林肯说："我反对蓄奴，不想让任何一个黑人女子成为奴隶，意味着我要娶黑人女子为妻，有人这样推论的话，我决然不能接受。我已年过半百，在我的生命中，我还没有让哪一个黑人女子做我的奴隶，至今我也没有娶黑人妇女为妻。世界上有足够白种男女可以婚配，当然也有足够多的黑人男女可以嫁娶。看在上帝的分儿上，让他们顺其自然吧。"

道格拉斯的目的是回避该议题，试图混淆视听。而林肯认为他的论据不充分，论点很难立足。林肯指出道格拉斯用"似是而非，不着边际，模棱两可的话，意图混淆是非。"他是想通过文字游戏达到他的目的。

林肯进一步说道："对道格拉斯毫无明确的观点的辩词给予答复，这使我感觉到自己像个傻子，非常无聊。"

道格拉斯说的话是否真实，他自己知道。

林肯驳斥道："如果一再地说，二加二不等于四，那我就不知道有什么办法能阻止他这样说。人家有说话的权利，我总不能把人家的嘴巴堵上。我并不愿意说道格拉斯法官在撒谎。但怎么想，我都找不出比较合适的词来形容他。"

两个候选人之间的这场辩论争斗一周一周随着时间在延续。

而许多人也加入了这场混战当中。莱曼·楚门布尔指责道格拉斯在说谎，还说他是"有史以来脸皮最厚的人"，他为道格拉斯感到惭愧。弗雷德里克·道格拉斯是著名的黑人演说家，他也赶到伊利诺伊州，加入反击道格拉斯的行列。民主党人布查南派成员也被激怒，纷纷指责道格拉斯。卡尔·舒尔茨是美国激进的德裔改革家，他也向海外选民揭发驳斥道格拉斯的不齿行为。共和党的报纸上更是以大字标题醒目地将道格拉斯指为"造假者"。道格拉斯面临政党的四分五裂，他则处在四面楚歌之中，腹背受敌、束手无策的那种绝望促使他发电报向好友厄舍·F.林德求救，他在电报中说："我被恶狗紧追，拜托了，林德，快来帮帮我吧。"

谁能想到，发报员将电文抄本，卖给了共和党人，转眼间这封电报被共和党人在 20 家报纸上以头条的形式刊登了出来，成为一时最大的笑柄。

道格拉斯的政治对手们看到这些后兴奋至极。从那一天起，厄舍·F.林德到死都被人戏称"拜托林德"。

选举夜，林肯待在电报局等待投票统计结果，当看到自己竞选失败时，他起身往家里走。当时，天正下着雨，外面漆黑一片，回家的小路泥泞不堪，到处滑溜溜的。突然间，他的一只脚打滑绊住了另一只脚，但是他立即稳住了身子，然后对自己说："虽然滑了一下，但不是摔跤。"

选举之后不久，伊利诺伊州的一份报纸的评论里讲到了林肯：

可敬的亚伯拉罕·林肯，在伊利诺伊州的从政者当中，大概是最不幸的一位了。从政治上看他经常失败，他的几乎每一个计划似乎都没有成功过。这要是换作别人，早就没法坚持下去。

林肯看到，他和道格拉斯进行辩论的时候，有那么多人蜂拥而来，聆听他们的演讲，他觉得可以靠演说挣点小钱，于是他写了一篇关于"发现和发明"主题的演讲稿，准备进行演说。在布卢明顿他租下了一个大厅，派一位小姐在门口负责卖票，结果根本就没有人前去听他的演讲，连半个人影都没有！

这一次，他依然回到了他那脏乱不堪的事务所。

想想大概已经有半年时间没有办案子了，这段时间也没挣到一分钱，看来回来的正是时候。而且因为竞选，花光了所有的资金，手头剩下的一点小钱甚至没法支付家庭日常用度的欠款。

于是，他又驾起那辆破旧的马车，再次奔波于荒凉的大草原上，辗转于各地，巡回办案。

当时正是 11 月，伊利诺伊州天气转冷，寒意逼人。灰暗的天空野雁哀鸣，振翅向南飞去。慌乱的兔子在小路上乱窜，冷风飕飕的树林里狼群发出声声悲号。然而，那个忧郁的男子默默地坐在破烂马车里，对周围的一切充耳不闻，视而不见。时间在流逝，林肯任由马车拉着他向前赶路。他的头低垂在胸前，陷入了无尽的沉思之中，内心全是绝望和悲哀。

获得提名

这是 1860 年春天，重新组建的共和党在芝加哥召开会议，准备提名总统候选人。那时，没有人会想到机遇会眷顾亚伯拉罕·林肯。在之前时间不长，他还给一家报社的编辑写信说："坦率地说，我觉得自己不适合当总统。"

当时，大家普遍看好俊朗的纽约人威廉·H.西华，人们认为他是最佳的共和党候选人提名人选。在前往芝加哥的火车上，那些共和党代表们做了一次试验投票，结果西华的得票数是其他候选人票数加起来的两倍。有许多车厢中，根本就没有一张票投给亚伯拉罕·林肯。代表团中有一部分代表很可能就不知道还有林肯这一号人。

巧合的是，大会召开那天正是西华59岁生日。他坚信自己能够获得提名，并在心里计划着将此作为自己生日的贺礼。他自信满满，和国会参议院的同僚们预先道别，并向一些好友发出邀请，希望他们去纽约州奥本市他的家中做客欢宴。他还在家里租来一门礼炮，装上弹药，放在家门前，等待着令人振奋的消息一旦到来，以便用炮声向民众宣示喜讯。

然而，如果共和党大会准时在星期四晚上投票的话，为西华而鸣的礼炮肯定会响起，而美国的历史也会因此而改写。但是，事不遂人愿，因为缺少计票的纸张，会议的选举议程无法按时进行。也许是用做计票的纸张没有送达；也许是那位负责发票的印刷员在赶往会场的途中歇了一会，喝了杯啤酒。总而言之，他迟到了，没有及时送来计票纸张，致使那晚的参会者只能干等。

会议大厅里闷热异常，蚊蝇肆虐，而代表们饥渴难耐，疲惫不堪。于是他们决定将会议推迟到第二天上午10点钟举行。推迟举行会议，符合程序，延期会议也很正常，但这样的结果却导致了热情消退。

会议延期耽搁了 17 个小时，虽然不算多么漫长。但它打碎了西华的梦想，却让林肯的前程一片光明。

西华的垮台，关键还是因为霍瑞斯·格里莱这个人，此人生性傲慢，形象不佳，他脑袋浑圆，头上仅有四周几根头发，头顶光滑闪亮；细长的领带打得很随意，左耳下方几乎贴着领结。

格里莱并不真心拥护林肯，他之所以推举林肯就是要报复。他对西华心存怨毒，要跟西华和他的经理人瑟洛·威德清算以前的老账。格里莱苦等的机会终于来了。

原来 14 年来，格里莱曾经帮助西华当选纽约州州长，继而成为国会议员；他还竭尽全力为威德能成为政治舞台上的霸主而努力。

然而最后的结果是，格里莱一无所获，几乎被人遗忘。他想承包州府印刷业务，可业务为威德控制；他想当纽约市邮政局局长，可得不到威德的支持；他梦想成为州长，即使当个副州长，可在威德那里听到的是"没门"。这对于格里莱是一种什么样的痛！

格里莱终于失望至极，他咽不下这口气，于是坐下来写了一封语调非常刻薄的七页长信给西华，信中道尽了他的痛苦与焦虑、失望与怨恨。

这封信写于 1854 年 11 月 11 日晚上，那天是星期六，到现在 1860 年，已经六年。这六年来，格里莱苦苦地等待着报复西华的时机，这一天来了，所以他的报复肯定是凶猛彻底的。就在那个休会的星期四晚上，格里莱整整一个晚上没有休息，从太阳落山一直忙到天亮，他对每个代表团进行了拜访，与他们进行说理、争辩，对代表们动之以情，晓之以理，甚至还进行利诱威胁。他主持的《纽约论坛》报的销路遍及北方各地，其影响力超出了其他报纸，这无疑引导了民众的舆论导向。格里莱也是一个很有名望的人，他所到之处，总会听到他的声音，而大家都会静下来认真聆听他说话。

为了报复和对抗西华，格里莱组织了各种形式的演讲和辩论。他指出：西华在 1830 年之所以当选国会参议员，就是因为他对共济会的法令进行不断抨击，从而赢得选票。可结果呢？那就是造成的不平至今影响恶劣，民怨沸腾，矛盾和仇恨加剧。后来，在西华当选纽约州州长期间，他支持废除公立小学基金，同时还主张为天主教徒和外国人建立独立的学校，他的这些言行再次引起了人们愤怒的烈火，各阶层人民间的矛盾更加激化。

格里莱说，曾经强大的"无知派"强烈地极力反对过西华，他们宁愿把票投给一只猎狗，也不会投给西华。

格里莱还没有停止，他说，这个"奸诈的吹鼓手"一向就是喜好冒进，他曾经提出过一个"血腥计划"，声言要制定一部凌驾于宪法的法规，这把边境各州的人们吓坏了，他们坚决反对此人当选。

格里莱向代表们保证："我可以把边境各州的州长候选人带来，他们会向你们证实我所说的一切都是真实的。"

他说到做到，群众的情绪被煽动起来了。宾夕法尼亚州和印第安纳州的州长候选人被找来了，两位候选人怒目圆睁，紧握拳头，说他们绝不会提名西华，否则，那将意味着共和党的惨败。

这些共和党人觉得，若想赢得这场选举，就一定要争取这几个州的支持票。

于是仅仅一夜的时间，原来支持西华的人开始退却。这时，林肯的朋友们则对各代表团进行逐个拜访，劝说那些不再拥护西华的人转而支持林肯。他们对代表说，民主党人肯定会提名道格拉斯做候选人，而要战胜道格拉斯，在全国来看，最佳人选非是林肯莫属。对林肯来说，他准备充分，应付起来轻而易举。何况，肯塔基本就是林肯的故乡，因而他还可以在立场不明的边境各州赢得选票。林肯还是西部最受欢迎的人物，而且，林肯本身就是从劈木条、开垦荒地起家的，他了解西部百姓的生活，因而林肯符合西部地区人民对候选人的要求。

当他们的这些理由无法起作用时，林肯的朋友们马上改变策略：他们答应给凯莱布·B.史密斯在内阁中留一个职位，这样就说服印第安纳州代表同意投林肯的票；同时又向宾夕法尼亚州的代表保证，让西蒙·卡梅伦做林肯的助手，这样又赢取了宾夕法尼亚州的56张选票。

第二天上午，开始投票。

在第一轮投票中，西华得票数处于领先；第二轮，宾夕法尼亚投了52张票给林肯，选举情形发生逆转，出现平局；到第三轮时，林肯的得票数一边倒，情势不可阻挡。

一时间，芝加哥的民众欣喜若狂，投票大厅里人们跳上座椅欢呼狂叫着，相互搓揉着对方的帽子。外面的屋顶上传来隆隆的炮声，大街上的民众统一呼号排山倒海。还有些人相拥而泣，有些大笑、狂舞。

特雷蒙特大楼，那里百枚礼炮弹炸响。还有在铁道、渡轮以及厂矿中回荡着悠长的汽笛声。

癫狂与喧嚣整整持续了一个昼夜。

《芝加哥论坛》报评论说："这是自耶利哥古城墙倒塌以来所听到的最猛烈的声浪。"

在一片欢腾中，霍瑞斯·格里莱看到曾经趾高气扬的瑟洛·威德在那里伤心垂泪，面容灰暗。格里莱看在眼里，心想结果如此满意，冤仇终报。

然而这一时刻，在斯普林菲尔德又是什么样的情况呢？那天上午，林肯像往常一样走进他的事务所，着手整理一个案子的材料。但是，他的心绪无法平静，也不能集中精力办公。于是他把文件资料撂在一边，走出办公室去放松，走到一家店铺的后院玩了一会儿皮球，又出去打了几局台球。最后，他去了《斯普林菲尔德日报》社探听投票情况。当时电信局就在报社楼上办公。正当林肯坐在一张扶手椅上和其他人分析第二轮投票的情况时，一个电报员突然冲下来大喊："林肯先生，您获得了提名！您获得了提名！"

林肯一下子有点蒙，呆呆地站在那里半天没说话，他的下嘴唇微微地颤动了一下，脸上泛起了红光，呼吸好像都要停了下来了。

这是他一生之中最为精彩的时刻。

在历经整整 19 年的孤寂、凄凉与挫败的伤痛折磨之后，顷刻间，他登上了令人眩晕的顶峰！

兴奋的人们在街上四处狂奔，互相传告着这一令人振奋的喜讯。镇长则下令鸣放一百响礼炮以示庆贺。

林肯的那些好友们将他围在中间，又说又笑，高兴地和他又是握手又是拥抱，有的甚至把帽子抛向空中……

"对不起，朋友们，失陪了。"林肯向他们请求，"第八街上还有个妇人正在等待这个消息。"

说完话，他向第八街飞奔而去，外套的下摆随着奔跑左右甩动，他都没在意。

斯普林菲尔德的街道一整晚，人们将柏油桶和篱笆条点燃，堆成篝火，庆贺这个不平凡的日子；镇上的酒馆也通宵营业。

时隔不久，大半的美国人都能听到有人高唱：

老亚伯·林肯从荒原中来，走出荒原；

老亚伯·林肯从荒原中来，走出伊利诺伊。

挥别故乡

林肯之所以能够入主白宫，斯蒂芬·A.道格拉斯的功劳比任何人都大。正是因为道格拉斯的所作所为导致了民主党的四分五裂，最终民主党内的候选人太多，分散了选票，使得林肯的对手力量薄弱，从而使选举向着有利于林肯的方向发展。

因为反对党存在严重分歧，在参加总统竞选的开始，林肯就已经意识到在这场选战中他会胜出；而他担心的倒是能不能得到家乡选区的支持。有个调查组织对林肯家乡做了一次调查，看看人们准备投谁的票，以便估计斯普林菲尔德的选举形势。结果发现全镇23名牧师和神学学者大多数人反对林肯，只有3人支持他。林肯看到调查结果时，他很震惊，最后抱怨说："他们说信仰基督，那是虚情假意。从他们的投票意向可以看出，这些人对奴隶制的存废问题毫不关心。但是，我知道上帝对此关心，内心充满正义和博爱的人关心。对奴隶制的存废不在乎的人，一定是那些对《圣经》的教导没有好好领悟的人。"

还有令人吃惊的是，林肯父亲方面的亲戚没有一个投林肯的票，他母亲方面的亲戚只有一人把票投给了他。这因为他们全都是民主党人。

林肯的得票数很低，大概低于半数。他的对手所得的选票将近他的一倍半。他的胜利是区域性的，在林肯所获得的 200 万张选票当中，有 24000 张来自南方。在西北部地区，如果有 1/20 的选票改变，那么那一地区将属于道格拉斯。假如发生这种情况，选举的结果将由众议院决定，那么南方将会占绝对优势。

南方九州的代表中，没有一个人给共和党投票。试想，整个亚拉巴马、阿肯色、佛罗里达、佐治亚、路易斯安那、密西西比、北卡罗来纳、田纳西和得克萨斯，竟然没有一个人投票支持林肯。这种兆头可不怎么吉祥。

要了解林肯当选总统时的美国形势，就得对飓风般席卷北方的一次运动作一番回顾。三十年来，有那么一个激进的团体，那些人怀着一腔为了消灭奴隶制的热血，时刻准备着发起一场战争。在此期间，他们不断出版发行各种讽刺性、煽动性很强的小册子和敌对性强烈的书籍。他们派出的演说者，深入到北方的每一座城镇和村庄进行演说，向听众展示奴隶们穿的破烂不堪的衣服、沉重的枷锁和手铐，沾满血迹的皮鞭、尖钉衣领，以及各种折磨黑奴的刑具。同时，他们把那些已经逃出魔窟的黑奴带着去各地巡游，让他们现身民众中间，述说他们的遭遇和苦难，展示他们遭受暴行的铁证。

在 1839 年，美国反蓄奴团体发行了一本小册子，名叫《美国奴隶制现状——1000 名目击者真实的话》。在这本小册子中，目击者向世人详细展示了各种令人发指的暴行：将奴隶的双手浸入滚烫的开水中；在奴隶的身上用烧红的铁块嵌上印迹；他们被皮鞭活活地抽打而死，或者用火将他们烤死；把奴隶的牙齿敲掉，对他们的身体用刀刺割，放狗去撕咬他们的皮肤。可怜的母亲们看着自己的儿女被赶到奴隶市场上售卖，在绝望的呼喊中与她的儿女们分离。不能再生育的黑人妇女难免鞭笞。如果哪个身强力壮的白种男人愿意与黑人女奴交配，还可以获得 25 美元的报酬，因为肤色淡黑的混血儿能够卖个好价钱，如果是肤色较浅的女孩尤其好卖。

激进的废奴主义者最常用的控诉词是"黑白混种"，他们指控南方的那些奴隶制的维护者们"纵容卑劣的淫欲"，让男人们放肆横行。

温德尔·菲利普斯更是这样叫嚷："南方可说就是个巨大的妓院，皮鞭的威逼使得将近 50 万黑人妇女跑到那里卖淫。"

尤其是张扬一些恶心至极的荒淫故事，在当时废奴运动的小册子上。上面这样写道：奴隶主强奸他与黑人女奴所生的混血女儿，再将女儿卖给其他男人当玩物。

史蒂芬·S. 福斯特说，南方的卫理公会中，有 5 万名黑奴女性在鞭子的逼迫下过着不道德的生活。他说，那里的牧师们那么喜欢奴隶制，就是他们想把女奴作为自己的情妇。

林肯在与道格拉斯的辩论中，也指出：在 1850 年的时候，美国的黑白混血儿多达 405751 人，这些人几乎全都是白人男子与黑人女奴所生。

当时，奴隶主的权利受宪法保护，因而废奴主义者们诅咒当时的宪法是"与死神的结盟、与地狱的协议"。

而同时，有一位神学教授的太太在清贫困厄中，于餐桌旁写了一本小说，叫《汤姆叔叔的小屋》，这部著作将以废奴运动为主题的文学推向了高潮。这位太太是含着泪水、饱含深情地讲述故事的，她为书中人物的悲惨遭遇而哭泣，她的悲愤和哀怨遍布字里行间。最后她写道："这是上帝的书。"这本书生动地描述了发生在奴隶制下的人间惨剧，它的影响力之大，震撼了成千上万读者的心灵。该书一经出版，其销量和影响远远超过了以往任何一部小说。

经人介绍，林肯见到了此书的作者哈丽雅·比彻·斯陀女士，他称赞她是掀起一场大战的小妇人。

那么，北方废奴主义者们出于善意而发动的这场荒诞而又显疯狂的行动造成何种结果呢？而南方人是否承认他们的行为有罪呢？结果根本不是那么回事儿。这场运动的影响超出了人们的预想：它实际上激起了南北双方的互相憎恨，而这种恨意却回报在了他们自己身上。南方人想要和这些无礼多事的批评家们翻脸算账，脱离这个国家。真理往往会被政治和过分的情绪化淹没，在标志自由州和蓄奴州分界的"梅森—狄克逊线"两侧流血的悲剧已经发生。

1860 年，"黑色的共和党"提名林肯为总统候选人时，南方人已经明白，奴隶制的丧钟已经敲响，他们必须在废除奴隶制和脱离联邦政府之间做出选择。他们想，为什么不退出联邦呢？他们没有这样的权利吗？

近半个世纪以来，这个问题一直没有停止争辩，许多州都表达过退出联邦的意愿。像1812年的那场战争期间，新英格兰地区的各州就曾认真考虑过建立一个独立的国家；康涅狄格州议会也曾通过一项决议，宣称该州是自由的、主权独立的国家。

就连林肯也曾经主张，各州有脱离联邦政府的权利。他曾在一次国会演说："任何地区的人民，只要他们愿意，并且能够办到的话，就有权利脱离现存的政府，选择一个更加适合他们利益的政府。这是人间的一项神圣而珍贵的权利，我相信，这个权利足可以将世界从苦难中解救出来。""这种权利并不是我们现行政府的全体人民才能行使，而是所有的人都有这一权利，任何有能力的人都可以据守属于自己的土地。"

在1848年，林肯讲了上述的话。但是现在已经是1860年，他不能再提倡这种观点。然而，南方人的观点可没这样改变。在林肯当选总统六个星期之后，"分离条例"在南卡罗来纳州议会通过，宣布脱离联邦政府。查尔斯顿的人将此看作是"独立宣言"，他们欣喜若狂，走向街头，载歌载舞，燃起焰火以庆祝这个"宣言"的诞生。接着又有其他六个州也加入了分离行列，纷纷发表独立宣言。就在林肯由斯普林菲尔德动身去华盛顿的两天前，杰斐逊·戴维斯被选为新独立国家的总统，这个新国家就是根据所谓的"奴隶就是黑人与生俱来的正当身份"的理论而建立的。

布坎南是一个即将卸任的跛鸭总统，他无法驾驭他的内阁成员，南方势力早已渗透到他的政府，他的内阁涣散，矛盾重重，而对于南方各州愈演愈烈的独立运动布坎南更是无能为力。而此时，林肯只能在斯普林菲尔德坐等三个月，眼巴巴地看着联邦政府分崩离析、共和党摇摇欲坠而他无计可施。他知道南方所谓的新邦联正在训练士兵，扩充军备，构筑堡垒。他很清楚共和国要经受住考验，只有统率民众进行一场充满着血和痛的内战才能挽救这个国家。

他十分苦恼，寝食难安。过度的忧虑和劳累，使他一下子瘦了 40 磅。

林肯比较迷信，他相信梦境中的情景是未来情事的先兆。就在 1860 年，在他当选总统后第二天下午，他回家后，窝在家里的一张沙发里，面对着写字台上那面旋转镜，当他望去时，他看见镜中人有两张脸，其中一张脸面目惨白。林肯惊恐无比，马上站起来，幻影即刻消失了。他又躺下以后，可怕的幻影又出现了，而且白得更加可怕。这种情况让林肯忧虑不安，焦躁不已。可当他将此事讲给他的太太玛丽听时，玛丽坚定地认为这是林肯连任的征兆，而看到的另一张惨白的死人状面孔则预示着他的生命将会在他的第二任期未满之时结束。

此后没过多久，林肯相信他此去华盛顿赴任就是去领死。他收到了许多恐吓信件，几十封信中都画着绞刑架和刀剑，威胁他小心自己的生命。

大选获胜后，林肯对他的一位朋友说："我现在着急着怎么把我的房子处理好。我不准备卖掉它，如果卖掉的话，将来整得自己无家可归；但是，如果租出去的话，将来有一天回来，那个家肯定一塌糊涂，没法再住。"

为了照顾好自己的房子，林肯终于找了一个自己比较满意的人看管房子，以每年 90 美元的租金将房子租给了看管人。在此后，他又写了一则广告登在《斯普林菲尔德》日报上，内容是：

> "地处第八街和杰克逊街转角处的住宅，屋内家具：地毯、沙发、椅子、衣橱、床铺、火炉、奶油色威治伍德陶瓷、玻璃器皿等，全部待售。欲购者，请来当面洽商。"

于是，周围的邻居纷纷前来选买自己中意的家具。有的人想买几把椅子和一个火炉，有的人问床铺的价钱。林肯一律回答："想买什么尽管拿，你们认为值多少钱就付多少钱就行了。"

到最后。所有购买者所付的金额都很低。

而林肯家的家具大部分被"西部大铁路"公司的主管 L.L. 蒂尔顿先生买走了，后来这些家具被他带到芝加哥。但是，在 1871 年，发生了一场大火，这些家具全被烧毁。

留在斯普林菲尔德的很少的几件家具，林肯去世之后，被一名书商全部买走，最后带到华盛顿，摆放在林肯去世前住过的公寓里。这座公寓与福特剧院相对，它现在已是美国政府的财产，是人民瞻仰的圣殿和博物馆。

当年，林肯的邻居们可能只花了 1.5 美元的代价买下了林肯的一把旧椅子，如今那把椅子可能比等重的黄金都贵。林肯当年亲身使用过的每一件东西现在可能身价百倍，备受人们尊崇和珍惜。当时他遭遇暗杀时坐的那把胡桃木摇椅，在 1929 年拍卖时，价格是 2500 美元；那份他手书的任命胡克将军担任 "波托马克军总司令" 的命令状，在最近的一次公开拍卖中卖到了 10000 美元；在内战时期，他拍发电报 485 封，如今全由布朗大学收藏，价值高达 25 万美元；他的一份没有签名的演说手稿最近被人以 18000 美元买走；至于林肯的那份亲笔所写葛底斯堡演说辞，其价值更是高达几十万美金。

然而，1861 年的斯普林菲尔德居民并没有看出林肯到底有多大能耐，也没有想到林肯将来的前程会是什么样子。

这也不奇怪，因为多年来，人们几乎每天都会看到这位未来伟大的总统，围着围巾、手挽菜篮上街去买家庭日常用品。黄昏时分，他都要去城郊的牧场，把自家的母牛赶回家，亲自动手挤奶；清理马厩，梳理马的鬃毛；然后劈柴、生炉、做饭。

林肯在动身前往华盛顿之前的三个星期里，就开始准备自己的就职演说。为了一个人安静地工作，他把自己反锁在一间杂货铺楼上的房间里。他自己没有多少书，但他那些合作伙伴们的书收集起来有很多，足以做一间图书室。他请赫恩登为他找了一些资料，包括一部宪法、安德鲁·杰克逊的《反对无效执行的宣言》、亨利·克雷 1850 年的著名演说，以及韦伯斯特的《答海恩书》。林肯的那篇非常著名的演说就是在这昏暗、肮乱的杂物堆里写成的。他的演说辞结尾令人动容并为之倾倒。他向南方各州的人民发出了恳求：

　　　　我不愿意与你们为敌，我们是朋友，我们绝不是敌人，我们也绝不能彼此仇视，更不能成为敌人。虽然情绪伤及我们的感情，但它不能割断我们的联系。心灵深处的记忆纽带，将从每一场战场、每一位为国捐躯的志士的坟墓延伸。善良的本性一旦触动，在这片广袤土地上每一个心灵都会跃动，每一个家庭都会回荡团结的歌声。

在林肯离开伊利诺伊州之前，他步行了113千米路到查尔斯顿向继母告别。他依旧喊她"妈妈"。他的继母紧紧拉着他的手，哭着说道："亚伯，你不要去当总统，我不要你当选。我知道你会出事的，我再也见不到你了，我们只有等待去天堂重逢了。"

在斯普林菲尔德的最后日子里，往事常常涌上林肯的心头，想起纽萨勒姆的日子和安妮·鲁勒吉，有时一些远离现实的梦也会闯入他的睡眠中。就在他前往华盛顿的几天前，有个来自纽萨勒姆的拓荒者来到斯普林菲尔德与林肯告别，谈话中他提到了安妮。林肯承认："我曾经深爱着她，到现在我还经常念叨起她。"

在即将告别斯普林菲尔德的时候，林肯还有一些业务上的琐事要处理，这样他最后一次去了他那间律师事务所办公室。

赫恩登回忆到：

> 办完所有这些事之后，林肯走到房间的另一侧，躺在墙边的一张破旧的沙发上，望着天花板一言不发，我没打扰他，他躺了一会儿，问我道："比利，我们在一起共事多长时间了？"
>
> 我答道："至少有16年了。"
>
> "这么长时间，我们彼此之间有过不愉快的事儿吗？"

我说："没有，根本没有。"当时我很感动。

接着，他回忆起刚刚开始律师生涯的一些事，还很有兴致地说起巡回办案时的许多荒唐滑稽的官司，说得津津有味……最后他收拾需要带走的书籍和文稿等东西，打算走了。在出门前，他提出了一个奇怪的要求：让我别拆下楼梯口那块已经生锈的告示牌。他压低嗓音，意味深长地说："别碰它，就让它挂在那儿，让我们的顾客明白，虽然林肯当了总统，但他和赫恩登的事务所没有改变。只要我还活着，总有一天我还要回来。到时候，我们照旧，就像什么事儿都没发生过一样。"

他停了下来，再次在房间里转了转，好像为了最后多看一眼这个让他留恋的旧窝。然后，他走进狭窄的过道。我陪他下楼时，他说起当总统的那种不快。他抱怨说："我已经厌倦了担任公职，当想到面临的局势和令人头疼的工作，我禁不住要发抖。"

当时林肯所有的资产可能就是一万美元左右，他手里没有现金，为了应付去华盛顿的开支，他不得不向朋友伸手借钱。

在斯普林菲尔德的最后一个星期，林肯一家栖息在"契奈瑞宾馆"的大厅里。走之前的一夜，一家人的所有皮箱、盒子统统摆放在宾馆楼下的门厅里，林肯亲自将它们逐个打包。他向宾馆职员要来一些卡片粘贴在行李上，卡片上写"华盛顿特区总统官邸 A. 林肯"的字样。

第二天上午七点半，一辆破旧不堪的老巴士来到酒店门前，林肯一家登上车，一路颠簸地前往沃巴什火车站，在那里有一辆专列等着他们去华盛顿。

灰暗的天空飘着雨。林肯的老邻居们有一千多人来到车站站台上，为林肯送行。他们自动排成一列，慢慢地向林肯身边挪动，他们每一个人深情地握一握他那骨瘦如柴的手。最后列车响起了笛声，该上车了。他走进了专用车厢，可一分钟之后他又出现在站台上。

林肯原来没准备发表演讲。也没通知报社记者们要去火车站采访，因为林肯觉得没有什么要讲的。然而，在他向那些老邻居望去最后一眼的时候，又有许多话涌上心头，觉得不得不讲。当然，这次雨中临别的即兴讲话虽然不能和在葛底斯堡的演说相比，也无法和他的第二次就职演说比肩。但是，这个道别演说之美，一如"赞美诗篇"那般动听悦耳，它胜过他的其他演讲之处，就是演说中饱含的深情和无尽的哀愁。

林肯在他的政治生涯所有的演说中哭过两次，这天早上的演说就是其中之一：

> 乡亲们，分别在即，可我心中的忧伤和哀愁没人能够体会。生命中我的一切都归功于这个地方，以及这里仁慈的人的善意和深情。我在这里生活了25年，由一个青年人长成了一个老人。我的孩子们在这里生这里长，而其中一个已经在此地长眠。如今，我要离开这里，离开你们，我无法知道什么时候回来，或者还能不能回来，因为我将面临比华盛顿更为艰巨的使命。要是神圣的上帝不能给予我帮助，我不可能

成功；要是得蒙上帝护佑，我绝不会失败。相信上帝吧，他无所不在，我将你们托付给他，他会伴随我们，让我们满怀信心，坚信一切安好，希望你们为我祝福。我诚恳地向你们说声：再见。

活着走进白宫

就在林肯赶往华盛顿就职途中，美国特工人员和私人侦探都发现了一个阴谋：林肯在经过巴尔的摩的时候，有可能遭到暗杀。

林肯的家人和朋友们都很恐慌，朋友们都竭力劝说林肯放弃预定行程方案，改为化名秘密进入华盛顿。

林肯坚决反对这样做，他认为这是懦弱的表现，会招来人们的嘲讽和不屑。然而经过朋友们几小时的苦苦劝说，他终于按大家说的办，决定在以后的行程中保持谨慎，不声张，秘密进入华盛顿。

林肯太太听到改变了预定计划，她便坚持要求与林肯一起走，众人劝她坐下一班车，她大发雷霆，扬言要打乱原计划，几乎泄露了秘密。

按照计划，有关方面已经宣布林肯将于2月22日在宾夕法尼亚州的哈里斯堡发表演讲，并在那里过夜。第二天一早，动身前往巴尔的摩和华盛顿。

他依照预定时间在哈里斯堡发表演说，不过他没在那里停歇。在傍晚六点，他换上了一件旧外套，头戴一顶柔软羊毛礼帽，悄悄地溜出了酒店的后门，溜进了车站，搭乘一辆没有灯光的火车，几分钟后，这辆火车载着林肯向费城驶去。与此同时，哈里斯堡的电报线立即被切断，林肯离开的消息便无法传送给刺客。

为换乘和改变接站地点，林肯的共和党战友们在费城苦苦等待和忙活了一个小时。为避免林肯被认出来，著名的侦探亚伦·平克顿陪同林肯乘坐一辆黑色的出租马车，穿梭在费城市区的街道上。

10 点 55 分，林肯倚在平克顿的手臂上，弓着身子由侧门进入车站。他低垂着头，细长脖子上系着旧围巾，整个面孔几乎被裹住了，这样，他的乔装没有引起人们的注意。穿过候车室，进入了火车最后一节卧铺车厢的后半段。在那里，平克顿的女助手已经拉起一块厚布帘，与前段隔离，并说是为其"生病的兄长"准备的。

那时，已经有几十封恐吓信飞向了林肯，扬言说不会让林肯活着进入白宫的大门。因此，很多人都为林肯担忧。陆军总司令温菲尔·斯考特将军也很担心林肯在就职演说时遭到枪杀。

在华盛顿有许多人都不敢前去参加林肯的就职典礼。

为了安全原因，斯考特将军在国会大厅东侧的平台下布置了 60 名士兵进行守卫，因为那个平台就是林肯宣誓就职的地方。另外还布置了卫兵围着观众，将林肯和观众隔开，在林肯的身后也有卫兵站岗。

就职典礼结束后，新总统乘坐一辆马车，经由宾夕法尼亚大道返回白宫，沿途的建筑物里布置了身穿绿色大衣的狙击手负责警戒，街道两旁是一排排手握带刺刀的步枪的士兵，还有步兵紧随马车。

林肯毫发无损地到了白宫，令很多人倍感惊讶。

当然，也有人感到非常失望。

在 1861 年林肯入主白宫前的几年里，国家财政经济一直处于衰退状态中，情况非常严重，百姓食不果腹，饥民盗抢层出不穷，以致政府被迫用兵，进驻纽约市区，以防饥民闯进国库。

林肯上任时，在华盛顿积聚了成千上万神情憔悴的人，绝望地奔波各处，寻找一份可供糊口的工作。这些人知道，这是共和党人初次上台执政，他们一定会辞退所有的民主党在职雇员，也许连那些只领 10 美元周薪的小职员也不放过。

往往一份工作就有几十个求职者等待和争抢。林肯走进白宫不到两小时，可白宫已经挤满了人，求职的人把林肯团团围住。人们在大厅里来回穿梭，挤在过道里，完全占据了东厅，甚至毫无顾忌地侵入私人客厅。

乞丐们纠缠着林肯向他讨一顿午餐费。有一个人还要求林肯送他一条旧裤子。

有个寡妇跑来替一位男子求职，她说她如果能为他谋得一份工作，他将娶她。

还有几百人来找林肯只为索要他的亲笔签名。一位开旅馆的爱尔兰妇女急急火火地冲进白宫，恳求林肯帮助她向一位政府雇员催讨欠费。政府官员中只要有一位生病不能履职，便有很多人前来向林肯申请，请求填补那位官员的空位，以防"万一他死了"留下空缺。

每个人都带着求职证明、介绍信等。可是，林肯就连其中的十分之一都看不完。一天，有两个人申请一个职位，他们把各自整理得很厚实的信件塞给林肯，林肯很无奈，他没有拆他们的材料，只是将两个包裹放在天平上，看哪个包裹重，就录用那位包裹重的人士，给他一份差事去做。

　　还有几十个人一次次地来见林肯，向林肯要工作。被拒绝后便破口大骂，对林肯恶言相向。他们中的很多人是无业游民，有个女人因为丈夫饮酒大醉而无法前来，她替丈夫跑来找工作，他们的自私和贪婪让林肯很震惊。他们在林肯要去吃饭的时候半路拦截他，在林肯走过街道时冲上他的马车。在林肯就任总统一年后，国家仍然在内战的泥沼之中，就是这样的时候，还有成群的暴民依旧纠缠骚扰他。他惊讶而愤然地责问："难道他们永远不会罢休吗？"

　　当年那些疯狂的求职者曾经使当总统不到一年半的泰勒无疾而终；也使上任不到四个星期的哈里逊总统忧郁而死。这时的林肯不但要应付和忍受这帮狂徒，还要忙于繁重的战争事务。然而，这种情况下即使是铁打的身子也难以招架，重重重压下，他累垮了，还染上了天花。他下令说："让那帮求职者赶紧来吧，现在我有一样东西可以满足他们每一个人。"

　　林肯入主白宫的第一天，就面临着一个十分严重的问题：在科罗拉多南部查尔斯顿港山姆特要塞驻军的给养断绝了。这个要地处于南方军队的包围圈中，如果不立刻运送给养，要塞势必落入南方军手中。是送还是不送，林肯不得不做出决定。

　　他的军事顾问提出："不能运送粮食过去，否则对方肯定开火。"

　　林肯的七位内阁成员中有六位意见和军事顾问一致。然而林肯非常清楚，如果他不送去给养，而放弃山姆特要塞，那就等于承认和鼓励南部各州的独立局面，这只会加速联邦的瓦解。

然而林肯在他的就职演说中曾经郑重地发誓，"以上帝之名"，一定要"保存和捍卫"联邦，他将坚定地信守自己的誓言。

因此，他命令美国海军"波瓦坦"号军舰装载腌肉、大豆和面包前往山姆特要塞，但军舰上没有军事人员和枪支弹药。

南方的杰斐逊·戴维斯得到这个消息后，立刻向博雷加德将军发报告知，并指示他：视情况必要时，可向山姆特要塞发起攻击。

驻守该要塞的指挥官安德森少校给博雷加德将军传话说，如果博雷加德将军肯再等四天，他驻守要塞的部队就会因饥饿而撤军，因为他们已经只能靠腌肉度日，再没有任何可以吃的东西了。

可是，博雷加德将军并没有等，这是为什么？

大概是因为，他的顾问们有很多人觉得，必须让人民看到流血冲突，要不然，今天正准备脱离联邦的几个州，说不定他日又重回联邦的怀抱。

看来只要向几个北方佬开火，就可以加强和巩固南部的团结，也激发南方军的作战激情。

于是，博雷加德下达了一道悲剧性的命令。4 月 12 日凌晨 4 点 30 分，一发炮弹呼啸着划破晴空，最后坠入山姆特要塞附近的海中。攻击轰炸持续了 34 个小时。

南方邦联把这件事当成一桩社会事件。英勇的青年身穿崭新的制服，兴高采烈，在猛射的礼炮声中开赴前线，而那些社交名媛、鼓手乐队列队走向码头和营地，为他们喝彩欢送。

星期天的下午，驻守要塞的联邦军人们向敌军交出了要塞和四桶腌肉，举着星条旗，在军乐声和"笨瓜北佬"的嘲讽中，乘船撤往纽约。

　　一个星期内，查尔斯顿港沉浸在极度的狂欢和兴奋之中。人们走进天主教堂，高唱壮丽的"赞美诗"，感谢上帝的恩典，排场非常宏大；群众走上大街游行狂欢，在酒吧和旅馆里，人们尽情饮酒、唱歌、玩乐。

　　对山姆特要塞连续炮轰虽然没有造成人员伤亡。但是，这一事件的影响却非同小可，没有哪场战役比它重要。因为，它拉开了一连串空前惨烈而血腥的战争序幕。

人性的光辉

第一场南北战争

林肯下达命令，征调新兵七万五千人，这在全国掀起了一股爱国热潮。有近千座厅堂和广场，人们在那里举行大型集会，会场旗帜飘飘，礼花四绽；乐队那激情昂扬的演奏在激发着人们，演说家们慷慨激昂的阔论鼓舞着人们。男人们放下手中的犁具，或扔下手中的笔，纷纷走向军中。

十个星期之后，有十万九千人参军入伍，他们一面操练行军，一面唱道：

> 约翰·布朗的躯体虽在墓中腐烂，
> 但他的灵魂却在继续战斗。

　　由谁来统领这支军队去不断地走向胜利呢？当时军中只有一位公认的军事奇才，名叫罗伯特·E.李。虽然他是南方人，但是林肯还是想请他出任联邦军队总司令。罗伯特·E.李如果答应出任总司令一职，那这段历史就可能被改写。有一阵子，罗伯特曾经认真考虑过这件事。他阅读《圣经》，下跪祈祷；有时通宵难眠，在屋子里踱步徘徊，想竭力找到合理的答案。罗伯特和林肯在许多事情上观点和看法一致，他痛恨奴隶制，很早就解散了自家的奴隶，让他们获取自由；他也热爱联邦，其程度与林肯不相上下；他相信南方脱离联邦是一场"颠覆"，联邦将会"永存"；他认为大灾大难不应该让这个国家承受。

　　然而，他来自弗吉尼亚，是一个尊贵的弗吉尼亚人，在他看来，自己所在州的利益在国家民族利益之上，这就是问题所在。二百多年来，他的前辈们曾经遭受被殖民的经历，反抗和挣扎的洗礼之后，他们终于创建了自己的家园。那个妇孺皆知的"轻骑手哈里·李"——他的父亲，协助华盛顿赶走红袍子佐治亚统治者，成为弗吉尼亚州州长。从此这位州长就教育他的儿子罗伯特·E.李，要爱自己的家乡，这种爱要胜过对联邦国家的爱。

　　因此，当弗吉尼亚州倒向南方时，罗伯特·E.李平静地讲道："我不能率领一支充满敌意的军队去进攻我的亲人、孩子和我的家乡。我只有和我的人民共同分担那种痛楚。"

　　罗伯特的决定使这场战争可能延长两三年。

　　在这种情况下，还有谁能给予林肯帮助呢？当时的联邦军队总司令是温菲尔德·斯科特将军。这位将军已经年迈，早在1812年的时候，他曾率军在兰迪打过漂亮的胜仗，而如今已是时隔49

年之久的 1861 年。从生理和心智上看，他都尽显疲态，年轻时的英武和气概已然不复存在。

从身体状况来看，脊柱关节的病痛一直折磨着斯科特。他写道："有三年多的时间，他都无法骑马，就是要走几步路，都会疼痛难忍。"

这个时候，身体水肿和头脑眩晕等新的病痛又开始折磨他。

这样一个老人，一位已是风中残烛，本应住进医院由护士去照料的老人，林肯却把战争胜利的希望寄托在他的身上。

那年 4 月，林肯下令征兵七万五千人，服役期为三个月，到当年 7 月初服役期满。到 6 月下旬的时候，摆在眼前核心的是出征南方的议题——出征！

时间一天天过去，《纽约论坛报》的社论专栏里，霍瑞斯·格里莱以夺人眼球的黑体字"民族战争的呐喊"、"向里士满进发"为标题，发表社论。

但同时，商业贸易的前景非常糟糕。一些呆账使得银行感到无法收回，就连政府借款都必须支付百分之十二的利息。社会心理压力加大，人心惶惶，他们说："我们不需要愚弄，必须奋起，吹响号角，整肃李的部队。"

他们的呼声非常具有号召力，人们纷纷响应。实际上，当时的部队是什么样子，军事当局十分明白：部队还没有做好充分的出征准备。然而，在民众的压力下，林肯迫不得已，最后做出了出征的决定。

7 月的那一天，天气炽热，麦克道尔率领 3 万人马——"伟大军队"的精兵，开向弗吉尼亚布尔河边列阵，与南方军队展开战斗。在当时看来，这是美国将领的率军之最。

然而，看看这支军队吧！怎样打仗，在大多数士兵的头脑中作战是什么，他们一无所知，对军规军纪也是知之甚少。甚至有好几个团，是由在出征十天前才赶来报到的新兵蛋子拼凑的。

旅长谢尔曼说：仅凭他自己的能力，那些迷途的士兵，在行军途中到处找寻饮水、野果子或其他可以充饥的东西，他根本无法阻止。

那时，在人们眼中，强壮的战士是那些义勇兵，因此很多士兵都盼望着像义勇兵一样：穿着相同的服饰，在行为举止上也效仿他们。

于是，部队人人头缠猩红色头巾，腿裹红色绑腿带，统一着装，向布尔河开拔。看气势不能不说是一群前去拼死的将士，可又更像从马戏团里出来的一帮小丑。

7月下旬的某一天，天气炎热难耐，上午10点钟，美国内战的第一场战斗终于打响。

战事到底怎样呢？

看看这帮游民似的士兵们，毫无作战经验，当看到丛林间炮火纷飞，硝烟弥漫，倒下的士兵口鼻间鲜血汩汩而出，这种情景让他们惊恐得无以复加，尖叫战栗笼罩了他们。那些来自宾夕法尼亚军团和纽约军团的士兵们，突然记起他们军训90天的期限已过，便要求退役。于是在当地立即退出！在麦克道尔向上级的报告中这样记载着："这些人当敌人的炮火飞来的时候躲在了后面。"

但是其他的将士则表现得非常勇敢，他们坚持奋战，直到下午4点30分。这时候，南方军队战斗力突然增加，大概有2300

人加入了战斗，他们火力骤然大增。有小道消息传开：约翰斯顿的军队到了。

士兵们中间恐慌开始蔓延了。

25000 名士兵不听号令，拒绝听从指挥，战场开始混乱一片。麦克道尔和将领们使尽全力，想恢复秩序，但都于事无补。

顷刻间，南部军队的炮火烧到大道，整队的士兵、大堆的炮弹和伤员的担架遍布战场，还有国会议员头顶丝绒礼帽在大道上来回巡视。受到惊吓的妇女惶恐万状，有的被吓晕了，叫嚷、咒骂的男人们纷纷奔逃，相互践踏。丢弃的马车横在桥上，挡住了快速通道。无人执缰的战马被堆放的枪支和担架隔离在一旁，那些"义勇军"已经吓破了胆，趁着混乱，跳上战马，逃之夭夭。

这种行为的结果非常恶劣，他们使士兵们以为南部军队的骑兵追了过来，惊叫着："骑兵！骑兵来了！"

经过这场战斗检验的所谓"精锐部队"，实际上只是一群被吓得惊慌失措的乌合之众。

这种令人唏嘘的混乱战况在以前的任何一个美国战场上都是没有过的。

士兵像病魔附体而发了疯一般，又似被无名之火追逐，四处逃窜。遍地是他们丢弃的步枪、刀，还有大衣、军帽和皮带等等。也有些因为疲惫过度，瘫倒在马路上，奔逃的战马和车辆无情地从他们的身上碾轧而过。

这一天是星期天，当时林肯在教堂里，轰鸣的炮声从 32 千米之外的战场上传到了他的耳际。礼拜即将结束的时候，林肯向战斗指挥部飞奔而去。潮水般的战况电报涌向了那里，各处的电报虽然讲得不是太清楚，但林肯还是要赶紧和斯科特对战况进行商量讨论。他急匆匆地冲进老将军的住处，却看到他还在睡觉。

听到有人进来，斯科特将军打着哈欠，揉了揉双眼，缓缓转醒，他的身体非常虚弱，没能坐起来。屋顶的天花板上装着一个滑轮吊带，他抓着带子使劲儿一拉，才将自己肥胖笨拙的躯体直立起来，再把两脚移到地上。

他慢慢地说："战场上到底有多少人我不知道，他们又在什么地方，武器装备好不好，是怎么武装起来的，我也不知道，甚至他们能干什么，也没人告诉我，这一切我一概不知，也无从知晓。"

然而，就是这位什么都不清楚的斯科特将军却是这个国家军队的统帅！

老将军斯科特看了来自战场的电报以后，让林肯不必担忧。接着说自己背疼，说完后又躺下睡去了。

到了半夜时分，战事失利，溃败下来的士兵，乱糟糟地经长桥越过波多马克河，纷纷涌入华盛顿。

华盛顿市民们迅速在人行道上搭起了餐桌，一车车面包自发地运到了这里；邻近的社区妇女们手捧热气腾腾的汤碗、咖啡壶和其他食物，跑来跑去，分发给士兵。

麦克道尔实在太疲劳了，当他签发命令时，刚写到一半，手里还攥着铅笔，就歪倒在一棵树下沉沉睡去。而他的士兵们，和他一样也是累得不管不顾，在人行道上倒头便睡。当时虽然下着大雨，雨水浇灌在他们身上，他们还是睡得像死人一般毫无知觉，有些人睡着了还紧紧抓着步枪。

那天夜里，林肯彻夜未眠，他直到天亮，一直听着报社记者和战场的目击者讲述战事失利的经过。

溃败的情形造成了大众的恐慌，一些公众人物也惊恐万分。霍瑞斯·格里莱极力主张，不管什么条件或形式都应立即结束战争。他坚持认为无法征服南方。

而伦敦的银行家们认为，美国联邦的瓦解只是时间问题，所以在周日下午，他们派驻华盛顿的代理人冲进财政部，要求美国联邦政府为他们的四万美元贷款提供担保。

联邦当局告知代理人，让他们星期一再来，联邦政府还不至于那么快倒台。

然而这对于林肯而言，失败一点都不新鲜。他这辈子面对失败的事情太多了，但从未被打垮过。他依然坚定地认为他的事业一定会取得最后的胜利，这种信念从没改变过。他前去看望神情沮丧的士兵，和他们一一握手并祝福他们："上帝会保佑你，上帝一定会保佑你。"接着他坐下来和士兵们一起吃豆子，谈论美好的愿景，为他们打气，鼓励他们，以激发他们的斗志。

林肯十分清楚，这场战争不可能很快就能结束。他要求国会授权征调兵员 40 万。但国会将征募数额提至一百万，而且授予他可以征召 50 万人服役三年的权力。

这样一来，组建的这支军队由谁来统领呢？是靠着滑轮起床、无法行走、打仗时还在打着鼾声的老斯科特将军吗？这绝对不行，他已经不能担此重任了。

这时，走向前台的是一位魅力四射，可又是有史以来最令人失望的将军。

林肯似乎总是麻烦缠身，永无休止。在他感到非常困难的时候，令人无奈的麻烦才刚刚开始。

空谈的人是如此可怕

在战争开始的几个星期里，年轻俊美的军官麦克莱伦显得比较耀眼，这引起了人们的注意。

当时，麦克莱伦带着20门大炮和一台便携式手提印刷机，开进了西弗吉尼亚战场，打败了几支小股南方军队。其实这些战斗只是几场小仗，还算不上真正的战斗；然而这对北方军队来说，它的意义非凡，因为这是北方部队第一次打胜仗，麦克莱伦也深谙此中门道。他刻意造势，提着印刷机，发出精彩而夸张的报道，把他的指挥策略和所谓的战果向国人宣布。在几年之后，人们了解了真相，麦克莱伦的这种荒唐行为成了人们耻笑的史话。

然而当时，那可是战争初期，人们手足无措，在惶恐不安中人们渴望领袖人物的诞生，这位自吹自擂的青年军官被人们看中。联邦国会颁令嘉奖他为"青年拿破仑"。联邦军队于布尔河惨败之后，林肯召见麦克莱伦，把他请到华盛顿，委以"波多马克军"司令。

麦克莱伦本就生的一副领袖人物的架势。当他骑着白色战马奔向士兵们的时候，战士们报以热烈的掌声欢迎他。然而，麦克莱伦对这份工作很上心也很认真。他勇敢地接管了布尔河之役的残兵败将，对他们加以严格的训练和整顿，从而使士兵们恢复自信心，提振了军队的士气，他干得比其他人好，收效良好。到了10月，他统领的这支军队在西方世界可以说是阵容强大、训练有素，数一数二。他的将士们个个斗志很高，渴望参加战斗，有的甚至急着想与人一搏，争强斗狠。

民众们对麦克莱伦抱着很大希望，纷纷要求作战，然而麦克莱伦却不主张作战。林肯也一直催促他率队出击，但他总是不肯。他组织阅兵游行，大谈将要采取行动的计划；然而事实上仅仅是动动嘴，却不见任何动静。

他故意拖延，并找出各样的理由，就是不肯行动。

甚而有一次，他说部队要休整，所以不能采取进攻行动。于是林肯问他，军队到底干什么了，会累得需要休整。

安蒂特战役之后，有一件事令人百思不得其解。当时麦克莱伦的军队在数量上远远超过了李的军队，双方交战，李军战败；那种情况下，麦克莱伦如果乘胜追击，李氏及其部队有可能被活捉，从而结束这场战争。林肯百般催促：写信、发电报，甚至发去紧急通告，这一切像石沉大海，接连好几个星期没有任何反馈和动静。之后，麦克莱伦终于有了声息，他说因为战马疲累，咽喉发炎要休息，因此他没法前行追击。

在纽萨勒姆有一根被认为弯曲的树枝，放在奥法特家商铺的那个山脚下，如果你去那里，就肯定能看到它。这家杂货商铺林肯十分熟悉，因为他曾经在这里打工。那时克拉里家的那些好汉们经常在这里玩斗鸡游戏，林肯会为他们当裁判。他们中的巴博·麦克纳布一直吹嘘自家的公鸡善战，说它是桑加蒙县的"鸡头"。但是，当它被放进角斗池里面角斗时，它却掉头就跑，根本不去"参战"。气愤的巴博抓起公鸡抛向空中，公鸡最后掉落在一堆柴火上，人们看着它抖了抖羽毛，然后嘴里就像挑衅似的叫着，很骄傲地走开了！

麦克纳布说："徒有虚名的草包，见鬼去吧！"

林肯说，麦克莱伦现在的所作所为，让他想起了巴博·麦克纳布家的公鸡。

在半岛战役中，南方的马格鲁德将军率领五千士兵与麦克莱伦作战，当时麦克莱伦拥兵十万，却让只有五千人马的马格鲁德阻击而不敢前进。麦克莱伦筑起城垛工事，还不断要求林肯加派人手，派兵增援。

林肯说道："如我真的能为麦克莱伦增派十万兵力增援，他肯定会欣喜若狂，也会感激我，还会满口答应明天向里士满开进。但是等到明天，他又会发报说他获得了敌军兵力增至四十万的消息，如果没有后援，再不增兵，进攻无法发起。"

战争部长施坦顿说："假如麦克莱伦手握百万兵力，他肯定会发誓说敌军有两百万人，然后他还会坐在泥地上嚷着要你给他增兵到三百万。"

名噪一时的"青年拿破仑"陶醉在虚荣编织的网里，乐昏了头。其狂妄自大到了极点，他将林肯和他的内阁同僚们称为"猎犬"、"小人"、少见的"大笨鹅"。

对林肯的态度，麦克莱伦十分无礼，他对林肯还采取了侮辱性行为。总统前去看望军队时，他竟然让总统在前厅等他半个小时之久。

更有甚者，有一次，麦克莱伦大概是晚上11点才回到家里，这时佣人告诉他林肯总统来家里找他，已经等候好几个小时。然而，麦克莱伦竟然无礼地经过林肯坐的房间门口，而没有和林肯打个招呼，径直上楼而去，然后让人传话说他已经上楼休息了。

这样的事情被报纸披露，大肆宣扬，在华盛顿人们议论纷纷，华盛顿成了是非的集散地。每当这样的消息一传开，林肯太太就会泪流满面，她会请求林肯撤换那个"可怕的空谈家"——她口中的麦克莱伦。

这时，林肯就会说："我知道他这样做是错误的，但是在这种情况下，我不能只顾自己的心情和喜好，我不能和他计较。假如麦克莱伦能领导军队为我们打胜仗，我倒是乐意为他提鞋子。"

转眼，夏去秋至，秋去冬又至，又一个春天快到了，而麦克莱伦只是训练士兵，搞阅兵、唱高调，其他方面全无行动和建树。

全国民众被彻底激怒，群情激愤，人们对林肯大加批评和责备，抨击声来自四面八方。

林肯向麦克莱伦发去了公文说："你一再拖延正在毁灭我们的事业。"同时下令进军。

麦克莱伦只有两条路可以走：进军还是辞职，由他选。于是，他连忙赶往哈珀渡口，命令部队立刻开拔。他计划从奇萨比克湾和俄亥俄运河调运船只，连接波多马克河，保证军队渡河，然后从哈珀进攻弗吉尼亚。但是到最后，船只宽度超出河岸水闸0.2米，无法通过，整个计划被放弃。

麦克莱伦将这件事向林肯做了汇报，并说架设浮桥的准备还没有做好。面对这个长时间让林肯忍受折磨的空谈家，林肯气得咬牙切齿，半天说不出话来。这位总统先生终于放弃控制自己的脾气。他用多年前在印第安纳州乡间的粗鄙的话，狂暴地质问道："混蛋，为什么没搭好？真见鬼！"

全国民众以同样的语气质问同一个问题。

到了 4 月份，"青年拿破仑"终于学着老拿破仑向士兵发表了一次堂皇的战前动员演说。然后，率领十二万将士向南方进发，一路上，兵士们唱着"把姑娘留在后方"的歌谣。

这个时候，战争已经进行了一年多了。而麦克莱伦还在夸口，说他要马上结束这场战争，让将士们能够尽快回家，还能赶上播种谷物的时间。

虽然这种吹嘘之词似乎难以让人信服，但林肯和施坦顿还是对此比较乐观，他们向各州州长拍去电报，要求他们不再接收任何志愿兵，撤销征兵处，并且将征兵处的公物做拍卖处理。

腓特烈大帝有一句非常著名的军事格言：要认清和你作战的对手。李将军和斯通威尔·杰克逊十分了解这位他们将要对付的胆小懦弱的"拿破仑"——他胆小如鼠却狂言满嘴，嘴尖皮厚还牢骚满腹，他从未亲历战场，他见不得流血，他怕！

在麦克莱伦耗去了三个月时间后，李将军潜行至里士满。而麦克莱伦率领军队已兵临城下，他和他的士兵们还能听见城内教堂里传来的钟鸣声，这时以逸待劳并且做了充分准备的李将军突然发起一连串的猛攻。连续七天的激烈战斗之后，麦克莱伦被逼得躲藏在炮艇里，手下的士兵折损将近一万五千人。

这样，夸下海口的麦克莱伦，带着他的"大计划"迎来了一场惨烈的失败。

然而，一如以前，麦克莱伦不检讨自己，依然指责"华盛顿的那些叛徒们"，说他们没有给予他充足的兵员支持，说他们的"懦弱和愚蠢"让他遭受失败。他憎恨林肯和他的内阁成员们，他对南方军只是轻蔑，而对林肯他们更多的是恨，而且比轻蔑南方还要强烈。他谩骂指责他们，说他们的这种行为是"有史以来最可耻的"。

事实上，麦克莱伦的兵力远远多过敌人。但他还一味地要求增兵，他从未很好地谋划运用他手里的兵力。他先要求一万，再要求五万，最后要求十万。他知道华盛顿政府没有那么多的兵力可派；林肯自己也深知麦克莱伦心里清楚这一点。林肯曾说麦克莱伦的要求简直十分"荒谬"。

然而，在发给施坦顿和林肯总统的电文中，麦克莱伦的语气和用词充满了不敬和火药味，其话语就像一个失去理智的疯子在狂言。他指责是林肯和施坦顿摧毁了军队，电文的粗俗和不雅使得发报员都不愿意发送。

面对如此情景，国民处于恐慌之中，华尔街一片慌乱，民众脸上满是惊讶、愤恨和忧伤，国家前途暗淡一片。

面容枯黄憔悴的林肯，带着无奈说："我感到很绝望，我简直是世间最忧伤和悲哀的人。"

白宫的参谋长 P.B. 马西、麦克莱伦的岳父说："现在除了投降一途，再无路可走。"

听到这些话，林肯被气炸了，他怒不可遏，派人将马西请了过来，对他说道："将军，你已经将'投降'定为这场战争的结果，然而这个词与我们的军队没有关系，这样讲是不适当的。"

盆底穿了

还在纽萨勒姆的时候，林肯获得的经验让他明白：租个地方，开个杂货店很容易，但就是难在，要以此赚钱，不管是他，还是他的那个酒鬼合伙人，都欠缺一种贮存好东西并把它以合理的价钱卖出去的才能。

这几年的战争失利和血的教训让林肯认识到：征召 50 万敢死的士兵、花上亿美金为士兵配置步枪、子弹和军毯都不是件难事，可是最难的是寻找能够真正地统率军队冲锋陷阵，不断迈向胜利的领军人物。

林肯也由此感叹道：军队战斗力的强弱和成败很大程度上取决于统帅的胆识和才略。

林肯一次次双膝跪地，祈求上苍赐予他：罗伯特·E.李、约瑟夫·E.约翰斯顿、斯通沃尔·杰克逊式的军事人才。

他说："杰克逊是勇敢、正直的军人。如果合众国有这样一位将领统率三军，我们的国家何愁灾难不去，国人何惧惊恐不除。"

然而，放眼整个国家，在军队里哪儿有一个斯通沃尔·杰克逊？在埃德蒙·克拉伦斯·斯特德曼写得很有名的一首诗中，每一节的最后都有一句哀求口吻的话："亚伯拉罕·林肯，请给我们一个巨人吧。"

看起来这不过是一首诗歌的叠句而已，但实际上这是心在流血的国民们的声声呐喊，是一个惊恐慌乱的国度的哀号。

林肯总统读到此处，心念感慨，流泪不止！

苦闷的两年里，他竭尽全力找寻国家所需的帅才。他曾将军队交给一个所谓的将军，一个名副其实的"饭桶"，他导致了将士们被大批屠戮，导致了数以万计的寡妇和孤儿的出现，他们在哭号，在呐喊。一个将军被撤换，换上了一个同样无能的"饭袋"，又是许多士兵战死沙场。前方战况电报一来，林肯则是整夜无眠，身着睡袍、脚套拖鞋的他，来回踱步，心念中一回一回地祈祷呼喊："上帝啊！这个国家该怎么做？苍天啊！我的人民该如何是好？"

于是，接下来又任命了一个指挥官，但牺牲还在继续。

这时，有些批评家开始认为，虽然麦克莱伦所犯的错误令人震惊，指挥出奇的无能，但很有可能是不错的"波多马克军指挥官"。可以想想，剩下的还有谁更像样儿呢？

麦克莱伦失败之后，林肯试用约翰·波普。在密苏里作战中波普表现不错，也有可嘉的战绩，曾经攻占密西西比的一个小岛，俘获了数千敌军。

波普相貌俊朗，喜欢虚夸，这两点和麦克莱伦类似。他向外发布文告称，他的司令部"在马鞍上"。因连续宣称吹嘘，人们在不久送给他一个外号，叫"宣言波普"。

波普第一次在军前讲话中说："我自西部来，路过敌军附近，沿途看到过敌军的背影。"他的讲话生硬无趣，也听不出有何良策。接下来，他对部队大加指责，说军队没什么作为，还隐晦地讽刺将士们胆小如鼠。讲到最后，他开始自我夸耀说，这样一支军队在他的指挥下，必能开创辉煌、创造奇迹。

作为新任指挥官，军前如此的讲话，无异于滚烫的油锅倒进了凉水，引起了人们很强的反感心理，尤其是将士们对波普非常记恨。

麦克莱伦内心更是充满恨意，也因为波普是他的替代者。他的憎恨胜于他人：妒忌，痛恨，心灵如蛇蝎齿啃般痛苦。但是他还能怎么做呢，他只能与纽约联系，另谋他途。

波普率军开进弗吉尼亚。一场大战近在眼前，所以波普开始全力掌握部队并要求有充足的兵力。林肯接到波普的电报后，紧急召见麦克莱伦，将电报给他看，并下令他火速调兵，前去增援。

麦克莱伦会听命吗？他自然不听。他开始申辩，借故拖延，甚至发电文抗议，下令已经派出的队伍返回，他绞尽脑汁想办法阻止增兵，"用各种毒计使波普无法得到增援"，并狂妄地说："让波普先生去自己解困吧。"

当南方军队的炮声轰鸣于耳际之时，麦克莱伦还在想办法阻止增援他的对手波普，他的三万将士按兵不动。

可以想到，波普的军队在布尔河旧战场上与李将军遭遇会是什么结果。波普被打败，伤亡惨重。联邦军将士再次在惊恐中崩溃，纷纷奔逃。

布尔河战役的情形再一次上演：一群群带伤溃逃的士兵再度涌进华盛顿。

李将军率部乘胜追击，这时连林肯都以为华盛顿将要沦陷了。河边运输弹药的船只在待命，华盛顿的全体职员们，不管文武，全都奉命武装起来，准备为保卫首都而战。

慌乱中的战争部长施坦顿急匆匆地打电报给六个州的州长，请求他们用专车将民兵和志愿兵全都送来。

曾经休闲热闹的酒吧这时大门紧闭，教堂里传来长鸣的钟声，惊恐的人们双膝跪地，仰天乞求伟大的上帝保佑这座城市。

大街上，战马飞驰，马车急奔，军队开向马里兰州方向。

施坦顿急匆匆地准备着政府机构向纽约迁移的工作，他下令将工厂分拆，然后将装备以及军火和其他供应物资都装船运往北方。

财政部长柴斯下令将政府的金银火速转移到华尔街的国库内。

而这时的林肯已经疲劳至极，在一种沮丧和绝望中，悲哀地叹息道："我怎么办……我该怎么办……盆底已经穿了，盆底已经穿了。"

在人们看来，这是麦克莱伦最愿意看到的，为了报复，他在等这一天，他要亲眼看看"波普先生"垮台的胜景，看着军队被击溃。

林肯将麦克莱伦请到了白宫，告诉他，民众斥责他是叛国者，是卖国贼，是他想让华盛顿沦陷，让南方取胜。

而施坦顿更是怒气冲天，暴跳如雷，整个脸由于愤怒和痛恨涨得通红。见过当时施坦顿神情的人都说，如果那时麦克莱伦去战争部的话，他肯定会被施坦顿揍个鼻青脸肿。

柴斯的痛恨之情更重。他根本不想揍他，而是说应该将他一枪崩了。

柴斯这样说，并不夸张，他真希望把麦克莱伦这个混蛋蒙上双眼，让他背贴墙面站着，然后给一梭子弹，射穿他的胸膛。

然而林肯生性待人体贴善良，有基督般宽容的胸怀，他不去责怪谁。当然不可否认，波普确实失败了，但不也是尽力了吗？林肯自己也是经历了无数的失败和挫折，他对别人的失败感同身受，所以他无法去责怪别人，没法不容许他人失败。

于是，林肯派波普前往西北，去平息反叛的苏族印第安人，同时又把麦克莱伦请了回来，让他指挥联邦军。这又是为何呢？林肯说道："要说对军队的整顿和训练，军中还没有哪个人能比得上他，领导作战他不行，但却可以为别人做好战前准备，使得别人乐意去战。"林肯知道，重新起用"小麦"的决定将会招来严厉的指责。事实上确实如此，而且反对声还很大，包括特的内阁成员也谴责他。施坦顿和柴斯甚至说，他们宁肯让李将军攻破华盛顿，也不愿意看到这个可悲的叛徒重掌军事指挥权。

林肯面对他们强烈的反对，觉得受到了深深的伤害，他沉痛地说，内阁如果要他辞职，他会满足这一愿望。

几个月后，安蒂特姆战役结束了，林肯下令追击李将军的部队，但麦克莱伦拒绝执行命令，因此他又被剥夺了对军队的指挥权。麦克莱伦的军事生涯从此结束。

军队不能没有指挥者，必须任命新的领导人。但是，谁能胜任呢？他在哪？没人知道。

林肯只能冒险了。他将指挥权交给了伯恩赛德。伯恩赛德自知没有那个能力，两次拒绝。最后，他只能接受任命，但他哭了。他仓促之间接掌军队，并率军攻打李将军在弗雷德里克堡的防御工事，结果失利，损伤将士多达13000人。如此的战果，取胜的希望非常渺茫。

军队中上至军官，下至小兵，开始大量开小差、逃跑。

伯恩赛德被解职。然而伯恩赛德可是大喘了一口气，一下子轻松了许多，因为这一回，军队的指挥棒传到了另一位牛皮大王——"斗士乔·胡克"手上。

胡克吹嘘道："愿上帝对李慈悲一些，但是我不会放过他。"

他率领自认为是"这个世界上最优秀的一支军队"，而且兵力是"南方军队的两倍"。然而在与李将军对抗时，却被李将军将他赶到了钱斯勒斯维尔河对岸，有一万七千将士被李将军歼灭。这是南北战争以来最大的灾难性战役。

这场战役发生在 1863 年 4～5 月。在总统秘书的记录里这样写道：在那些无法安眠、焦躁不安的日子里，林肯在房间里来回不停地踱步，嘴里有时候大喊"完了！完了！全完了！"但是，就是到了最后时刻，林肯还是赶往弗雷德里克堡，为乔·胡克和将士们鼓舞士气。

这个时候，举国上下笼罩在一片沉痛的阴霾之下，严厉的批评从四面八方向林肯飞来。

在这个军事不断失利，内心极度焦虑的时候，林肯的家庭跟着发生了不幸。泰德和威利是林肯十分喜欢的两个小儿子。在夏日里，每当到了傍晚，林肯经常会忙里偷闲，放下国事，陪着两个儿子去玩儿"城球赛"游戏。林肯常常从一个地下室向另一个地下室跑，这时燕尾服的下摆会在他身后摆来摆去。有时候，他会陪着孩子打弹珠，从白宫一路打到战争部办公室。晚上时，他时常趴在地板上，跟孩子们一起滚来滚去。在晴朗和煦的日子里，他往往会走出白宫，跟孩子和他们的山羊游逛放松。

泰德和威利的天真和快乐使得白宫非常热闹，在那里举办游吟诗人表演，他们让佣人们操练军技，还骗得那些求职者到处跑来跑去地瞎撞。他们如果喜欢上某位求职者就会立刻领路去见"老阿贝"。求职者被阻止，他们便会带他从后门进去。

他们太像他们的父亲了，他们同样不注重任何烦琐的礼法。有一次，两个小家伙闯进了林肯的内阁会议会场，向林肯报告说，猫妈妈在地下室刚才生了一窝小猫咪。

柴斯性格刚硬严肃，有一次他正在和总统讨论国家重大的财政金融问题，这时泰德扑过来，爬到林肯的身上，一会儿竟然骑跨在林肯的脖子上，柴斯看到这样，气得说不出话来。

有人给威利送了一匹小马。威利喜欢得不得了，不管刮风下雨，还是风和日丽，他都要去骑马遛着玩儿，雨天的时候被淋得浑身湿透，结果得了重感冒，发高烧。那个时候有一段时间，林肯每天晚上都陪伴在威利身边照顾他。但是，小家伙还是没能敌过病魔而去世了。小家伙去世时，林肯心疼得差点晕了过去，他哽咽着说："可怜的孩子！我可怜的孩子啊！他太好了，他不宜留在人世间，上帝召他回天国了。"

当时凯克莱夫人也在场，她讲起当时的情景时说："他双手死死地抱头，瘦长的身躯因为悲伤而剧烈发抖……看着孩子苍白的面孔，林肯太太因为伤心抽搐，因为悲伤过度，而没能参加孩子的葬礼。"

自打威利过世以后，林肯太太不敢再看儿子的照片，一看到就受不了。凯克莱夫人说："她见不得威利所喜欢的任何东西，即使是一朵花也不例外。睹物思人，她都会伤心战栗。有人送给她一些昂贵的香水，她都会打冷战，尽力避开，不忍去看一眼。她不是将香水放在她看不见的地方，就是干脆从窗户扔出去。她把威利的玩具全部送人……威利去世时的客房和他接受涂油礼的地方，她再没有踏进一步。"

由于过度的悲伤，林肯太太找了一个自称"科尔切斯特爵爷"的所谓招魂师为威利招魂。这位"科尔切斯特爵爷"是个彻头彻尾的骗子，其骗术和身份被揭露后，他被以"违者坐牢"的警告而赶出了城外。然而那个时候，林肯太太悲痛难抑，不辨真假。在白宫她接见了这位"爵爷"。在一间幽暗的房间里，这位"爵爷"告诉她：那些刮壁板的声音，拍墙和敲桌子的声音，都是她儿子发出的信息。林肯太太听到这些后，流泪不止，泣不成声。

林肯则陷入了伤心绝望和精神崩溃之中。国事无法料理，他的办公桌上到处是没有处理的电报和信函。人们开始为他担忧起来，怕他元气大伤无法恢复，甚至忧郁成疾。

林肯有的时候坐着朗读好几个小时的作品，这个时候只有他的秘书或是武官是他的听众。他读的大多是莎士比亚的作品。有一天，他把《约翰王》读给他的武官听，当读到康斯坦斯因其爱子去世而哭泣的段落时，林肯放下了书本，开始背诵着：

> 神父，我曾听您说，
>
> 我们将在天堂里与亲友相见，
>
> 如果那是真的，我将与我儿重逢。

总统问道："上校，你可曾梦见一个已逝的朋友？在梦中与那位朋友心心相通，开心交流的时候，却又感到那不是现实的凄然？我时常做这样的梦，梦见我的儿子威利，可我知道那不是真的。"林肯将头埋在臂弯里，趴在桌子上，啜泣出声。

总统的阁僚们

走出悲伤的林肯当把精力转向内阁事务时，他发现他的内阁成员之间也有和军中一样的纷争和猜忌。

他们个个自命不凡，觉得粗鲁、笨拙、爱讲笑话的林肯只不过是因一场政治意外、侥幸成功的西部人罢了。

国务卿苏厄德看不上内阁中的其他同事，自高自大，还插手别人的事务，他的行为惹得内阁其他成员对他极其不满，十分怨恨。

财政部长柴斯对苏厄德更是瞧不上眼，麦克莱伦是他的眼中钉，痛恨战争部长施坦顿，讨厌邮政总长布莱尔。

而布莱尔就像林肯所说，他"没有不惹事儿的时候"。他自我吹嘘，炫耀说他如果去战场就是去参加葬礼。在他眼里，苏厄德"就是一个骗子，从不讲原则"，在工作中他不愿与苏厄德配合；而对施坦顿和柴斯的态度，他绝不干"和那些无赖讲话的事，因为那会掉价"，"即使在内阁会议上也不干"。

布莱尔的所作所为招致了内阁成员中广泛的怨恨和不满，最终给自己挖好了政坛上的坟墓：林肯无奈之下只能让他卷铺盖卷儿走人。

内阁里面硝烟弥漫，针尖对麦芒的事无处不在。

而副总统汉尼巴尔·哈姆林长期不与海军部长吉迪恩·威尔斯说话，而威尔斯整天一头精致的假发，连鬓胡子都修整得一丝不苟，在他的记事本中每天提醒自己，"要准备好斧子，随时向那些令人厌恶而又不可理喻的阁僚们砸过去"。威尔斯最痛恨格兰特、苏厄德和施坦顿了。

施坦顿脾气暴躁，态度傲慢，在内阁中，他是被攻击的靶子。他看不上柴斯、威尔斯、布莱尔、林肯太太；他看每个人几乎都不顺眼。

格兰特认为，施坦顿压根儿就不照顾别人的感受，对待别人的任何意见或者请求，他很少给予赞成，而是把拒绝当成获得一种快感的办法。

谢尔曼对施坦顿更像是有刻骨仇恨一般。在一次会议上，他撕破脸面，当众羞辱施坦顿。这件事过了十年，他还将它写进他的回忆录，说起此事，乐此不疲。他说："我向斯坦顿走去，他伸出手想和我握手时，让我给当众拒绝了；这件事儿当时在场的人都看见了。"

人人憎恨施坦顿，在那时被憎恨的程度没人能比得上他。

然而，一匹政治"黑马"冒了出来，烽烟四起的内阁中，很多成员被边缘化。

司法部长贝茨在 1860 年被提名竞选总统的希望很高。他在日记中写道：共和党人提名缺乏意志和目标、缺乏统领左右能力的林肯，犯了"致命的错误"。

当时的柴斯也希望自己获得提名，替代林肯。甚至在他生命将尽之时，他的内心对林肯都怀有一种"慈悲的轻蔑"。

苏厄德也是怨言满腹，愤愤不平。一次，在屋子里踱着步，嘴里大声抱怨说："失望？你还对我说失望。我才有资格代表共和党参加总统竞选，但是我只能被迫让路，眼睁睁地看着那个小小的伊利诺伊州律师当选！你还跟我谈失望！"

苏厄德清楚，若非霍瑞斯·格里莱作梗，他一定会当选总统。他深谙管理之道，知道如何处理大事，他从政已经 20 年了，具备了丰富的经验。

然而，林肯会什么？他以前是做什么的？他就是一个在纽萨勒姆那间木屋里开过杂货店的小店主，而且店铺开得一塌糊涂，负债累累。

噢，他曾经也是个小邮差，他经常将信函塞进帽子里带着走，去四处投送。这位"草原政治家"也就有这点从政经验。

但是现在，林肯就坐在白宫主人的位置上，然而他却心意慌乱，不知所措，任由国势沉浮而他不闻不问，混乱使得国家正在滑向灾难的深渊。

苏厄德认为，成千上万的人也认为，他被任命为国务卿，就是让他要管理国家，而林肯仅仅是个傀儡而已。他非常高兴人们称他为"总理"。他深信，拯救美国只能靠他，挑起这副重担，非他莫属。

他在接受任命时说："我会竭力维护自由，拯救国家。"

林肯就职不到五个星期，发生了令人吃惊的事：苏厄德竟然向一个总统下发文件。有史以来还没有哪个国家的内阁成员有如此傲慢无礼的举动。这种行为与侮辱无异。

苏厄德在文件开头说："我们这届政府运行将近一个月了，但不管是内政，还是外交政策，都毫无建树。"接下来，他自恃优越于林肯，以一种轻蔑而蛮横的口吻批评这位来自纽萨勒姆的小杂货铺店员，教他如何管理政府。在文件末尾，苏厄德脸皮更厚，他竟然提议：让林肯从此坐在幕后，让精明能干的苏厄德掌握国家大权，以免国家陷入地狱。

苏厄德的建议有时候让林肯非常震惊，他是那么的疯狂而荒唐，而且变化无常。苏厄德对法国和西班牙在墨西哥的横行霸道看着不顺眼，就要求这两个国家做出解释和检讨；对英国和俄国的作风他也不满意，于是同样要求人家做出解释。如果没有得到满意的解释，那怎么办呢？你猜猜他准备干什么？宣战？正确！而且对他这位能干的政治家来说，打一仗还不够，还应该同时开辟几个战场，让整个世界动起来，战火纷飞才过瘾。

他还真准备了通告，打算向英国发出去，内容极尽无礼：尽是警告、威胁和侮辱的字眼。林肯如果不将其中的严重段落删除，把一些强硬语气的字眼句子修改得温和一些，没准真会引起战争。

苏厄德边拿鼻烟边说：他乐于看到一个欧洲势力干涉美国内政——帮助南卡罗来纳州，这样的话，北方各州会群起而攻击外国势力，南方各州也将给予援助，攻打外来敌人。

按当时的形势，美国对抗英国似乎有必要。北方的一艘炮艇拦截了北部公海上的一艘英国邮轮，将要前往英国和法国的两名南部联邦成员抓了起来，并将他们投入了波士顿的监狱。

英国准备开战。用轮船运送几千兵力横渡大西洋，从加拿大登陆，准备向北方各州进攻。

至此，无奈之下，林肯只能将那两名南部邦联成员释放，并公开向他们道歉。他说："那是我不得不吞下的苦恶。"

苏厄德的某些狂躁行为让林肯目瞪口呆。上任伊始，他明白自己缺少应对处理重大事务和把握大局的经验。他任命苏厄德，就是让他来帮助、引导他，他也需要更多的知识。然而现在呢！还能指望苏厄德？

苏厄德的做事方式和篡揽大权的行为使整个华盛顿议论纷纷，人们都说苏厄德在执政掌权。听到这样的议论，林肯太太的自尊心受到了很大影响，也在她心头点燃了熊熊怒火。她气得眼冒金星，面露凶光，一再地催促她那谦卑憨实的丈夫应该起来，坚定地维护自己的权力和威严。

林肯向太太耐心地劝解道："我可能不善于经营自己，但苏厄德也不会有多好。只有良知和上帝是我唯一的主宰。人们迟早会知道这一点的。"

终于有大家明白的那一刻。

萨蒙·P.柴斯是浑身闪光的"爵爷"：长相俊美，1.89米的身高，带着一副天生的领袖模样。他教养颇佳，有通古知今的才华，会讲三种语言，他的女儿在华盛顿社交界魅力十足，光华四射，很受青睐。老实说，在白宫如果碰到主人不懂得如何点菜，他肯定会感到非常震惊。

柴斯是一个非常虔诚的教徒。他每个星期日，都一定会去教堂三次；在《圣经》里的一些赞美诗他会抄写贴在浴缸的外部边缘，而"我们相信上帝"这句格言被他铭刻在国家货币上。每天晚上阅读《圣经》和同类书籍是他退休前必做的功课，因此他始终搞不清楚，总统为什么在睡前要阅读像阿蒂默斯·沃德或是比托林·纳斯比的作品呢？

柴斯最为恼怒的是林肯对幽默的偏好，不管在什么场合或什么时间，林肯都要幽默一把。

一天，一位老朋友从伊利诺伊州来白宫拜访林肯。这位客人一进大门，门卫就以奇怪的目光打量他，然后说，总统正在与内阁成员们开会，不能接待客人。

这位来客说："开会跟这有什么关系？你就去给他说一声就行了，说是奥兰多·凯洛格到了，想和他说说口吃法官的故事。我想他会见见我。"

林肯马上让人领着老朋友进了白宫。两人一见，亲密而热烈地握着手，并对内阁成员说："先生们，这是我的老朋友奥兰多·凯洛格，他要向我们讲讲口吃法官的故事。这是一个特别有趣的故事，大家先放下手头的活儿，听听他怎么说。"

这时，这帮大政治家们不得不将国事搁在了一边，听奥兰多讲完他的故事，林肯听了故事，被逗得哈哈大笑。

看到这种情况，柴斯感到气愤和不满，这个国家的未来到底会怎样，他很担忧。他抱怨林肯是"在拿战争当笑话"，是他在促使这个国家迅速走向"崩溃和毁灭的深渊"。

那时柴斯的心情，就像带着醋劲儿的女学生一样：恨别人好运当头，哀自己命运不济。他渴望成为国务卿，可就是当不上。为什么被人冷落？国务卿这个很荣耀的交椅为什么会让狂傲自负的苏厄德坐上？而他只能是个财政部长？他心里不平衡，他愤怒，他痛恨。

现在的他只能屈就第三。然而他要让人们好好看看。即将到来的1864年，新一轮大选在即。他狠下决心，一定要靠着自己的实力做白宫的主人。这时的他，心思全在这件事儿上，对自己分内的正事无所用心。林肯曾经说：柴斯对总统职位的追求已经到了疯狂的地步。

当面对林肯的时候，柴斯总是一副林肯朋友的形象，给人感觉总是和林肯保持一致；然而只要背过林肯的时候，林肯就是柴斯的仇敌。林肯常常会做出一些让权势人物很不舒服甚至讨厌的决定。这样的决定一旦宣布，柴斯就会连忙与那些心怀不满的人联系接触，向他们表示同情安慰，并说他们是对的，借机攻击林肯，由此加深心有不满之人对林肯的愤怒；还说什么，假如能让他柴斯治理国家，处理政务，他肯定会对所有的人和事采取公正的态度，保证让大家满意。

在林肯看来，柴斯简直就是一只苍蝇，"只要有一个腐臭的地方，他就会飞过去下点卵"。

经过观察，林肯对柴斯的所作所为和他的品行早已心中有数。然而，林肯还是宽以待人，不计较他自己的权利。他依然说："柴斯还是个能干的人，但我想他在想当总统这件事儿上，是有一点疯狂较真。最近他的言行有些不适当，表现不是太好，大家向我建议，'是应该让他出局的时候了'。还是算了吧，我不太赞成把任何人踢出去。我想，如果有谁能认真地去做好一件事，我还是坚持让他做下去。所以，我决定，如果他能在财政部长的位子上尽职尽责，我也就不计较他在白宫搅和。"

但是，事态发展总不比预想的好，而是变得越来越糟糕。柴斯稍有不顺心的事，或者不合自己的意，就提出辞职。他提过五次辞呈。即使这样，林肯还去赞美他，规劝他留下来，继续干。到后来，竟然发展到林肯真是再也忍受不了，两人一见面就是不愉快，说话不投机，互相反感。在柴斯最后一次提交辞呈时，林肯真的答应了他的辞职请求。

这一次，让柴斯大吃一惊，他没想到林肯竟然批准了。经常喊"狼来了"的柴斯这次的确自食其果。

参议院的财政委员会成员集体赶到白宫，对林肯的这一决定提出了抗议。他们声称柴斯辞职将是个悲剧，是一场灾难。林肯静心地听他们说完所有的话。然后，林肯讲述了他和柴斯间的那些痛苦交涉的经历，他告诉他们柴斯嫉恨他的权威，柴斯就是想掌握国家大权。林肯说："他也可能就是存心和我过不去，也许是要我拍拍他的肩膀哄劝他继续留任。我想我没有这么做的必要。我觉得他提出辞呈是诚恳的，他身为内阁成员的职责没有尽到，我答应了他的请求，这个事情到此为止，再别提了。我已经无法忍受这种工作关系和状态，必要的话，我可以辞去总统职位，回伊利诺伊州的农庄，耕田种地，养牛糊口。"

而对这位羞辱和侮慢他的人，林肯对他的评价又是怎样呢？林肯说："在我所知的大人物中，柴斯可算是比其中最好的一位都强的。"

尽管他们彼此有无法调和的嫌隙，林肯也深受心灵的伤害，但林肯做出了他一生中最高尚、最漂亮、最宽宏的决定。他将美国总统所能行使的最高权力为了柴斯行使了一次：他任命柴斯为美国最高法院的首席大法官。

然而，与性子火爆的施坦顿比较，柴斯仅仅是一只温顺的小猫。施坦顿体壮如牛，秉性如凶猛的动物一般凶狠残酷。

施坦顿生性鲁莽、性情怪僻。他的父亲是一位医生，在施坦顿小的时候，他在谷仓里悬挂一副人体骨架让施坦顿把玩，为的是让他玩儿的时候了解人体结构，在长大以后当一名医生。稍稍长大以后，施坦顿贪玩打闹，没个安静的时候，还和伙伴们大讲人体结构、地狱之火和大洪水。到后来，他出走俄亥俄等地，去书店给人打工，住在私人家里。一天上午他出门时间不长，房东家的女儿因染上霍乱而去世。晚上当施坦顿回家时，房东的女儿已经被安葬好长时间了。施坦顿被惊得无法相信已经发生的事。

他非常担心房东把女儿活埋了，急急忙忙找来铁锹，去墓地不顾一切地挖了好几个小时，直到把那女孩子的尸体挖出来为止。

几年以后，他的女儿露茜去世了，受到刺激的施坦顿伤心绝望。虽然他女儿长眠地下有十三个月之久，但他还是将女儿的尸体挖了出来，安放在他的卧室里一年多。

太太去世后，施坦顿每到夜晚休息的时候，都将亡妻用过的睡帽和睡袍放在他的身边，有时候面对太太的遗物哭泣不止。人们对他的这种举止感到很惊讶，有人说他已经半疯了。

林肯和施坦顿的相识源于处理一桩有关专利的案件，他俩和费城的乔治·哈定一同受雇为被告的辩护律师。对于案情，林肯曾经认真仔细地做过研究，而且也做了精心的准备，想要好好地做一番发言。然而施坦顿和哈定觉得和他在一起有辱声誉，因此他们冷落林肯，还羞辱他，问案时，把林肯晾在一边，故意不让林肯说话。

林肯把写好的发言稿交给他们，他们认为那是一文不值的垃圾，放在一边，看都不看一眼。

去法院时，他们不愿意和林肯同行，也不邀请林肯去他们的住处，甚至也不愿与林肯同桌吃饭。他们就像对待社会地位低下的难民乞丐一样对待林肯。

施坦顿甚至当着林肯的面，对别人说："我不愿意跟那么一个笨拙的长臂猿往来。在办案时，和我一起共事的人如果外表没有绅士的风度，我宁愿放弃这个案件的办理工作。"

林肯说："以前，还从来没有人这样粗鲁残忍地对待过我，施坦顿是第一个人。"因为不断地被人侮辱打击，林肯只有回家了，他的精神陷入了难堪而又可怕的忧郁之中。

林肯当选总统之后，施坦顿更加轻视和厌恶林肯。他说林肯是"一个令人厌恶的白痴"，到处宣扬林肯不具备管理政府的能力，应该推翻他。施坦顿还一再地带着嘲弄的口吻说，杜·谢吕（当时美国的生物学家）何必跑那么远的路，去非洲找什么大猩猩呢，太愚蠢了，此刻大猩猩正在白宫挠痒痒呢。

施坦顿在写给布坎南的信中，粗暴地攻击总统，其措辞无礼恶毒，不堪入耳。这一切在此无法言说。

林肯就任总统十个月后，发生了一件令国人愤怒的丑闻：有投机分子签订不实的战争防御合同，从中牟取暴利，使政府损失几百万美元！

除去这些麻烦之外，林肯和战争部长西蒙·卡梅伦就武装奴隶的问题上意见相左，分歧很大。

于是林肯要求卡梅伦辞职，这就是说林肯必须任命新的战争部长。林肯很清楚，国家的未来将因他的选择而定。他心里也明白什么样的人选更为适合这一职位。所以林肯对他的一位好友说"我已决定抛却我个人的自尊和架子，任命施坦顿为战争部长。"事后证明，林肯的这一任命是他的政治生涯中最为恰当的决定。

施坦顿主持下的战争部一扫过去的疲软风气。他一旦出现在办公室，那些职员们诚惶诚恐，唯恐做事不到位。他疯狂地工作，夜以继日，连家都不回，办公室就是他的家，看着这些东游西逛、敷衍了事而又无能的蛀虫们，施坦顿怒火冲天，这帮窝囊废们迎来了施坦顿霹雳般的严惩。

　　还有那些嘴头子说三道四的国会议员，施坦顿丝毫不留情面地给予斥责；那些不讲信用而又奸诈的承包商，施坦顿给予无情地痛击，并从他们那里追讨损失。宪法在他眼里不算什么，无论是其他官员还是将军，一旦犯错，不经审判，一律投进监狱，蹲几个月。对麦克莱伦，施坦顿训斥起来就像是给军团训话。他要求麦克莱伦必须迎战，并命令"禁止波多马克军中喝香槟、吃生蚝"。他严控所有电报通信设施，保证林肯能够不受限制地向战争部收发电报。军中大小事务由他一人统管，不经他的准许，即使是格兰特的任何一个命令，都不能下达到副官办公室。

　　施坦顿的身体实际上不是很好，他的头疼病已经折磨他很长时间了，而且还患有哮喘，肠胃也不怎么好。

　　但是，施坦顿抛开了一切，他就像一台动力充足的发电机，激情四射，充满活力，为使南方各州不脱离联邦而大刀阔斧地拼搏、出击。

　　同样为了实现国家统一的目标，任何屈辱林肯都能忍受。

　　一天，有位国会议员劝说林肯总统，下令禁止施坦顿调动某些军团的兵力。这位议员得到准许后，拿着总统的命令跑到战争部，将它放在了施坦顿的办公桌上。施坦顿看到这样的命令后，厉声说道：他不会听从这样的命令。那位议员抗议道："你想清楚了，这可是总统的命令。"

　　施坦顿可不这样看，他反驳说："总统如果下达这样的命令，那他简直就是白痴。"

　　那位议员赶忙跑回去告诉林肯，心想这回林肯一定会生气，愤而将施坦顿革职。

然而没想到的是，林肯在听完议员的话后，两眼一亮，并且说："施坦顿如果说我是白痴，那我肯定是，他常常是对的，我得亲自去看看他。"

林肯真的去了战争部，拜谒施坦顿。施坦顿对他进行了分析，指出了命令的错误之处，这让林肯很信服，于是林肯撤回了那道命令。林肯知道，施坦顿最不喜欢别人的干扰，因此他通常都让施坦顿自己做主。

林肯说："我不能给施坦顿增添麻烦，他应对的是现今最困难的事情。军中那成百上千的人，因为他们的职务没有晋升而埋怨他；还有成百上千的人因为没有任职而责难他。我们无法估量他所承受的压力，那种压力没有止境。他就像海岸上的一块磐石，经受浪涛无尽地冲击，他抵挡狂涛对大地的浸淫。他竟然能活下来，没有被摧垮！没有他，我肯定完蛋了。"

不过有时候，林肯也会立场坚定一次。他会瞅准机会出击，这时如果"老战神"施坦顿说他不想做某件事，林肯便会静静地说："部长先生，我认为你必须做，我已经决定了。"结果呢，当然是施坦顿乖乖地去做了。

有一天，林肯签发了一份命令："不要用'如果'、'而且'、'但是'，现任命艾略特·W.莱斯上校担任联邦军准将——亚伯拉罕·林肯。"

又有一回，林肯给施坦顿写信，要求他给某人任职，他写道："无论他对恺撒大帝的头发长成什么颜色是否知道，都要任命他。"

到了后来，最初那些像施坦顿、苏厄德等蔑视甚至辱骂林肯的人，都慢慢地明白林肯是多么令人敬畏，他们开始尊敬他。

当林肯奄奄一息，躺在福特戏院对门的一栋公寓里的时候，曾经骂他为"令人讨厌的蠢蛋"的铁腕施坦顿说："这里躺着一位有史以来最完美的统治者。"

林肯的一位秘书叫约翰·海，他生动地记述了在白宫时林肯的工作情形：

"他的工作不讲究方法。我和尼克莱在四年的时间里竭尽全力使他适应一些程序化的规则，但是有些规章制度刚立好，他又马上打破了。虽然民众有时候向他提出无理要求甚至无理取闹，几乎气死他，但任何阻止他和民众接近的规定他都不会接受。

"他很少写回信，对收到的来信，他几乎很少看，五十封中都难得看一封。刚开始，我们尽量将信件送交给他，但最后他把信还是退到我这儿。阅读信件和回复都由我来承担，以他的名义写的回信他都不看就签上他的名字。

"一个星期他大约写六封信，绝不会超过这个数。

"如果在华盛顿以外有什么烦琐的事务需要总统处理，他就会让我和尼克莱去处理。

"总统晚上一般是十点到十一点之间开始休息，第二天起得很早。在他住在乡下的士兵营房时，八点以前起床洗漱，用早餐。他的早餐十分简约：一个鸡蛋、一片面包、一杯咖啡。用完早餐后骑马前往华盛顿上班。到冬天，他一般住在白宫，那时他起得不是那么早，他睡眠不是太好，只是躺在床上而已。

"在冬季，总统中午只吃一块饼，再喝一杯牛奶，在夏天，他就吃些水果之类的……他的饮食有度，也很节俭，我所认识的男人中间他是吃得最少的一位。

"总统只喝水，除此以外他不喝饮料，这并没有什么特殊原因或者严于律己，仅仅是不喜欢喝别的东西。

"有的时候，他需要稍事休息，这时他会去听演讲、听音乐会，或者观看戏剧表演。

"总统很少阅读报刊。有时候我会提醒他，让他注意某篇文章比较特殊。他经常会说：这事他们都没我清楚。说他是一个谦虚之人，简直就很荒谬。伟人从来都不谦虚。"

解放黑奴

现在，假如你随意问一位普通的美国人，为什么发生南北战争？几乎每个人都会答道：是为了解放黑人奴隶。

原因果真如此吗？

那就让我们看看这几句话。这是林肯在其第一次就职演说时讲过的话：

"我没有想着去干涉现有的蓄奴州的奴隶制状态，不管是直接或者间接，我认为依法而言我没有这样的权利去做这样的事，我也无意这么去做。"

实际上，在战争延续了十八个月，在炮声隆隆、硝烟弥漫、伤残者苦苦呻吟的时候，林肯才签署发布了《解放黑人奴隶宣言》。那段时间里，一些激进派认识和废奴主义者几次三番催促林肯立刻采取行动，为此他们通过媒体猛烈地攻击他，通过公开的演说指责他。

有一次，华盛顿来了一个芝加哥牧师代表团，他们声称他们带着上帝神圣的命令：要求立刻解放奴隶。而林肯对他们说："上帝如果要下令，一定会直接下达到司令部，不可能将命令绕道芝加哥传来。"

霍勒斯·格里莱对林肯的拖延不动而感到非常气愤，又在废除奴隶制一事上没有行动而无法忍受，于是他写了一篇题为《两千万人的祈祷》的文章对总统进行了攻击，文中充满了愤怒和尖刻的抱怨之情，这篇文章整整占去了报纸的两个版面。

对格里莱的文章林肯给予了回应，这一回应其经典程度使之后来成了战争名篇——内容简练明快，活力四射。结尾部分令人难忘：

　　这场战争的最高目标不是保全或者废除奴隶制，而是挽救这个联邦国家免予分裂。如果无须解放一名奴隶，可使这个国家统一，我愿意这样做；如果解放所有的奴隶才能拯救这个国家，我也愿意这样做；如果解放部分奴隶留着部分奴隶也能拯救这个国家，我同样愿意这样做。我相信，我为奴隶制和有色人种所采取的措施能拯救这个濒临分裂的国家于危难之中；我也相信我在某些方面的容忍能挽救这个国家的统一。我认为，当自己的作为有损于这一最高目标时，我就少做一些；相反如果多做对目标有利时，我会多做一些。当出现错误时，我就努力去改正；而某些观点被证明是正确的，我会立刻采纳。

现在我依据职责所在阐述自己的观点，我个人经常表达："愿天下人都应该获得自由。"我的这一愿望我无意修正。

林肯相信，假使他能保全这个联邦国家的统一，又能遏制奴隶制蔓延，那么奴隶制度终究会自然消亡。但如果这个国家一旦因分裂而被摧毁，那奴隶制将会延续好几百年。

有四个蓄奴州与北方站在同一条战线上，因此林肯十分清楚，他如果过早发布《解放黑人奴隶宣言》，无疑会将这四个州推到南方联盟中去，从而使南方的力量得到加强，甚至导致国家最终分裂。当时，流传着这样一句话：林肯希望上帝站在他的一边，但同时肯塔基也不能放手。

因而，林肯行事谨慎，他在等待时机的到来。

林肯的岳父家是南部拥有奴隶的家族，他太太收到的处理她父亲地产的收益中，有一部分是拍卖奴隶而赚取的。而他的密友乔舒亚·史皮德家里就蓄养着不少的奴隶。对南方人林肯本人持同情立场。而且他也是一名律师，他尊重宪法、法律和财产权。他不希望在他执政时苛待任何一方。

林肯认为，奴隶制问题发生在美国，南北双方都应该承担责任，都应该受到指责；要消灭奴隶制，需要双方共同努力，共同承担责任。最后，他很快草拟了一份自己认为很满意的计划。按照这一计划，如果奴隶主愿意，每释放一名奴隶，便可得到400美元的补偿金，而奴隶经过一个逐渐而缓慢的解放过程，可以至

1900 年 1 月。林肯将各边境州的代表们召集到白宫来一起商议，真诚地请求他们接受他的计划。

对此计划，林肯解释道："这种温和渐变的过程就像温润的露珠一样，它不可能有损任何东西，难道你们不赞成吗？过去的时日，我们做得很少，如今看来没有一件事可以带给我们如此大的益处。愿上帝保佑，听凭天意，这正是你们做好事的时候。愿你们心智明晰，不要错过美好的未来，否则你们将会后悔！"

然而那些代表们完全拒绝了林肯的计划，这让林肯感到非常失望。

林肯说："我必须尽力保全联邦政府，我可以告诉大家，并且会让民众相信，作为战争的一方，我绝不会投降，我也不惜任何必要的攻击手段，我相信，解放奴隶、武装黑人已经是目前军事上必要的措施。我必须在废除奴隶制和联邦解体之间做出选择。"

作为总统，林肯只能立刻采取行动，法国和英国正在紧锣密鼓地筹备承认南部邦联的活动。这是为什么？原因很简单！

先说法国吧，拿破仑三世娶了被认为是当时公认的世界最美的女人女伯爵玛丽·尤金妮为妻，他想在妻子面前炫耀一番。除此之外，他还想效法他的叔叔拿破仑·波拿巴耀武扬威，成就盖世武功。在他看来，美国南北各州忙于互相残杀，无暇顾及和维护"门罗主义"原则。他于是派了一支队伍进入墨西哥，枪杀了几千名土著居民，征服了这个国家，从此墨西哥被纳入法属帝国，又扶植马克西米利安大公登上皇位。

拿破仑三世认为，南方联盟如果获胜，那么他在墨西哥的势力就可以稳固，如若北方取胜，美国联邦就会马上采取行动，插手南美事务，把法国势力赶出墨西哥。因此，拿破仑三世当然希望南部各州取胜而脱离美国联邦，他也很乐意给予南方一定的帮助，助其成功。

战事一开始，北方的海军立即对南方的所有港口进行封锁，189 个码头都有驻军把守，15473 千米的海岸线以及海峡、港湾河流都有守军巡逻。这在当时堪称世界上空前的军事封锁工程。

面对如此情形，南部联盟感到十分沮丧和绝望。他们眼瞅着卖不掉棉花，也不能购得枪支弹药、医疗药品、衣物和食品。他们用煮板栗或者棉花籽来充当咖啡，因为没有咖啡豆；他们也只能熬黑莓叶和黄樟根汤来当茶喝，因为没有茶叶。发布的新闻印在墙纸上。没有食用盐，他们把肉房里烤肉时的油滴浸过的地板撬起来，与被烟熏得乌黑的屋子里的尘土一起泡煮，以提取点盐粒。教堂的钟也被送进熔炉熔化，然后铸造大炮。里士满的街车都被拆卸，拼装舰船，用于军事。

南方联盟无从买到新的装备，无法修铁路和整顿运输，境内交通几近瘫痪。佐治亚州一桶 2 美元的谷物在里士满可以卖到 15 美元。整个弗吉尼亚人都在挨饿。

为摆脱严峻局面，解决燃眉之急，他们必须采取行动。因此南方向拿破仑三世提出条件，说拿破仑三世如果承认南方联盟，并用法国舰艇开道，解除封锁，南方各州将给他价值相当于一千两百万美元的棉花。除此以外，还答应将有大量的订单给拿破仑三世，这可以使法国的每一座工厂不停地运转起来。

于是，拿破仑三世开始教唆俄国和英国与他一起承认南部联盟。英国的贵族统治者们激动地听完拿破仑鼓动后，调整了他们的目标。因为那可是不断走向富裕和强大的美国，他们怎么会高兴呢？怎么不眼红呢？他们当然乐于看到这个国家分裂解体；而且，棉花对他们来说也是必需的。英国的工厂已经关门歇业的有很多家了，上百万英国人失业流离，无事可干，而且穷困潦倒。大批的孩子哭喊着要东西吃，因饥饿而死的人成百上千。为英国人募捐食物的单子发向各地，甚至在世界最偏远的印度和中国都有人去为英国人买食物。

对英国而言，想得到美国的棉花只有一个办法，也是唯一的可行的，那就跟着拿破仑三世，承认南方联盟，并解除航道封锁。

如果真是这样的话，美国联邦会有什么样的命运呢？毫无疑问，南方人将会得到枪支弹药、铁路设备、贷款、食物，他们的士气和信心将会大振，斗志将会高涨，然后最终脱离联邦，继续保有奴隶制。

而北方会得到什么呢？两个强大的新对手，将使原本非常糟糕的情势无可挽回，不可收拾。

林肯比任何人都明白这一点。在 1862 年，他坦承："该是我们打出最后一张牌的时候了。我们必须改变策略，否则将会满盘皆输。"

在英国人看来，那些地方原来都是他们的殖民地，都是从他们那里独立出来的，现在是南方殖民地与北方独立而治的时候了，北方正在用战争的方式强迫他们。不管伦敦的那帮爵爷还是巴黎的王子，对他们而言，田纳西和得克萨斯是接受华盛顿政府统治，还是由里士满统治，一点区别都没有，战争就是狂人们的冒险，进行这场战争毫无意义可言。

卡莱尔在给林肯的信中写道："在我看来，这个时代所发生的战争中没有一场比这场战争愚蠢了。"

林肯认为，他必须让欧洲改变对这场战争的看法，他十分清楚怎么做。《汤姆叔叔的小屋》这本小说，欧洲人中有一百万人读过，他们边读边流泪，他们从中了解到奴隶制度带给人的痛苦和不义。因而亚伯拉罕·林肯相信，他如果签署颁布《解放黑人奴隶宣言》的话，那将会使欧洲人对这场战争的态度大大改变，双方不再因为欧洲人不关心的联邦是否解体的问题而斗得你死我活，相反，战争将会上升为消灭奴隶制的正义之战。这样的话，欧洲各国将不敢贸然承认南方联盟。公众舆论必将站在北方一边，而绝不会容许他人帮助一群用武力延续奴隶制的人。

于是，在 1862 年 7 月，林肯终于决定发布宣言。然而这时，麦克莱伦和波普接连兵败，因而苏厄德认为发表宣言的时机不太好，他向总统建议，应当在联邦军队取得不断胜利时再发表。

苏厄德的提议看似很有道理，于是林肯静候良机。两个月之后，传来了胜利的消息。林肯召开内阁会议，全体讨论发布自《独立宣言》以来美国历史上最著名的历史性文件。

这一时刻是庄严的最具历史性的。然而林肯显得并不是那么庄严肃穆，不管什么时候，只要有一则优美的故事，他都乐于和别人分享。林肯有睡觉前看书的习惯，他经常会带一本阿蒂默斯·沃德的书上床，看到有幽默的小段，他就会下床披上衣服，穿过白宫的厅堂，到秘书们的办公室里去，把幽默讲给他们听。

在内阁开会讨论《解放黑人奴隶宣言》的头一天，林肯刚刚拿到了沃德的作品，读了一则故事，林肯觉得很是幽默滑稽，于是在会开始之前，他讲给大家听。这则故事的篇名是："乌蒂克城的专制行径"。

林肯和他们一块儿大笑之后，将书放在一边，然后很严肃地说："叛军在弗雷德里克的时候，我已经决定必须将他们驱逐出马里兰州，立即发表《解放黑人奴隶宣言》。这件事我没有向任何人说起过，但我答应过自己，也向上帝起誓。如今叛军已被赶走，该是我履行诺言的时候了。我写的文稿大家已经听过，今天召集大家来，是希望大伙提提建议和忠告。大方向我已经决定了，我写的东西都是我真实的决定，是经过深思熟虑的。不过在语调措辞和其他细节方面，诸位中有觉得应该改一改的，请提出来，我乐于接受各位的建议。"

苏厄德建议稍微改一改措辞，几分钟之后，他又提出了另一个修改建议。

林肯问他为什么不将两个建议一并提出来。但他紧接着停止了讨论《解放黑人奴隶宣言》，讲了一个故事，他说有个印第安人告诉他的农场雇主，他的一头公牛死了。等过了一阵子，过了一会儿，雇工又对雇主说又有一头公牛死了。

农场雇主问他："你怎么不一块儿告诉我两头牛都死了呢？"

他回答道："噢，我怕您听了过于伤心，所以我不想同时告诉您太多。"

1862年9月，林肯向内阁提交宣言草稿，但是要等到1863年1月1日，宣言才正式生效。在12月国会开会时，林肯请求国会对他给予支持，在讲话中讲了他一生中非常壮丽而又充满诗意的话。

在说到联邦国家时，他讲道："就这个世界上最后最美的希望而言，我们只能选择：是高贵而神圣地保全她，或是卑鄙地失去她。"

1863 年 1 月 1 日，林肯在白宫和前来的访客们握手言欢好几个小时。到了下午接近黄昏时分，林肯回到办公室，准备签署《解放黑人奴隶宣言》，但是迟疑一会儿后，他转身对苏厄德说："假如奴隶制没有错，那么这世上就没有任何错误的事了。至此，我觉得我这一辈子从未像现在一样更加确定自己做了一件最正确的事。从早晨 9 点钟开始我一直接见访客，一直都在和客人握手，我的手臂都僵硬麻木了。但这份签名可需要经受严格考证，是会被人密切注意的，如果他们从我的笔迹看出我的手有些发抖，他们一定会说：'他好像有点不安和后悔。'"

他让手臂休息了一会儿后，才慢慢地将他的名字签在了文件上，从此 350 万黑人奴隶获得了解放。

当时这份宣言并未得到欢迎和认同。林肯的亲密朋友、最强有力的支持者奥维尔·H. 布朗宁说道："唯一的结果是南方因此而更加愤怒更加团结，而北方则意见不一，分裂散乱。"

军队中发生了叛乱。一些入伍从军，为拯救联邦而来的人发誓说，他们不会为黑人而作战、也不会卖命而让黑人享有与白人同等的地位。士兵们中成千上万的士兵逃离军营，各地兵员的补充也成了严重的问题。

曾经给予林肯信任的平民百姓也使他大为失望，几乎弃他而去。秋季大选，他彻底失败，就连他的家乡伊利诺伊州也抛弃了共和党。

屋漏偏逢连夜雨，选举失利之际，战场上的灾难性挫败接踵而来——伯恩·赛德在弗雷德里克堡攻击李将军的鲁莽蛮干，导致了超过 13000 人的折损。这真是一次愚蠢而徒劳的牺牲。类似的情形已经持续长达十八个月之久，难道毫无止境吗？举国惊心，人民绝望透顶了。到处都充斥着对总统的猛烈抨击，他败了，他的将军败了，他的政策也失败了，民众再也没有耐心承受这一切。就是参议院里的共和党人也起而指责林肯，他们要求林肯滚出白宫，要求林肯改变政策，解散内阁。

这是令人深感屈辱的打击。林肯自己承认，这一刻是他的政治生涯中最为灰暗的时刻。

林肯说："他们想赶走我，而我真想满足他们的愿望。"

霍勒斯·格里莱如今也对他在 1860 年强行促使共和党提名林肯一事深感痛悔。

他说："这是一个错误，是我平生犯下的大错。"

格里莱纠集另一群共和党精英人物发起了一场运动，目的是逼迫林肯辞职，扶植副总统哈姆林上位，主事白宫，然后让哈姆林听命于他们，将联邦军的指挥权交由罗斯克兰斯掌管。

林肯坦承："现在的我们已经濒临毁灭的边缘，我都觉得连神圣的上帝都在和我们对着干，我几乎看不到一点希望。"

他的几句话

到了 1863 年春天，战场上不断的胜利鼓舞着南方军，李将军也沾沾自喜，于是他决定向北方发起总攻。他制订的作战计划是，夺占富庶的宾夕法尼亚生产中心，为其衣衫褴褛不堪、缺少食物的将士们取得衣物、食物以及药品等，形势可喜的话还可一举拿下华盛顿，从而迫使英法两国承认南方联盟。

这不能不说是一场大胆而冒险的行动！南方联盟自夸称，他们的一个士兵可以战胜三个北方佬，对这一点他们深信不疑。因此，当将领对他的兵士这样讲：只要占领宾夕法尼亚，你们每个人每天都可以吃两顿牛排的时候，士兵们表现得迫不及待，巴不得立刻行动。

当李将军就要离开里士满时，他接到了来自家乡的一封令人忧虑的信：信中说他的一个女儿因为看小说被老师抓住了。这件事让这位李将军非常烦恼，他回信向女儿恳求，要她在闲暇时间多读一些诸如柏拉图、荷马等古典名家之作以及普鲁塔克的传记类著作。写完回信后，李将军像往常一样诵读《圣经》，然后双膝跪地做祈祷。接着熄灭蜡烛，在满是蜡烛味道的青烟伴随下进入梦乡。

不久，他率领七万五千将士出征北方，波多马克军被饥饿的南方军打得大败，举国惊恐，陷入慌乱之中。农民们驾着马车，赶着牛羊、马匹纷纷向坎伯兰山谷逃去；而黑人震惊得目瞪口呆，四处奔逃，他们更是怕再次沦为奴隶。

李将军的炮火已经抵近哈里斯堡，忽然得知联邦军要切断南方联盟的后方补给线的消息。这时，李将军火冒三丈，他就像一头愤怒的公牛一样，要调头用角猛抵紧追它的狗。就是在宾夕法尼亚一个静静的小村庄，公牛和狗相遇。这个地方叫葛底斯堡，那里有个神学院，南北两军展开了美国历史上最著名的战役。

在头两天的激战过后，联邦军损兵折将达两万余人。到了第三天，李将军调整了战略，他希望乔治·皮克特将军率领新增的将士一举歼灭联邦军队。

至此，他和将士们一直在围墙后面和深山密林之中作战。现在，他计划发起猛攻，勇往直前。

但是他的手下，最得力的干将朗斯特里特将军对他的决定感到十分惊慌。

朗斯特里特惊呼："我的上帝啊！李将军您看看，我们和北方佬之间存在着那么多无法克服的障碍：山峦陡峭，枪支大炮密集，还有坚实的防御工事。而我们却要用步兵对抗他们的炮兵。看看我们要前进的战场，有将近 2 千米地方毫无屏障，正处在他们的手榴弹和子母弹攻击的范围之内。我没听说过，能用一万五千人的兵力一举拿下哪个战场。"

然而李将军决心已定。"在以前，军中从来没有出现过这样优秀的展示，如果能很好地指挥，他们就能够攻克艰难，无往而不胜。"

李将军固执己见，也使他在其事业生涯中付出了最为惨痛的代价。

南方联军已经在神学院山脊集中布设了一百五十门大炮。今天如果去葛底斯堡参观，仍然可以看到纹丝不动地摆在那里的大炮，还保持着那个致命的 7 月天下午的模样。那时，由这些大炮织成的掩护网应该说所向无敌，其密集程度也前所未有。

这时，李将军的判断力不及朗斯特里特。朗斯特里特认为，这种进攻只会造成无谓的牺牲，不会有所收获。他低头掉泪，不愿意发出命令。结果由另一位将领取代他，下令进攻。朗斯特里特只能听命交出指挥权，结果导致了一场最精彩也是最悲惨的一次军事失败。然而让人难以置信的是，那位率领南方联盟向联邦军队发起进攻的将领却是林肯的老朋友，实际上，是林肯促成了他进入西点军校。此人叫皮克特，他留着一头金棕色的长发。他是个性情中人，即使在战场上，他都坚持每日写一封情书，而且语言透着如火的热情。有一天下午，这位皮克特头上斜顶着将军帽、神情自得地来到塞米纳里山脊他那士气高昂的兵士面前的时候，这些兵士们欢快不已。他们列队排排，挥舞着军旗，枪上的刺刀在阳光下闪着寒光。如此壮观威武的宏大场面，让他们兴奋，就连联邦军队看见后也会赞叹羡慕。

皮克特率领军队跑步前进，越过果园、庄稼地，穿越草地，跨过深谷小溪。皮克特的军队作战时总是以大炮开路。这时，将士们勇猛向前，势如破竹，不可阻挡。

当然这时，隐蔽在塞米纳里山脊城墙背后的联邦军队站起来，向着没任何防备和防卫力的皮克特军队发起了连续而猛烈的炮击。交战的整个山顶战火弥漫，变成了名副其实的屠宰场，活像一座喷发这熔岩的火山。几分钟之后，皮克特的指挥官只有一人幸存，而五千士兵中倒下了五分之四。

康伯指挥的官兵有一千人倒下，而加内特的手下也损失达千人；在灼人的烈焰和弥漫的硝烟中，阿米斯蒂德指挥着残存的将士冲过石墙和炮台，率兵做最后一战，他登上城墙，将帽子挑在佩剑尖上，挥舞着大呼道："勇士们，给他们点儿颜色看看！"

战士们听从命令，他们越过石墙，与敌人兵刃相搏，奋力作战，最终将南方军的军旗插在了塞米纳里山岭上。

然而，旗帜在阵地上只飘扬不到一会儿，时间很短，但是这也是南方军队在作战中的最高潮了。

皮克特指挥下的这场英雄式的攻击虽然辉煌，虽然英勇，但却是南方联盟的战斗走向失败的开始。李将军败了，他自己开始明白了，南方军队的劫数已定，北方是他们无法逾越的，南部联盟的末日已经来临。

皮克特率领的将士经过激烈的战斗以后，损伤严重，士兵们遍体鳞伤，开始急匆匆地挣扎着撤出充满死亡的战场。李将军亲自骑着战马前去迎接，为鼓舞士气，他带着一点比较庄严的口吻向他们表示慰问，同时他自责道："这一切都怪我，是我输了这场战斗。"

7月4日晚上，李将军下令军队开始撤退。当时下着瓢泼大雨，在他抵达波多马克河时，大雨使河水暴涨，他和他的军队无法渡河，这条河流挡住了去路，他们无法前行，陷于前无去路，后有追兵的境地：刚刚获胜的敌军对他们紧追不放。看来他们只能听由梅德的摆布了。

面对这样的战果，林肯非常满意。他相信，现在联邦军队将会乘胜追击，从李将军的侧翼和后翼发起猛攻，并一举歼灭残余敌军，尽快结束战争。然而，假如格兰特那时在场的话，可能的结果就是林肯想要的。

但是，一身学究气而又自负的梅德，身上没有一点大炮勇士格兰特的勇气。林肯在整整一个星期里，反复催促梅德发起追击，然而梅德胆小谨慎，总是小心翼翼。他从心里就不想打仗。在犹豫不决中，发电报找各种借口，抗命不遵，还组织了一帮人成立了一个所谓的"战场委员会",与林肯的命令对抗。无动于衷一周,什么事儿都不干,等大水退去,李将军率大队人马早已逃之天天。

林肯被彻底激怒了。

他大声嚷道:"这是怎么了? 天哪! 这什么意思? 敌人已经在我们的控制之下,伸伸手就可以完全制服他们。可无论我怎么说,怎么命令,军队就是不采取行动。那是任何一位将军都能击败李将军的情形。我当时如果在场,我自己也能击溃他们。"

林肯的失望到了极点。他坐下来写了一封信给梅德,他说:

> 亲爱的将军,我相信对李氏的逃脱您是不可能了解它有多么不幸。就在我们的控制之下,击败他轻而易举,加之近来的战绩,就可以很快结束这场战争。然而现在,战争无疑将会延长。您在上星期一,已经没能成功击败李氏,那么等您到了波河南岸的时候,兵力只有当时的三分之二多一些,拿下他,您能做到吗? 我如今没有理由对您抱有多少期待,我也不指望您还能成就此事。您的大好机会已经失去了。为此,我痛心至极。

写完这封信后,林肯茫然地向窗外望去,心中暗暗地想:"假如我站在梅德的位置上,与他有着同样的脾性,又听了性情胆怯的下属不断提出的忠告;假如我和梅德一样,常常夜半醒来看到鲜血成河,也许我也会放弃追击,任由李氏逃走。"

这是一封没有发出的信,梅德自然从未看过。在林肯去世后,整理他的遗物时才发现了这封信。

葛底斯堡战役发生在 7 月的第一个星期。激战过后，战场上留下了大约六千具尸体和两万七千名伤残者。炎热的天气下，教堂、学校和粮仓都改成了收治伤残者的地方，四处都是痛苦的呻吟声，每时每刻都有人死去，暑气逼人，尸体开始腐烂，埋葬工作在加紧进行，常常只在尸体上盖一点土，最后有许多联邦军将士的尸体集中在一个地方掩埋起来。但是，遇到大雨后，许多尸体被水冲得暴露在外，这使得政府不得不将这些尸体重新埋葬。到第二年秋天，公墓委员会决定举行一场神圣的送葬仪式，为烈士们送葬，并请来美国最著名的演说家爱德华·埃弗里特致悼词。

他们还邀请了总统、内阁成员、梅德将军、国会两院的议员、还有一些名流和有名望的市民，以及外交使团成员参加仪式。但是，很多人都没去参加。

公墓委员会根本没想到总统会前来出席送葬仪式。实际上，委员会并未给总统直接发去信函，只是发去一张印刷卡片，他们以为，总统的秘书们根本不去看，会直接扔进废纸篓里，总统不会看到它。

因而，当总统回信说他将会出席仪式时，公墓委员会感到非常吃惊，而且还有些惴惴不安。他们不知所措，需要怎么做呢？请他讲话？有人说他很忙，没时间准备讲稿；而另一些人则够坦诚的，他们说：即使他有时间准备，但具备那样的能力吗？

当然，为在伊利诺伊拉选票而发表政治演说，他有能力；但要在这样神圣的葬礼上讲话，估计不行，因为那不符合林肯的文风。然而不管怎样，总统要来，他们无法拒绝，那就得做点什么。

于是他们给总统回信说：在葬礼上埃弗里特先生将发表演说，在这之后，请总统先生也适当地讲几句话。他们就是这样说的——"适当地讲几句话"。

这简直是一封带有侮辱性的信函，然而总统依然接受了。为什么会这样呢？这其中涉及一件有趣的事。上年秋季，林肯曾到过安蒂特姆战场。一天下午，他和他的伊利诺伊老友沃德·拉蒙骑马外出，他让拉蒙唱被他称为"哀伤小调"的曲子，那是林肯的心爱之曲。

拉蒙说："在伊利诺伊巡回办案和白宫的时候，我常常在和林肯单独相处时吟唱这首简单的家乡小调，每当此时，林肯眼中总是充满着泪光。"

这首小调的歌词是这样的：

汤姆，我流浪到村庄，

我正坐在学校的操场上那棵为我遮凉的树下，

我们孩童时的记忆在那儿；

但是，汤姆，没有人来迎候我，

二十年前谁陪伴我们在绿荫下玩耍，

他们如今在哪儿？

在小溪旁的榆树上你知道我刻下了你的名字，

下面再刻上你心仪之人芳名，

而你也同样对待我。

但是，那些可恶的坏蛋剥掉了树皮，它慢慢地枯死而去，一如你二十年前刻下芳名的那个人。

汤姆，我的眼泪早已流干了，

可泪水又浮上了眼眶；

我想起了深爱的她，

那根爱弦早已折断；

我手捧鲜花探访墓地，

那是二十年前我们心上人的安眠地。

当拉蒙吟唱这首小调时，林肯大概会想起他唯一深爱过的女子安·鲁勒吉，想到她孤零零地长眠在伊利诺伊州大草原清冷的荒冢里。这种辛酸而痛苦的回忆闪电般划过脑际时，林肯已经泪流满面。拉蒙为了让林肯摆脱悲痛的折磨，他就会再唱一首幽默的黑人歌曲。

这本身是一件简单而又无伤大雅的巧合之事。"哀伤小调"与黑人歌曲之间没有什么关联，唱它们更没什么恶意。然而，林肯的政敌们却横加歪曲，添油加醋，说它粗俗下作，还想说它是国家的耻辱。将近三个月里，纽约的《世界》报每天登载这件事的各种说法。人们抨击林肯没人性，说在大队人马忙着埋葬烈士的时候，而他却在现场说笑，唱滑稽歌曲。

实际上，他既没有说笑也没有唱歌，这件事发生时，林肯也不在场，当时所有的死者早已下葬，而且大雨好几次冲刷了坟墓的泥，这就是事实。但是，他的政敌们不需要事实，他们需要的是流血和战争。所以，全国对林肯的抨击声浪此起彼伏。

　　这深深地伤害着林肯，他无法忍受这种无端的责难和攻击，然而他觉得自己不能去辩解和反击。因为他清楚，任何辩解和反击只会让政敌的分量更强大，会抬高政敌的形象，所以他只能默默承受。当接到去葛底斯堡纪念仪式上发表演说的邀请函时，他高兴地接受了邀请。因为这正是他所渴望的能够让政敌闭嘴，向死难者致敬，从而表达他谦恭情怀的机会。

　　接到邀请函的时间比较晚，他在只有短短的两周时间内准备好演说稿。实际上是在忙里偷闲中准备的——他利用起床穿衣或更衣时，刮胡子时，吃午饭的间隙，往返于斯坦顿办公室和白宫之间时，甚至在战争部的皮沙发上等待新电报时，他都在推敲演说词的内容。他把初稿写在一张浅蓝色的洋纸上，再塞进帽子里走来走去。在发表演讲前的礼拜天，他说："演讲稿我重写了好几遍，但还没有写完。我还要再改一改才能放心。"

　　林肯在举行纪念仪式的前一天抵达葛底斯堡。原来仅有一千三百人的小镇，如今一下子挤进了将近三万人，可谓人满为患。当时天气晴朗，夜色宜人，皎洁的明月高高地悬挂在天空。成千上万的人只能在小镇上走来走去，等待天亮，而只有少数人能找到休息的床铺睡觉。人行道上挤满了人，堵得无法通行，人们手挽手在尘土飞扬的街道上蠕动，嘴里唱着："约翰·布朗的身躯在墓中腐朽。"

　　为了第二天的演讲，整个晚上林肯都在修改演讲稿。11点时，他去隔壁苏厄德的办公室，向他大声朗读讲稿并请他提出修改意见。第二天用过早餐后，林肯继续做讲稿的修改，直到那敲门提醒的声音传来，他才想起来该停笔，启程去公墓了。

　　纪念仪式正式开始的时候，林肯坐得笔直，时间不长他的身子开始向前倾斜，脑袋慢慢地垂在胸前，修长的手臂懒散地吊在身体两边，他陷入了深思，他在想演讲稿的事，要对讲稿再修正一次。

　　纪念仪式上特邀的演说者——爱德华·埃弗里特，却犯了两大严重错误，而且都是无法理喻的错误。首先，迟到整整一个小时；其次，他的演说持续了两个小时。

　　之前林肯看过埃弗里特的演说稿，因此当他看埃弗里特的演说快要结束时，林肯知道该轮到他出场了。这时，他觉得自己对演讲稿准备得不充分，于是变得有点紧张，坐立不安，在椅子上扭来扭去。但是，他使自己很快平静下来，从大礼服口袋里抽出演讲稿，戴上老花镜，再很快地熟悉一遍讲稿。

　　不久，他手执讲稿走向演讲台，他的演讲只有两分钟。

　　那是11月的一个柔和温暖的午后，当他演说的时候，他的听众们是不是知道他们正在聆听有史以来最伟大的演说？当然没有。他们大多数人仅仅是有一颗好奇心，然后伸长脖子盯着林肯。因为，他们在这之前从来没有见过也没有听过美国总统的讲话。让他们惊讶的是：他那么高大，讲话的声音却又如此尖细，而且还带着一些南方口音。他们实际上忘记了这位总统大人是肯塔基人，他的腔调自然带着土生土长的乡音。惊异中的他们以为林肯刚刚讲完解说词，马上要转入主题的时候，林肯却坐下了。

　　什么情况？他忘记讲什么了？难道他就讲这几句？人们吃惊而又失望，居然忘记了鼓掌。

　　过去的岁月中，在印第安纳州老家的每年春天，林肯经常用生了锈的犁具犁地，但是犁具被泥巴弄得一团糟，任你怎么擦都"擦不亮"——这句措辞常常被人们用来形容这种情形。在他的一生中，林肯在遇到挫折或者失败时，总会用这句话。如今，他转身对沃德·拉蒙说："拉蒙，这次演说完全失败了，怎么擦都'擦不亮'，大家很失望。"

他没说错，人们非常失望，就连和他同坐台上的爱德华·埃弗里特和苏厄德也不例外。他们以为林肯完全失败了，都为他难过。

林肯的内心非常苦恼，头也开始剧烈地疼起来。在返回华盛顿的路上，他只得躺在火车上的办公室里，一次次地用冷水擦着额头。

林肯感到自己就像是走向了死亡，他深信在葛底斯堡的演说自己真是完全失败了；然而，当时人们对其演说的反应来看，确实如此。

林肯天性谦逊，他真的以为人们根本不会去留意他当时怎么讲的，更不会理会他当时所讲的话，然而人们却会永远记住那些血洒疆场的烈士们。假如林肯有来生，当他知道在葛底斯堡他那"擦不亮"的演说是最为人们称颂的杰作，不知道他会惊讶到什么程度！他若发现，他的演说中那十句不朽名句成为南北战争结束多少年以后，还被尊奉为文学史上的丰碑和荣耀，成为人类的瑰宝，他又该多么惊喜！

林肯的葛底斯堡演说不只是一次演说，它是一次心灵备受创伤而提升至伟人的神圣的表述，它是纯洁而又真诚的自然意识下的散文诗，它尽显史诗般的壮丽和华贵：

八十七年前，我们的先辈们在这块土地上，创建了一个孕育于自由之中，奉行一切人生而平等原则的新国家。

如今我们从事的这场伟大的内战，以考验这个国家和任何一个从自由中来又有同一目标的国家能不能久立于世。我们相逢在这场伟大的战场上，在此聚会，将这战场的一部分土地献给那些以生命保护国家的烈士们，作为他们的安息之所。我们这样做，无比应该，无比恰当。

然而，就广义而言，我们无法供奉、无法献祭、无法使这片土地神化。曾经在这片土地上战斗过的那些勇士和烈士们，已经使这块土地圣洁无比，而我们微弱的力量无法与之比拟。世人不会注意也不会永远记住我们此刻说过的话；然而，勇士们光辉的事迹将永远铭刻于世人心中。对于我们这些幸存者而言，理当以他们崇高的精神境界，去完成他们未竟的事业；理当将全身心贡献于我们依然面临的伟大使命——从那些光荣的逝者甘于奉献的精神品质那里汲取营养，矢志继承他们献出所有忠心的事业；我们决心不让勇士们的鲜血白流；依着上帝的保佑，我们应该去努力让这个国家得享新生的自由，唯有如此，这个民有、民治、民享的政府将会长存于世。

格兰特其人

南北战争在 1861 年爆发时，在伊利诺伊州的加里纳一间皮衣店里，有个神情沮丧的男子，衣衫褴褛，嘴上叼着一个陶制烟斗，慢慢地抽着烟。在这个店铺里，就他一个店员，除了在店里出售点皮革衣料之外，有时候外出贩卖一些公猪和皮货。

这位男子的两个弟弟是这家店铺的掌柜的，他们无论如何都不想让他的哥哥再在店里待下去。还在前几个月，他一直找不到工作，整天在圣路易斯的大街东游西逛，家里的妻儿在饥饿难耐中度日。走投无路中，他借钱买了一张车票，直奔肯塔基的父亲那里求助。他父亲是个有钱人，但这位老父亲曾立誓，绝不能让他们任何人瓜分这些钱。于是他写信给远在加利纳的两个小儿子，要求给他们的哥哥找一份差事。

完全出于家庭关系和一种慈善的原因，遵照老爸的要求，这两位弟弟给老哥店员发了一份工资。

每天两美元，作为店员哥哥的工钱，可能已经超过了它本身的意义或者价值，因为要让这位老哥经商，那实在是难为他，他根本就没有那种能力。他懒惰、不修边幅，经常向人家借钱，搞得人人都怕见他。

直到现在，他仍然在失意和沮丧中，日复一日地艰难度日，年年如此。

好运气和令人激动依然静静地躺在某个角落里。

然而顷刻之间，犹如苍穹上出现的一颗闪亮的星星，他光芒四射。

这个时候，他没有让家乡人尊敬爱戴的那种能力，但是在以后的三年里，他却是世界上最强大的军队的指挥官。

四年后，他征服了李将军，内战结束，他因此名留青史。而此后，他的辉煌让他所到之处充满着欢呼、鲜花和勋章。然而这位让人们尊崇乐道的人，却在当年让人们唯恐避之不及。

说起来让人惊讶！听来也不可思议。就连他的妈妈对待他，也不像常人。他出生的时候，她都不想喊他，连名字都是他的亲戚为他起的，她很少关心他，就是他当了总统，她也从未去看过他。

在他6岁的时候，亲戚给他起名字，他们把纸撕成条子，在条子上写上他自己认为好的名字，然后放进帽子里，再从里面随机抽出一张看看是哪个名字，然后确定名字。他的祖母辛普森读过荷马史诗，于是她在纸条上写的是"希拉姆·尤利西斯"。在往出抽的时候，正好把这张抽了出来。从此，他以这个名字在家乡度过了17年岁月。

然而，他腼腆少语、反应迟钝，镇子上的人都称呼他"无用的"格兰特。

而进入西点军校后，他又有了一个名字。曾经推荐他去军事学校谋职的人认为，他的名字中间肯定是他舅舅家的姓氏，即辛普森，因此他在报到时，名字变成了"U.S. 格兰特"。当一起的学员们听到他的名字时，他们忍不住狂笑不止，向空中抛起帽子高呼："哥们儿，'山姆大叔'和我们在一起啦！"此后，他被同学一直称作山姆·格兰特。

他没有多少朋友，他的同学这样称呼他，他也不在乎。穿着打扮和长相他也不在意，穿衣时外套的扣子时常敞开着，脚上的鞋子也很少收拾，经常脏兮兮的。当兵时也极少擦拭枪械，集合号令吹响他总是慢腾腾，点名时也总是迟到。他也很少去领会拿破仑和弗雷德里克他们运用的军事原理，却花费时间读《最后的莫希干人》等小说。

他虽然率军赢得了南北战争的胜利，兴奋的波士顿人还集资为他建造了图书馆，还组织专人了解其藏书情况。但让人尴尬的是这位先生根本就没有一本有关军事方面的书。其实，关于军事方面的书籍格兰特一生中几乎从来没读过。

他不喜欢与军事有关的任何东西，诸如西点军校、军队等等。即使在他成名以后，在检阅德国军队时，曾对俾斯麦说："军事对我没有多少吸引力，要说我是一名战士，倒不如说我是一个农民更合适。虽然我投身军旅，也历经两场战争，这些我不后悔，但我也喜欢解甲归田的生活。"

格兰特自己也承认天性懒惰，不爱学习。就读于西点军校，但他拼写错误的毛病一直没纠正过来，像写 knocked 时总写成 nocked，把 safety 写成 safty。他的数学成绩倒是非常好，也曾想当一名数学教授。然而很遗憾，关于数学方面的职业总是与他无缘，而进入军队以后一干就是整整 11 个年头。因为他要生存糊口，而解决温饱问题最便捷的办法就是当兵。

1853 年，格兰特去加利福尼亚州的洪堡要塞服役。有一个人叫赖恩，他住在军营附近的林子里。赖恩经营一家木材加工厂，还开着一家小店铺，平时他还做一些实地调查之类的工作，到了星期天他就去方圆各地布道。那时，威士忌酒很便宜，赖恩在他的铺子后面放一桶酒，没盖桶盖，酒桶边上挂一只杯子，如有顾客来，想喝酒时可自己倒酒。格兰特是这里的常客，他总想借酒忘却他的军营生活，因此常常将自己灌得烂醉，最终他被军队开除。

离开军队，失去工作，而又身无分文，格兰特只能重回密苏里州。他的岳父在那里经营着一个近80英亩大的农场，他投靠他的岳父，进入农场以种植玉米、饲养家猪为生，有4年光景。到每年冬季来临时，他就开始伐木，然后与圣路易斯的城里人做倒卖木材的生意。但是，境况每况愈下，他开始债务缠身。

生活的压力和无奈，使他离开农场，举家迁往圣路易斯。到那里后，他曾做过房地产生意，结果都失败了。为了支付日常零用开销，万般无奈下，他将妻子的黑奴出租给别人。

李将军认为，奴隶制存在是错误的，还在南北双方矛盾激化之时，他就给予了自家黑奴以自由；然而，当格兰特率领联邦军队摧毁奴隶制时，他的妻子却在奴役驱使着好多黑人奴隶。这是南北战争中最让人难以理解的事。

南北战争爆发的时候，在加里纳皮革店里终日闷闷不乐的格兰特心中重新燃起希望，他想再次穿起军装。

他毕业于西点军校，重新投身军营对他来说并不难，当时的军中大多数是刚入伍不久、还要进行整训的新兵蛋子。然而事实并不是这样。格兰特是这个镇上唯一懂得军训是怎么回事儿的人，因此由他负责对加里纳招募的一批志愿兵的军训工作。但是，当这批整训完毕的士兵披挂上阵的时候，格兰特只是一个目送他们出征的看客，统领这些士兵的却是别人。

格兰特向作战部写信，说明他拥有军人背景，并要求任命他作为团长。但是，他的去信仿若泥牛入海，毫无音讯。一直到他当选总统后，躺在战争部文件堆里的这封信才得以重见天日。

去信无望之后，在斯普林菲尔德陆军官长办公室他才取得一份工作，去那儿以后他只是干一些十四五岁的小女孩都能干的文秘工作，干活时他总是抽烟，头上顶着帽子晃来晃去，要不就是在一张只有三条腿的快要倒下的桌子上誊抄文件。

时间不长，发生了一件出人意料的事，这件事成就了格兰特，从此他踏上了成名之路。伊利诺伊州志愿军团第 21 军军纪涣散，士兵们目无军纪，不听号令，辱骂军官，甚至把老将军古德赶跑，还扬言，古德如果再来，他们将会捆绑他并将他倒挂在酸苹果树上。

面对这种情况，州长耶茨手足无措，焦虑不安。

格兰特其实不被州长看好，但他毕竟出自西点军校，因此耶茨州长准备试一试，让格兰特接替古德将军。1861 年 6 月的一个晴朗的日子里，格兰特去斯普林菲尔德练兵场走马上任，指挥那个无法无天的军团。

他腰系印花围巾，手执他那唯一能显示权威的军杖。他没有马骑，也没有钱置办制服。头顶他那布满汗渍而且到处都是小洞的帽子，双肘暴露在破旧的大衣外面。

他的部下看到他这般光景，就开始拿他开涮。当他走过时有个家伙在他的后面挥拳比试，而另一个家伙则紧随其后用脚摆了铲出的姿势，但由于用力过猛，一发不可收拾，第二个家伙径直朝前向格兰特撞去。

对军中的这些混乱现象和愚蠢行为，格兰特进行了严厉而迅速的整治。不听号令者，格兰特则将他绑在木桩上，全天示众。如有人嘴不干净，出言不逊，那人的嘴巴就会被硬物塞上。点名操练时如有人迟到，则整个军团的人就要倒霉，挨一天饿。格兰特说一不二，还真有一个团全体士兵被罚 24 小时滴水未进。

曾经的不服管教的顽劣之徒被这位来自加里纳的曾经的前皮革商贩子给驯服了，格兰特就是以他独特的训练方式强壮了这班将士，也引领着他们迈向密苏里战场。

格兰特在这以后可说是好运不断，这的确让人惊叹。那阵子，战争部正在选拔陆军准将，而候选人有一大把，谁能成为优秀者呢？伊莱休·B.沃什伯恩被伊利诺伊西北地区推举进入国会。沃什伯恩野心勃勃，极力表现，希求以优异的政绩回报家乡父老，因而在国会里显尽风头。经他提议，战争部答应由他所代表的地区选出一名陆军准将。那么由谁出任这一职务呢？其实这并非难事：他所代表的地区曾经毕业于西点军校的只有一人。

几天之后，在一份圣路易斯的报刊上格兰特看到了这则消息，令他感到十分意外且毫无思想准备：他被任命为陆军准将。

在伊利诺伊州接受任命之后，他立即投入到繁忙的战事之中。将士们在他的率领下沿俄亥俄河乘船北上，攻占了肯塔基的战略要点帕迪尤卡。他决定向田纳西州进发，直取坎伯兰河的必经之地多纳尔森。但是却遭到军事专家的反对，专家哈勒克反对道："格兰特，你扯什么蛋，你这不是胡闹吗？这根本办不到，只能是去送死。"

格兰特一往无前，对反对声不予理睬。最后攻占了多纳尔森，有一万五千人变成了他的阶下囚。

代表南方邦联的西蒙·巴克纳与格兰特进行对话时，格兰特说道："你们立即投降，马上滚蛋，别讲什么条件！这是我对你们唯一的条件。"

巴克纳在西点军校时就与格兰特认识了。格兰特曾被军队开除，那时候还是巴克纳借钱给他，帮助他艰难度日。如今巴克纳感到格兰特应该记得那些恩惠，无论怎样讲，在言辞上对他客气一点才对。然而格兰特可没那样干，巴克纳最终被迫投降了。但他原谅了格兰特，一个下午的时间，他和老同学格兰特一直在一起，抽着烟，回想他们已经逝去的岁月。

多纳尔森战役的结局对于南北双方意义深远：北方联邦军取得了肯塔基州，也为联邦军的乘胜前进创造了有利条件。此时的北方联邦军势如破竹，长驱直入，进抵 322 千米，占领了田纳西州的大部分地区，南方军节节败退，大量的后方给养被北方联军截获，而纳什维尔、哥伦布要塞以及密西西比的直布罗陀也因此相继失守。战争形势使南方局势急转直下，人们陷入了深深的压抑和沮丧之中，教堂的钟声如哀鸣一般在缅因州至密西西比蔓延。

这次战役中北方的胜利，可谓辉煌而壮丽，其影响之大使欧洲人也感到惊讶。这也成了南北战争中的一个转折点。

此后，格兰特以开出"无条件投降"的条件而著称。而"马上滚蛋，别讲什么条件"这句名言一直回荡在北方战场。

这就是人们渴望的领袖。他被国会推举为少将，同时他也当上了西田纳西州军队总指挥，全民偶像一夜之间成就。一家报刊报道了在战场中他喜欢抽烟，结果不大一会儿工夫，人们给他送去了一万多箱香烟！

然而，喜悦总是短暂的，三个星期不到，不公正降临到格兰特头上：他的一位上司心生妒意，这让格兰特火冒三丈。

这位上司名叫哈勒克，说他是个大笨蛋一点不为过。海军上将福特说他是"军事白痴"。和他有密切往来的海军部长吉迪恩·威尔斯对哈勒克总结道："哈勒克好逸恶劳，抽烟享乐，还牢骚满腹；缺乏创造力，将来会怎么样他不去想，可以说，他一事无成。"

但是哈勒克自己却感觉良好，很优秀。在西点军校时，当过助理教授，撰写了很多学术著作，涉及军事策略、国际法、矿藏等各方面。他还担任过银矿矿长、铁路局局长，律师生涯卓越。他懂法语，翻译过拿破仑的大部头典籍。他自认为：他，亨利·韦杰·哈勒克，一位杰出的学者。

格兰特，酒鬼一个而已，算不上什么玩意儿！

格兰特在进攻多纳尔森要塞前拜谒了哈勒克，他向哈勒克提出了下一步军事行动计划。哈勒克根本看不起格兰特，他带着怨气非常草率地打发了格兰特。然而他哪能想到，如今的格兰特率军取得了辉煌胜利，在国人眼里他已经高高在上。而待在圣路易斯的哈勒克还在给自己的双肘挠痒痒。没人理睬让他非常恼火。

情况远比这严重，哈勒克认为这个昔日做皮革生意的二道贩子羞辱了他。他好几天接连发电报给格兰特，但格兰特从不回复，不服从他，哈勒克心里至少在这么想。然而事实上并非如此，他想错了。他给格兰特的每一封电报，格兰特都做了答复。但由于多纳尔森战役导致的电报线路故障，使回复电报无法送达哈勒克，而哈勒克不明原因，只是生气恼恨。格兰特不是被胜利的喜悦和人们盲目的崇拜冲昏了头吗？行！那就弄点颜色让这个年轻的暴发户瞧瞧！于是，哈勒克三番五次地给麦克莱伦发电报，说格兰特的坏话：他粗俗傲慢，不懂礼貌，酒鬼一个，不听号令，"我对于此人的不尽忠职守和拖沓怠慢已经难以忍受"。

麦克莱伦和哈勒克可谓同仇敌忾，他也嫉恨格兰特高涨的人气。于是他回电给哈勒克说："必要的话，别犹豫，抓他就是了，让 C.F. 史密斯接替他指挥军队。"这封电文在南北战争史上让人震惊十足。

格兰特很快被哈勒克软禁，而这时的哈勒克才心安理得地坐上了摇椅，自个找舒服去了。

那时内战已经持续将近一年，而格兰特这位为北方联邦军创造辉煌的唯一将军却被革职，颇具讽刺意味。

当然在此后不久，格兰特恢复了职务。然而，夏洛一役让他损失惨重，幸好由于南方邦联的约翰斯顿将军因受伤过重而死，否则格兰特的整个队伍将可能陷入重围，全部被俘。夏洛是当时全国最大的战场，格兰特在作战中毫无章法，让人吃惊。在这一战役中损兵折将达一万三千余人，这种结果让人惊惶战栗。这给他招来了漫天的抨击，人们指责他在夏洛战役中酗酒烂醉，导致失利。虽然这是误传，可成千上万的人认为他就是这样。要求撤换格兰特的激愤情绪到处蔓延，席卷全国。但林肯没有受情势左右，他说："他，我当然不能饶恕，但他必须去作战。"

林肯听人们说，格兰特在狂喝威士忌，他于是问道："他喝的威士忌是什么牌子的？也给其他的将军送几桶去。"

第二年 1 月，格兰特准备猛攻维克斯堡。维克斯堡地处密西西比河河岸 60 米之上，地势呈长方形陡壁，让人望而却步。而且已经被南方军重兵把守，北方联邦军队的舰船无法靠岸，也不能将大炮运送到岸上。格兰特的首要行动就是赶紧使军队抵近维克斯堡，以便发起进攻。

格兰特无法接近要塞，便想从西面步行前进，也不成功。而后他命令将河堤切断，让将士驾船过沼泽地，从背面攻击，却依然不成功。于是他又下令另行开挖一条河，以改变密西西比河的航道。这都失败了。

这年冬天，气候异常恶劣，雨水较多，水涝灾害蔓延整个山谷，格兰特的将士们，在茫茫沼泽中、淤泥里、潮湿闷热和荆棘缠绕的丛林中奋战。在齐膝的泥泞中，在险恶的泥沼里，跋涉睡觉，那时的军中疟疾、麻疹和天花迅速蔓延、肆虐。而卫生防御设施军中缺乏，将士因死亡减员的情况触目惊心。

这次进攻算是失败得很彻底。当时的评论是这样的：这次失败是愚蠢的、令人悲伤的，和犯罪没什么两样。

就连格兰特的部下，像谢尔曼、麦克弗森、洛根和威尔逊他们都一致认为，格兰特的军事计划令人不可思议，他的计划只能是自取灭亡。新闻媒体上关于这件事的尖锐评论和抨击铺天盖地，要求撤换格兰特的呼声一浪一浪袭来。

林肯说："除我之外，他几乎没有什么朋友了。"

反对格兰特呼声虽然很高，但林肯依然坚定支持格兰特。林肯的坚持和信念很快便得到了回报。7月4日，即李将军按米德的命令撤离葛底斯堡的那天，格兰特从戴维斯的种植园率军长驱直入维克斯堡，取得了辉煌胜利。自华盛顿时代以来，这是美国将领取得的最耀眼的战果。

失败的痛苦历时八个月，格兰特终于大获全胜：维克斯堡几乎成了南方邦联的噩梦，有四万人被俘，整个密西西比河流域被北方联军收入囊中，南方联盟军队土崩瓦解。此时的美利坚举国欢腾。

尔后国会通过了授予格兰特中将军衔的特殊法案。格兰特是华盛顿逝世以来第一个享此殊荣的人。在白宫林肯接见了他，并做了简短的讲话。格兰特被委以联邦军队总指挥的职务。

就升任高职一事已经通知格兰特，要准备一个发言。一开始，格兰特将一张皱皱巴巴的纸条从口袋里抽了出来，上面只有三句话。当他开始讲话时，他的脸色青红转换不定，看得出来他的内心非常紧张，双膝颤抖不已，喉咙里就像卡了东西，发不出声音，而他手里的纸条在使劲儿地抖动。格兰特脚下稍微挪动了一下位置，右手紧紧捏着纸条，挺胸深呼吸后，一口气读完了只有三句话的发言稿。

在这个加里纳来的皮革贩子看来，在 11 个人面前念完只有 84 个字的讲稿，其难度远远超过了在枪林弹雨中走一回。

林肯夫人为格兰特的华盛顿之行专门举办了社交欢迎宴会。但格兰特极力婉拒，说是他要赶紧返回前线。

"但你必须留下来，"总统再三要求格兰特参加宴会，"林肯夫人的宴会如果你不出席，那简直就是一出没有哈姆雷特的《哈姆雷特》。"

格兰特答道："一顿饭对我而言倒没什么，但对国家却意味着一天要损失上百万美元；况且我也不想再出这种风头了。"

格兰特的直率的言谈举止很对林肯的胃口：像他一样格兰特也看重行动和责任，反对和蔑视浮夸虚荣。

这时的林肯心情大好，信心高昂。他认为，有格兰特的领导，在近期内一切都会大为好转，朝着好的方向前进。

然而，他过于乐观了。四个月之后，整个国家又被愁云笼罩，到处弥漫着一种绝望的气息，这种情况比任何时候都强烈。林肯再次陷入了夜不能寐的境况，睡不着觉就在屋子里踱步徘徊；失望、沮丧袭击着他，让他疲惫不堪。

"换掉蹚过溪流的马"并不明智

1864 年 5 月，多次大败南方军队、战果辉煌的格兰特亲自率领十万两千人的大军横越拉皮丹河，他要彻底摧毁李将军的军队，马上结束这场战争。

李将军在弗吉尼亚北部的原野上迎战格兰特。这片荒原的名字可谓恰如其分：此地山丘连绵起伏，潮湿的沼泽丛林，长满了浓密的再生松树、橡树，还有那树干被紧密缠结的灌木，就连美洲的白尾兔都无法跳跃和穿过。在这片阴森森的密林里，格兰特和李将军的恶战打得非常惨烈血腥，双方死伤严重，伤亡人数惊人。加上在林间作战，而丛林失火，致使数百名伤兵被火焰吞噬。

到第二天，本来就坚强的格兰特对惨状不忍再看，他浑身乏力，只能退到军帐内低泣。

可每次开战，无论结果怎样，格兰特都发出同样的命令："进攻！进攻！"

战争进行到第六天后，格兰特向林肯拍发了一封著名的电报，电报中写道："我准备将这场战事打到底，即使它持续整个夏季也在所不惜。"

这一仗还真是打了整整一个夏天，而且整个秋天、冬天也在打仗，这种情况一直延续到第二年春天。

此时的格兰特手握两倍于敌军的兵力，而且后面还有源源不断的兵力供他调遣。可是南方军到底怎样呢？他们的兵源已经枯竭，给养濒临崩溃。

格兰特说："这些叛军暴民们已经连尚在摇篮的孩子和快要进入坟墓的老人都用上了。"

在格兰特看来，要让战争结束，就必须坚定不移地消灭李将军的有生力量，直至他投降。这也是终结这场战争的最快捷的方式。

假设南北双方在这场战争中的死亡比例是一比二，这对格兰特来说，不算什么，他有补给的能力，可李将军就没那个条件了。所以格兰特继续拼命射击、轰炸、拼杀。

在前六个星期里，格兰特损失兵力五万四千多人，这可是李将军统帅军队人数的总和。

科尔德港一战，一个小时内，他有将近七千将士毙命，这个数字高出葛底斯堡战役中南北交战双方在三天时间里的死亡总数，甚至还多出一千人。

这种损失着实令人惊骇，有人问，这换来了什么呢？

格兰特答道："什么都没有。"

科尔德港之役是他的军事生涯中最大的败笔。

从人的灵魂和自身而言，这样惨烈的屠戮无法令人容忍，因此，格兰特军中士气大减，士兵哗变可能随时都会发生，几乎所有的将领都准备起而反抗。

格兰特的一位军官说："三十六天来，葬礼每天都在继续。"

　　尽管林肯身心憔悴，他还是认为除了打到底，别无他法。他命令格兰特："继续战斗，对敌人战斗不止，紧咬不放。"尔后，他向全国发布动员令，再次征调五十万兵力，一至三年服役期限。

　　这一命令使举国上下陷入焦虑不安之中，人们感觉正被绝望湮灭。

　　林肯的一位秘书曾这样记述：如今满目黑暗、焦虑和绝望。在 7 月 2 日，国会通过一项决议，要求民众："虔诚悔过，祈祷伟大的上帝以仁慈和宽恕，祈求统领世界的主宰给予这个民族以福音。"这样的决议看起来多像《旧约》中希伯来的悲伤预言。

　　与此同时，不管是北方还是南方，咒骂和指责都指向了林肯。在人们看来，林肯就是国贼，是篡位者，与暴君、恶魔、怪兽同类，"是一个双手沾满鲜血的刽子手，战士的鲜血染红了他的屠刀和刀柄，而他那似屠刀般的笔还在向无数的无辜者发出走向死亡的号令"。

　　林肯的那些政敌们公开叫嚣，要将林肯宰了。一天晚上，在林肯骑马去"军人之家"总部时，被刺客的子弹射穿了丝绒礼帽。

　　几个星期后，宾夕法尼亚梅德维尔的一位旅店主人在一个房间的窗台上发现了一张字条，纸条上写着：亚伯拉罕·林肯于 1864 年 8 月 13 日中毒身亡。这个房间以前有个叫布斯的名演员住过，全名是约翰·威尔克斯·布斯。

　　这年 6 月，林肯被共和党提名竞逐总统的第二任期。而这时，他们觉得对这样的决定非常后悔，他们感到是在犯错。共和党内有几个元老坚决要求林肯放弃这次选举。还有一些人认为林肯从政一直很失败，想要重新召开一次大会，撤销林肯的提名，由另一位得票比较多的候选人取代林肯。

就连林肯的密友奥维尔·布朗宁都在他 1864 年 7 月的日记中写道："目前这个国家最需要的是一位能干称职的领袖。"

这个时候，林肯本人也觉得毫无希望，他打消了竞选连任的念头。他自己失败了，他的将军们失败了，他的战略也失败了；而人民也对他的领导失去了信心。他担心联邦会走向灭亡。

林肯感慨道："就连天空也好像是黑了下来。"

对林肯不满的那些激进分子终于召集了一次大会，提名约翰·C.弗莱蒙为总统候选人。共和党自此分裂成两个阵营。

弗莱蒙所属的激进阵营面临严峻的竞选形势，而眼下的形势是民主党的候选人麦克莱伦将军无疑将打败分崩离析的共和党，美国历史将要被改写了。

最后弗莱蒙退出竞选，他退出后，林肯的得票也只超出麦克莱伦 20 万张。

激烈而恶毒的攻击似狂风暴雨，形势极其不利，但林肯依然保持着冷静，尽心尽力地工作，不受外界的干扰。

他说道："即便有一天不再掌权，而我的朋友都离我而去，但至少我还有一位朋友留着，那位朋友将永远深藏于我的灵魂之中……我不是非要赢，但一定不能错；我不是必须要成功，但一定要遵从良知和诺言。"

1864 年夏天的林肯彻底改变了，他成了另一个人，他不再是三年前从伊利诺伊州大草原走来的巨人。他的笑容在慢慢地减少，脸颊上布满了皱纹，而且越来越深，双颊凹陷；两肩下垂，驼背得更严重；又有慢性的消化不良症，这长年地折磨着他，他没有好好睡过一个安稳觉，他的两条腿时常是冰冷的。这一切让他总是带着一副痛苦的表情，他对友人说："我觉得我可能再也没有快乐了。"

著名雕塑家奥古斯特·圣－高登斯在1865年春看见林肯的半身像，还以为是在林肯死后雕铸的。他发现林肯的脸上出现了一块疤痕，他认为这是一块死亡疤痕，林肯必死无疑。

艺术家卡朋特曾经画过《解放黑人奴隶宣言》的签署场景，那时他在白宫住过几个月。他曾写道：

> 在荒原战役的第一个星期里，总统几乎没睡过多少觉。有时候，我在经过居住区大厅时碰到他，他身穿长长的晨衣，背着双手来回踱步，眼袋很重，脑袋垂在胸前，完全一副伤心、忧虑和焦急的神情……有几次，我看到他多皱的脸颊上浸满泪痕。

来访的客人们经常会看见林肯疲惫地瘫倒在椅子上，他们叫他，他都无法抬起头来向他们打招呼。

他曾经说："我似乎感觉到，每天都有人冲过来指责我，他们每一个人都会从我身上挖走一丝精力。"

他对《汤姆叔叔的小屋》的作者斯托夫人说过，他活着的时候可能见不到和平。

他说："毁灭我的正是这场战争。"

看到他的语言和外边的变化后，他的朋友都劝说他去好好休个假。他却说："休两三个礼拜的假对我毫无意义，我放不下我自己的思绪。怎么样是自己放松，我什么都不知道，身心的疲惫一直如影随形，我无法摆脱。"

他的秘书说："在林肯的耳际经常回荡着寡妇和孤儿的痛哭声。"

那些哭啼的母亲、情人、妻子每天都为判决为她们已被判为死刑的人哀求，要林肯予以特赦。不管多么疲劳，林肯都会耐心听取她们的哭诉，并且答应她们。他看不得女人流眼泪，尤其是怀里抱着婴儿的女人。

林肯曾哀叹道："在我去世以后，我希望人们说我在那些花儿能够盛开的地方，拔去荆棘，播下了花芽。"

施坦顿为林肯的无原则的宽厚而大发雷霆，其他将军们抱怨声声。他们认为，林肯的仁慈之心正在让军纪败坏，他不应该插手军政。但林肯就是看不惯甚至痛恨旅长们的残酷粗暴的作风，讨厌军中的专制。相反，他喜欢勇敢的志愿兵，他们自告奋勇，和林肯一样来自森林和农场。他们才是打仗并取得胜利所依赖的人。

如果他们有人因胆怯而将被处决的话，林肯会原谅他。他说："如果我在战场上，很难说我不害怕，也许我也会弃枪而逃。"

如果有些士兵逃亡是因为想家？他说："唉，我看即使枪毙了他，也改变不了他想家。"

如果一名劳累不堪的佛蒙特的农家子弟在站岗时打盹，那是否也要处以死刑呢？林肯会说："没准儿我也会那样。"

他开出了很多特赦令，名单长达数页。

有一天，他打电报给梅德将军说："我不想看到军中有 18 岁

以下的人被枪毙。"联邦军队中年龄在 18 岁以下的人数至少不低
于一百万，16 岁以下的有 20 万，而 15 岁以下的有 10 万。

有时，林肯在发布严肃的命令时，仍会在电文中来点幽默。
例如，他曾打电报给马利根上校："您如果还没有毙巴尼·D.，那
么先别下手。"

失去爱子的母亲们的悲伤让林肯深深触动。1864 年 11 月 21
日，他写了一封此生最为美妙和著名的信。牛津大学将该信的复
印件装裱后挂在墙上，作为"句法措辞最为纯美的典范"。

这封信虽然以散文写成，却也是一首让人产生共鸣的诗歌：

亲爱的夫人：

　　从战争部转来的马萨诸塞州陆军长官的报告中获悉，您
有着五个爱子为国光荣捐躯。我觉得，所有让您摆脱这巨大
悲恸的企图，一切安慰的言语，在此都显得苍白无力。然而，
我还是难以抑制要代表令郎生死以之的共和党对您表示感激，
是令郎给了政党存续的可能。我祈祷天父以仁慈抚慰您那颗
悲伤的心；我祈祷，让您对爱子的珍贵回忆永存心田。愿您
在那来之不易的自由祭坛前得享庄严与荣誉。

　　　　　　　　　　　　　　　敬仰您的林肯真诚敬上

有一天，诺厄·布鲁克斯拿着一本奥利弗·温德尔·霍姆斯
的诗集给林肯。林肯打开书页，朗读"列克星敦"一节。他读到
这一小节：

> 烈士们的葬身之地野草青青!
>
> 他们没有寿衣,没有坟墓,就地长眠……

当他读到这里的时候,他颤抖哽咽,几乎窒息。他把诗集交给布鲁克斯,低声说道:"还是您读吧,我读不下去。"几个月之后,林肯在白宫向朋友一字不漏地背诵诗文。

1864 年 4 月 5 日,林肯收到一封寄自宾夕法尼亚州华盛顿县的伤心女孩的来信。女孩在信中说:"在历经了漫长的恐惧和犹豫之后,我终于决定向您诉说我的烦恼。"她的男友与她订婚好多年了,曾经获准从部队回家乡参加选举投票。她说,他们"过于愚蠢和放纵"。如今您不能怜惜我们,批准他回家与我完婚,我们将会有非法子嗣……我向上帝祈求,但愿您不会对我怀着轻蔑而对我的请求置之不理。

林肯看完这封信后,心情久久难平,一双朦胧的泪眼望向窗外。

他提笔在信件尾批了一行字,交给施坦顿:"无论如何,让他回到她的身边。"

1864 年,恐怖的夏天终于结束了。伴随着秋天的凉爽,传来了好消息,谢尔曼攻占了亚特兰大,正要向佐治亚挺进。海军上将法拉格特率领将士经过海上的一番苦战后,已经控制了莫比尔湾,扼守墨西哥湾要冲之地。而谢南多厄山谷的谢里登也不断传来胜利的捷报。如今的李将军连露个面都不敢,格兰特已经准备发起进攻彼得斯堡和里士满的战斗。

南方联盟几乎到了穷途末路的境地。

　　再看看林肯的将领们，他们一波又一波的胜利捷报，联邦军队的士气大振，前方如破竹之势。这一切证明了林肯的战略是正确英明的。就在当年的 11 月，林肯再次当选，连任总统。然而，对这次连任林肯并没有将它看成是个人的成功。对此，他有精辟之论：显然，"换掉蹚过溪流的马"，人民是不会答应的，因为那样做很不明智。

　　战争延续了四年，但林肯对于南方人民毫无厌恶之情。他一再说："不要过早地评判不义之举，设身处地，我们也许会和他们一样支持奴隶制度。"

　　1865 年 2 月，南方联盟士气低落，几近瓦解。这离李将军缴械也就两个月时间。这时，林肯向联邦政府提议向南方各州拨款 4 亿美元以作为奴隶赎金，这一提议没有一位内阁成员支持，他只好暂时搁置下来。

　　3 月，林肯二度宣誓就职，发表了第二任就职演说。牛津大学已故校长厄尔·科松伯爵曾赞美这篇演说是"人类清纯珍贵如金的演说，是天才的金玉良言"。

　　林肯健步走上演讲台，亲吻了翻开在"以赛亚书"一页的《圣经》之后，开始发表他的演说。从他的演说听来，他就像一出戏剧中的伟人一样。

　　卡尔·舒尔茨曾写道："演说像一首不朽的圣诗，从来没有一位统治者曾经对他的人民这样讲话，没有一位美国总统像他一样心底藏着这么多与他的人民分享的肺腑之言。"

　　在这位作家眼中，这个演说的结尾部分是人类最高贵、最美丽的心声；读来总是让人觉得仿佛圣洁的大教堂里传出了柔美醉人的琴音：

> 我们热切地希望——我们虔诚地祈求——这场残酷的浩劫能够尽快结束。然而，如果这是上帝的意欲——让战争继续：直到奴隶们二百五十年来辛勤劳作所创造的财富消失殆尽，直到每一滴因鞭笞而流的鲜血都以刀剑下的鲜血偿还，那样的话，我们依然会说："上帝的审判是公正的。"
>
> 让我们别对任何人怀有怨恨，广布天下以仁爱之心。上帝指引我们走向正义，坚持正义；让我们为未竟的事业而尽忠，医治自己家园的创伤，倾注身心于这灾难深重的国家，救抚那些为了正义而失去亲人的孤儿寡母；尽一切力量追求并珍视各族之间以及我们人民之间正义而持久的和平。

此次演说之后正好两个月，这篇演说词再一次在斯普林菲尔德宣读：这一次是林肯的葬礼。

让它加速发展

1865 年 3 月下旬，发生在弗吉尼亚里士满的现象很反常。南方联盟总统杰斐逊·戴维斯的太太处理掉马车，把一些私家财产摆在一家店铺里售卖，然后收拾其他的行装细软准备南行……看来有什么大事儿要发生了。

而这时的格兰特已经将南方联盟首府包围长达九个月了。李将军的将士们此时食不果腹，衣不蔽体。士兵的薪酬有限，而且常常没有着落；即便在艰难中领到了薪酬，也只是南方联盟的纸币，它早已变得一文不值了：物价飞涨，货币贬值，一杯咖啡 3 美元，一根木柴 5 美元，而一桶面粉索价 1000 美元。

南方奴隶制随着南方联盟脱离联邦政府的不义之举的失败而瓦解了。李将军和他的士兵心里明白这一切。军队中已经有上 10 万人逃离而去。甚至有整个兵团的人在收拾行李，准备一起出走；而有的人转而投入宗教的怀抱，以寻求慰藉和希望，每一个帐篷里几乎都有人在举行祈祷会。目睹身边所发生的一切，人们在喊叫、哭泣，眼中尽是幻影，出战时整个军团在地上跪拜……里士满的末日已经来临。

4 月 2 日是个星期天，这一天，李将军的军队放火焚烧城里的棉花、烟草、军火库和兵工厂，毁掉了码头上刚刚建造一半的船只。借着黑夜里漫天的火光，他们向城外逃去。

李将军的军队刚一出城，格兰特率领的七万二千将士展开了猛烈地夹击和堵截，谢里登的骑兵作为先锋，率先切断铁路干线，断绝了李将军的军队给养。

谢里登发给总统的电报里这样说："如果形势这样发展，李的投降为时不远。"

林肯回电："让它加速发展。"

战事的发展如林肯期待的一样。战线绵延八十英里，在格兰特的追击之后，南方联盟军队陷入了格兰特的包围之中。李将军至此已然明白，这时的他们即使流再多的血也无法挽回失败的命运了。

这时，格兰特出现了剧烈的头痛，伴随而来的是双眼视力严重下降。他落到队伍后面了。星期六傍晚，在一家农舍他歇了下来。

后来他回忆："那天夜里整整一个晚上，我把双脚泡在热水和芥末里，在手肘和后颈敷上芥末药膏，希望天亮后身体会好一些。"

到了第二天清晨，他的病痛果然好些了，但使病痛好转的不是芥末药膏，而是前来报信的骑兵带来的一封信。那是李将军的信，信中说他准备投降。

格兰特回忆道："报信人来的时候，我还头痛欲裂，但当看了信的内容时，我的头不疼了。"

那天下午，分别代表南北双方的两位将军坐在一栋砖结构房的小厅里进行会谈，讨论有关停战的事宜。格兰特和以前一样依然不修边幅：衣着穿得乱七八糟，鞋子沾满了污垢，作为将军也不带佩剑。一身制服和普通士兵没有两样，表明身份和军阶的仅仅是肩上的三颗银星。

格兰特的形象和李将军形成了鲜明的对比。李将军腰佩镶珠宝剑，戴着串珠长手套，贵族气十足，仿佛从钢铸版画中走出来的高贵统治者；而格兰特则是一个十足的贩运野猪和皮货的密西西比农夫。刚见面有一阵儿，格兰特第一次因为自己的形象而感到内疚，他向李将军道歉，说在这种场合自己穿得太随意了！

20年前，美国和墨西哥交战之时，格兰特和李将军同时效命于军中。这时，他们一起追忆往事，回味那难忘的岁月：联邦军在墨西哥边界的防守中过冬；他们彻夜玩儿扑克；回味他们演出的《奥赛罗》中，格兰特扮演女主角苔丝德蒙娜。

格兰特回忆道："我们谈得很愉快，差点忘了我们会谈的主要议题。"

李将军把话题引向关于停战协议上，但格兰特却匆匆应了几句，又说起 20 年前的往事：想起基督教节日，想起 1845 年冬季的大草原和那悲号的狼群……波光闪烁在巨浪波涛之上……买一匹野马只花 3 美元。

李将军再次打断了格兰特的回忆，提醒他该谈谈协议的事了。如果不是这样，也许格兰特会在整个上午回忆过往，并一直说下去。

格兰特要来纸笔，草草地将协议写下来。在这份协议中没有像 1781 年华盛顿在约克镇对英军的那种屈辱的投降仪式：那时候，被华盛顿兵败而无助的英军在约克镇游街，街道两边是排成两列长长队伍的手舞足蹈的征服者。曾经担心的报复条款在协议中也没有见只言片语。四年的战乱中，北方的激进派一直要求将李将军和西点军校的叛军军官以叛国罪处以绞刑；然而，在协议中格兰特没有提及这方面的事。相反，李将军的将领们获准保留武器，而士兵们在宣誓完以后也可以回家。那些有马或骡子的士兵，也可以骑回家，去自己的农场或是棉花田，继续他们的农耕的生活。

为什么会有如此宽大的投降条件呢？这是因为，这些条件是林肯早已确定了的。

一场丧失 50 万条生命的战争终于在弗吉尼亚州的小村庄里一处名为阿波马托克斯的法院大楼结束了。在一个春日宁静的下午举行了投降仪式，紫丁香的气息散发在空气里。这一天是复活节前的礼拜天，是棕树枝主日。

这天下午，林肯乘坐"女皇"号回到华盛顿。回程中，有好几个小时他向朋友们朗诵莎士比亚的作品。他读到《麦克白》中的一节：

> 邓肯已然入土；
> 在狂热绽放了生命之后安眠了；
> 叛逆已经下了最恶的毒手，
> 钢刀、毒药、内忧、外患，
> 所有都不再能侵犯他。

林肯对这节文字印象非常深刻。他朗读一遍后，便停了下来，举目向舷窗外凝望。接着，他又一次大声朗读。

五天后，林肯去世了。

总统夫人

现在让我们做个回顾。那是在里士满陷落以前，发生了一件令人震惊的事情。这件事反映了林肯不幸的家庭生活到底是一幅怎样的光景，林肯在这不幸的25年里一直在默默地忍受着。

事情发生在格兰特的总部附近。格兰特邀请林肯夫妇在前线附近的一个地方一起休息一个礼拜。

林肯夫妇很高兴地答应了，因为林肯自入主白宫以来，从来没有休过假，他几乎要被累垮了，如今他非常疲惫；同时他也很想摆脱那些每天都缠着他、希望谋得一官半职的人。

于是，他和夫人登上"女皇"号轮船，顺着波多马克河南下，穿过切萨皮克湾下游，越过古老的康福特角，然后溯詹姆斯河而上抵达角城。这时候，来自加里纳曾经的皮革贩子格兰特正坐在离水面足有 60 米的山岩上，嘴里叼着香烟发愁。

几天后，从华盛顿赶来的一群名流加入了总统的度假行列。这些参加者还包括法国大使乔弗鲁瓦先生。这些访客们都急着想参观 19 千米之外的"波多马克军"前沿阵地，所以在第二天，他们便迫不及待地出发了：男士们骑马前行，林肯夫人和格兰特夫人坐半敞篷的马车随行。

格兰特的秘书兼副官、同时也是密友的亚当·巴多将军那天奉命护卫两位夫人和座驾安全。巴多当时在前座，面向夫人而坐，所以他看到了事情的所有，他曾在他的著作《和平时期的格兰特》有所记载，以下的引述是该书的第 356 页至第 362 页的内容：

在交谈过程中，偶然间我说到了关于前线所有军官的太太都要奉命撤到后方，这说明要实施作战计划，是经过考虑的行动。我说，经过总统的特许，只有查尔斯·格里芬将军的夫人可以留下来，其余任何女士都必须撤离，离开她们的丈夫。

林肯夫人听到此话后，反应激烈。她大声叫喊道："先生，你这话什么意思？你是说总统单独会见她？你知不知道？我从不允许总统单独会见任何女人。"

林肯夫人的言行反映出她非常强烈的占有欲，而且也可以看出她对贫穷而貌不出众的林肯的轻蔑。

看到这样，我想赶紧解释，并说些安慰的话，以期平复她的情绪，然而她却肝火更旺，带着恼怒说："先生，你笑得可非常暧昧，赶紧让我下车吧，我要亲自问总统，他是不是单独见了那个女人。"

格里芬夫人是华盛顿出了名的优雅贵妇，后来她成为艾什泰哈奇女伯爵，她和格兰特夫人私交很好。不管格兰特夫人怎么劝说，都难平林肯夫人的怒气。林肯夫人再次叫我停车。我当时很犹豫，而她却伸出双臂从我旁边越过，抓住了车夫。幸亏格兰特夫人的劝说起了作用，她答应等一行人下车在一起了再说……

到晚上的时候，我们回到了营房。格兰特夫人和我专门就这件事商量过，她说这种伤人的事千万不要再在别人面前说起，至少当别人说的时候，我必须保持沉默，而她只会给将军一个人讲一讲。然而到了第二天，事情并不像我们预期的那样，我沉默与否已无关紧要，更严重但又"更好看的戏"还在后面。

第二天早上，还是我们一行人去河北岸的詹姆斯军营做探访，当时，奥德将军是那儿的指挥官。这次活动和前一天的安排差不多。我们乘蒸汽轮船逆河而上，然后男士骑马，林肯夫人和格兰特夫人则乘马车前行。这天我还是奉命作为她们的护卫人员陪同，但我要求再找个伴儿和我一起陪同她们。昨天给她们做警卫让我心有余悸，所以荷勒斯·波特上校被派了过来。以前奥德夫人想离开部队，希望待在华盛顿或别的地方，但因为她是指挥官夫人，可以不遵从家属离开部队的命令，可以留在丈夫身边。因为马车座已经坐满了，所以她骑着马，有时候走在总统旁边，这样的话就走在了林肯夫人的前面。

这让林肯夫人知道了，她对此大发雷霆，气得直嚷嚷："这个女人骑个马总是走在总统身边，她什么意思？走在我前头想干什么？她是不是以为总统需要她陪伴？"

林肯夫人变得异常激动，言语和行动让人无法理喻。格兰特夫人想尽力安抚，以平息他的情绪。但却招来了林肯夫人对她的恼怒，波特上校和我想尽力不让局面失控，以免事态更加恶化。真怕她跳下车，对骑马的一行人大声喊叫。

林肯夫人因气愤而忘记了该怎么说话，她对格兰特夫人说："我猜想，你自以为将会入主白宫，是不是？"格兰特夫人平静而庄重地对她说，她现在很知足，从来没有那样想过。可林肯夫人依然大声地说道："噢！如果有机会的话，你肯定不会放过，那可是个美差！"然后，话题一转，她将矛头又指向奥德夫人。格兰特夫人冒着使林肯夫人更加愤怒的风险，竭力为她的好友辩护。

半道休息的时候，国务卿的侄子、奥德将军的部下苏厄德少校正好骑马前来笑着说道："总统骑的那匹马有点好色，它硬是要在奥德夫人旁边走。"

就是这样一句玩笑话，形同火上浇油。

林肯夫人当即问道："先生，你这是什么意思？"苏厄德才知自己犯了大错，他赶紧勒马放慢步伐，走在后头，躲过劈头盖脸的风暴。

一行人终于到达了目的地，奥德夫人走到马车旁来。这时候，林肯夫人竟然当着那么多人的面羞辱她，还用脏话骂她，并质问她，追着总统一起走，是什么意思？可怜的奥德夫人难掩泪水，她流着泪自问：到底做错了什么？但林肯夫人怒气难消，不依不饶。她喋喋不休地大闹了一阵子，骂的有些累了方才歇下来。看到这种场面，每个人都惊恐不已，而格兰特夫人仍然想为朋友辩解。这件事最后总算结束了，此后不久，我们回到了角城。

那天晚上，林肯夫妇在轮船上请格兰特夫妇和将军的随从一起用餐。林肯夫人在大家面前对奥德将军不留任何情面，大加数落，还要求总统将奥德革职，另换他人。他说奥德将军不称职，他的夫人就更不用说。格兰特将军则坐在一旁毫无畏惧，竭力维护自己的部下。奥德将军自然没被撤换。

这次休假期间，这种事件一再发生。林肯夫人因为格里芬夫人和奥德夫人所谓的"出格行为"，在军官们面前一再指责和羞辱自己的丈夫，每次看到正在国家危急关头身负重任的元首遭受如此难以形容的耻辱，我的内心也为他非常痛苦和委屈。他一如基督般为着信念而忍受这一切，其痛苦和哀伤的表情看着让人心碎，可其中折射出了一种高尚的安详和庄重。他依旧是那样的坦率，仍然称她为"妈妈"，并以一种哀求但又真诚的眼神和语气，尽力为别人解释或平息对他人的冒犯，而她则凶得像母老虎，转而攻击他，这时，林肯只好默默地走开，并藏起自己那张高贵而丑陋的面孔，以免我们从他脸上捕捉到那悲惨的信息。

对这样的情形和场景谢尔曼将军并不陌生，他也目睹过几件这种插曲，这在他的回忆录里可以看到。

海军上校巴恩斯其实亲身经历了这一切。在那次不幸的旅程中巴恩斯曾陪伴过奥德夫人，过后他证实奥德夫人没做错什么。因为这样，林肯夫人始终不肯原谅他。两天后，他有公事去找总统，正好碰见林肯夫人和其他人。林肯夫人在众多人的注视下给他劈头盖脸一顿臭骂，看着这样，林肯保持了沉默。过了一阵儿，林肯说要让巴恩斯看张地图还是文件什么，他过去挽起巴恩斯的手，带他进了自己的房间。巴恩斯对我说，总统没有评论所发生的事情。他不可能说他的妻子如何，但对下属却给了轻轻的拥抱，以表达他的歉意。我认为这种表现最有涵养。

在这之前，施坦顿夫人早已到过角城，因此我找机会向她问了问有关林肯夫人的情况。

她答道："我没有见过她。"

我以为我听错了，战争部长的太太肯定见过第一夫人，于是我再次问她。

她回答说："先生，您没听明白吗？我没去白宫，没见过林肯夫人。"我与施坦顿夫人并不熟，但她的回答不可思议，我从没忘记。到后来，我总算理解了她为什么那样回答。

林肯夫人喋喋不休，还是牢骚不断，格兰特夫人不知所措，只能耐着性子竭力安抚，可这样却使林肯夫人越加恼怒。有一次，格兰特夫人坐在她的旁边，她怒斥道："请你了吗？你怎么敢和我一起坐呢？"

伊丽莎白·凯克雷曾经陪伴林肯夫人去过格兰特的营地，她向我们讲述了林肯夫人在"女皇"号上请格兰特夫妇和他们的随从用餐时的情形：

有个年轻客人在卫生委员会里供职，参加宴会时，他坐在林肯夫人身边，他半开玩笑地说："林肯夫人，前阵子您应该去看看里士满的盛况，总统那次就像英雄一样，非常受人瞩目。女士们向他尖叫飞吻，还向他挥舞手帕；而年轻漂亮的姑娘们则围着他。"

说着说着，这位年轻人突然停了下来，尴尬不已。

林肯夫人盯着年轻人，两眼好像冒火，说这个年轻人说话太放肆，是对她的冒犯。类似的情形再次上演。我想，这位年轻人惹恼了林肯夫人，他恐怕永远忘不了那个夜晚。

凯克雷夫人说："她这种的女人我一生少见，没有比她难缠的，毫不夸张地说，找遍全世界，也发现不了像她这样的人。"

奥诺雷·威尔西·莫罗在她的《玛丽·陶德·林肯传》中说："你随便问任何一个美国人：'林肯夫人这个人怎么样？'百分之九十九的人一定会说：她是个泼妇，是祸害，是物质的傻瓜，是个神经病。"

与其说被刺杀是林肯最大的不幸，倒不如说他迎娶玛丽为妻是他最大的悲剧。

布斯开枪的时候，林肯还不知道他伤在哪里，是什么打中了他，然而在他二十几年的婚姻里，他几乎每天都遭受着身心伤害和痛苦的折磨。赫恩登说：这就是婚姻不幸的恶果。

巴多将军说："在疾风暴雨般的党争仇视中，在不幸的对抗和背负十字架般的痛苦之中，林肯还要忍受来自家庭的悲苦，藏痛苦于心间。他说过，'上帝呀，宽恕他们吧，他们不知道自己做了什么。'"

伊利诺伊州参议员奥维尔·布朗宁是林肯当总统时的好友之一。他们相识二十多年了。在白宫的晚餐上经常会看到布朗宁的身影，他有时也会在白宫过夜。他写下了非常详细的日记，但大家都在猜测他是怎么记述和描写林肯夫人的，因为他要求任何要参阅原稿的人，必须保证绝不泄露他的日记中任何有损林肯夫人的资料，要不就不能参阅日记原稿。最近，这册日记手稿已经拍卖出售，但附加条件是：要印刷发行日记手稿，里面一切有损林肯夫人的内容先要删除。

在白宫举行的公开招待会上，按照惯例，总统要选除自己的太太以外的一位女士绕场开舞。可林肯夫人绝对不能容忍什么惯例还是传统。让另一个女人走在她的前头？还要挽着总统的手臂？休想！

林肯夫人的一意孤行，我行我素，引得华盛顿一片哗然。

不准总统和别的女人一起开舞，只要总统和别的女人讲讲话，她都会用嫉妒的目光盯着看他，然后厉声呵斥。

在参加招待会之前，林肯往往必须先去问问他那善妒的夫人，他可以和哪位说话，而这位第一夫人就把提到的每一个女人评价个遍，说这个让她厌恶，那个让她憎恨。反正没个好。

这时候，林肯会劝解说："母亲，我肯定要和别人讲话的，总不能像个木偶似的一声不吭地发呆呀。你如果不愿告诉我我可以和谁说话，那你说我不能和谁说话。"

林肯夫人不计后果的行为没有收敛，她说到做到。有一次，他威胁林肯，如果不答应提拔某位官员，她就当着大家的面跳到泥浆里去。

还有一次，她在总统会见重要客人之际冲进他的办公室，当着客人的面滔滔不绝地斥责总统。林肯沉默不语，慢慢地站起来，抓着她的胳膊将她带出去安顿在别处后，返回办公室，再将门反锁，就当没发生事儿一样，继续他的工作。

有一位巫师告诉林肯夫人，说林肯的内阁成员都是她的仇人。这一点她毫不怀疑，因为她对他们任何人都没好感。

她说苏厄德是"伪君子"、"废奴运动的奸细"，他"不可信赖"，要林肯断绝和他来往。

凯克雷夫人说："她非常嫉恨柴斯。"

原因是柴斯的女儿凯特在华盛顿社交圈里非常耀眼，是漂亮而很有魅力的女人之一，并且嫁给了有钱人。在白宫举行的招待会上，凯特常常是男士们注目的焦点，这让林肯夫人难以接受。凯克雷夫人认为林肯夫人忌妒心很强，她绝对不希望柴斯借着自己的政治威望为他女儿提高社会地位。她好几次都要求林肯从内阁中驱逐柴斯。

林肯夫人对施坦顿也是很反感。施坦顿如果批评她，她便想办法以给施坦顿送书或剪报为名，用其中的内容影射他暴躁而讨厌。

林肯面对这一切时，说道："你的想法和行为太偏激，你也不想想，我真听你的话，我的内阁还不马上解散？"

被这位夫人看不顺眼的还有：她看不惯安德鲁·约翰逊，憎恶麦克莱伦。她也看不起格兰特，说他"固执、愚笨，是个屠夫",还声言她如果领军的话,比他干得好。她还发誓说,麦克莱伦如果当了总统,她会马上离开这个国家,麦克莱伦在任一天,她一天不回。

林肯道:"嗯,真的让你率军作战,你当然会比任何一位受到审判的将军干得好。"

李将军投降后,格兰特夫妇来到华盛顿。华盛顿灯火辉煌,民众们唱歌跳舞,尽情欢乐。林肯夫人写信给格兰特,邀请他与林肯夫妇同车上街兜风,观看焰火。但是却没有邀请格兰特夫人。

过了几天后,林肯夫人举行了一次剧院晚会,这次她邀请了格兰特夫妇和施坦顿夫妇坐在总统包厢里。

施坦顿夫人接到邀请后,急匆匆地跑到格兰特夫人那里,问她去不去。施坦顿夫人说道:"如果你不接受邀请,那我也谢绝参加。如果你不在场,我可不想和林肯夫人共处一个包厢。"

格兰特夫人可不敢去。她非常清楚,将军进入包厢后,观众一定会喝彩鼓掌,欢迎这位英雄。到时可想而知,林肯夫人一定会怒气冲天,她也许会闹出丢人或有失体面的事来。

最后,格兰特夫人和施坦顿夫人都婉言谢绝了邀请。她们的这一决定也许正好挽救了她们丈夫的性命,因为就在那天晚上,布斯溜进了总统包厢射杀了林肯。当时如果格兰特和施坦顿在场的话,他们两人很有可能也是布斯的枪下之鬼。

暗　杀

1863 年,有一帮弗吉尼亚州的奴隶主大亨进行集会,最后他们出资组织了一个以暗杀林肯为目标的秘密组织。1864 年,亚拉巴马州塞尔马城发行的一份报纸刊登广告，号召民众捐款，筹集资金以支持暗杀林肯的任务。而南方的一些报纸期刊也刊文悬赏，要取林肯的性命。

但是，最后刺杀林肯的人，既不是出于对家乡的热爱之情的激发，也不是受金钱利益的驱使。约翰·威尔克斯·布斯完全是为了出名而下手的。

布斯到底是个什么人呢？他是一名演员，上天给了他风流的外表和非凡的魅力。林肯的秘书们说："他英俊潇洒，几近世界的宠儿。"弗朗西斯·威尔逊在他的布斯传记里说布斯是"世上数得上的大众情人……他走过的时候，遇见他的女人都会止步，眼珠子随他而动，走了多远也会回头望着他，似乎瞬间就爱上了他"。

23岁的时候，布斯在演艺事业上已经成就耀眼。他演得最成功的角色是扮演了罗密欧。不管去哪里演出，怀春的少女们都会塞给他带着甜蜜气息的纸条，以表达她们心中的爱慕之情。他在波士顿演出时，成群结队的女人挤进了特雷蒙特演出场地四周的大街小巷，就是为了在布斯走过时一睹她们心目中英雄的风采。一天晚上，女演员列塔·欧文因为争风吃醋，在酒店捅了布斯一刀，之后企图自杀。在林肯被布斯刺杀的第二天清晨，还有一个妓女叫埃拉·特纳，当听说她的情郎成了一个杀人犯，并且已经逃出了这个城市，她伤心不已。于是，她紧抱布斯的照片，服毒等死。

但是，布斯是不是从这些女人的奉承和献媚中得到一点快乐呢？实在是太少了。因为出名只是在一些偏远之地，而且观众的欣赏层次也很低，社会地位也不高。他一心想赢得大都市观众的追捧，但至今让他耿耿于怀的是他期望的至今无法达到。

在纽约，布斯被那些评论家轻视；在费城，他甚至被轰下舞台。

这实在让人恼恨。布斯家族的其他人那可是在舞台上有头有脸的人。他的父亲朱尼斯·布鲁特斯·布斯是戏剧舞台上耀眼的明星，在舞台上红了将近四十年，国人对他精准演绎莎士比亚作品的高超技巧交口称赞。还没有人像他一样在美国戏剧舞台的历史上赢得如此大的名望。因此，布鲁特斯·布斯一心栽培他可爱的儿子约翰·威尔克斯·布斯继承他的衣钵，也成为布斯家族的优秀者，而小布斯也自命不凡。

但实际上，约翰·威尔克斯·布斯并非才华出众，就是那仅有的一点才气他也没有好好地发挥。他长相帅气英俊，但却慵懒骄纵，不学无术。在年少时期，马里兰农场的森林中骑马奔驰的身影几乎每天掠过人们视野，有时候在林间，他会对着树木和松鼠发表英雄式的演讲，并以墨西哥战争中用过的破旧矛枪在空中乱舞。在闲逛中他打发掉大好的光阴。

朱尼斯·布鲁特斯·布斯在家中不准餐桌上有肉食，他也要求儿女们不能杀生，即使是一条响尾蛇，杀它也不对。然而，约翰·布斯显然没有认真遵循其父的哲学思想，他甚至喜好杀戮。他有时候，会将奴隶们的猫、狗等用枪击毙。还有一次，他还杀了邻居家的大母猪。

后来他去切萨皮克湾一带做起了牡蛎海盗，然后转而成了演员。在他26岁时，他成了被中学女学生极力追捧的偶像。但是他认为自己很失败。他的哥哥埃德温却获得了盛名，这却是他梦寐以求的。

布斯对他哥哥非常嫉妒，有段时间他的心情非常不好，郁闷和一番苦思之后，他决定想办法使自己一夜成名，名留千古。

他的初步计划是：在某天晚上，他跟踪林肯去戏院，当他的同谋者关掉林肯所在包厢的煤气灯时，他就冲进林肯的包厢，将林肯用绳子绑起来，并扔到下面的舞台，然后将他从后门拖出去，塞进马车，趁着黑暗疯狂逃离。天亮之前，他可以赶到人们还在梦乡中的古老城镇托巴克港。从那里乘船跨越波多马克河，再换骑马向南穿过弗吉尼亚，然后顺利地将林肯交给里士满的南方军队。

接下来的情形应该是怎样的呢？南方可以以此为据，掌握发言权，立刻结束内战。

这样一个壮举带来的荣耀应该属于谁呢？显而易见，非聪慧卓越的约翰·威尔克斯·布斯莫属。布斯的声名将会超越他的长兄埃德温上百倍，他美丽的梦想：在历史的长河中将闪耀他的光环。

那时，在戏院里他拥有高达两万美元的年薪，但他依然放弃了那诱人的职业和地位。为了干一件伟大的事业，这时候钱对他没有什么意义，他所做的事其意义远远超过了物质利益。他用自己的积蓄去资助了一伙对南方联盟抱有同情心的人，这些人经常流窜在巴尔的摩和华盛顿之间。布斯还向他们保证：一定要发财和出名。

看看布斯所资助的人：他们都是些算不上号儿的小流氓。斯潘格勒，整天喝得醉醺醺，是一个在舞台上跑跑龙套、再就是打打鱼的人；阿策罗德，没有一点文化，脾气暴躁的油漆工，这个毛头小子还经常会偷偷摸摸到封锁线那边去；阿诺德则就是个被南方邦联军队开除的懒惰的农民；奥劳克林浑身散发着马臊和威士忌的混合味儿，只是个马夫；萨拉特就是个狂妄的饭桶；鲍威尔出身牧师之家，生着一双大眼却疯疯癫癫，又身无分文，是啥事都能干得出来的畜生；而赫罗尔德则终日游手好闲，游荡于马厩之间，嘴上不离马匹和女人，生计全仰仗他守寡的母亲和七个姐妹。

这就是布斯所依靠的干大事的阵容。布斯信心十足地为了在自己事业中扮演这样的大角色开始作准备。他不惜花上所有的时间和金钱去策划行动细节。他买了一副手铐，安排快马换班接应的恰当时间和位置，又买来了三艘船，将它们准备在托巴克港的大溪地，并准备好了船桨和船员守候在那里，单等时间一到立刻行动。

1865 年 1 月，在布斯看来，这个伟大的时刻终于来临。这月的 18 日林肯将会去福特戏院观看由埃德温·福瑞斯特出演的《杰克·凯德》的消息一经传开，尽人皆知，布斯也不例外。因此那天晚上，布斯带着绳子，抱着满怀希望在附近徘徊等待，然而林肯那晚并没有去看戏，布斯啥事也没做成。

又过了两个月，又有传闻说一天下午林肯要坐车，去附近的一个军营看文艺演出。于是，布斯和他的同谋者们带着猎刀和左轮手枪，来到总统必经之地，隐匿在一片树林里。可是，白宫的马车是经过了，但车上并没有林肯。

再次受挫的布斯快要疯了。他难抑心头之恨，出口即是诅咒，还气得撕扯自己的黑胡子，用马鞭狠抽自己的皮靴。他受够了，他不愿再受任何挫折，他不允许有闪失。如果再抓不住林肯，那他只有上吊了。

几个星期后，李将军举手投降，南北战争宣告结束。布斯知道再劫持总统显然已经没有意义了，于是他便决定枪杀林肯。

这次的机会来得很快，布斯没等多久。第二个周五他理完发后，去福特戏院拿邮件时听说，在晚场节目演出时，总统在那里订了包厢。

当布斯听到这个消息时，他大声叫道："什么！那个老东西今晚要来这儿？"

布置演出场景的工人正在为盛大演出做着前期准备。左侧包厢的蕾丝背景上插上了彩色旗帜，还挂了一幅华盛顿像。隔板也被拆掉，空间扩大了一倍，而且用彩纸点缀，在中间放了一把特别大的核桃木摇椅，这是特地为总统设计的，为的是适合他那双长腿。

布斯买通了一个舞台工作人员，让他将椅子按他的意思摆放：放在包厢一边离观众更近的一侧，以便他进场的时候不被人发现。他在摇椅后面的内门处钻了一个小孔，并且在去化装间和包厢的门后面的灰泥墙上开槽，以便用木板拦住入口。布斯准备完这些之后返回宾馆写了一封信给《国民通讯报》的编辑，在信中他以爱国主义的名义讲述了要进行暗杀的理由，他声称，后世子孙将会因此而崇拜他。在末尾签上了自己的名字后，他把信交给一名演员，吩咐他在第二天再将信发出去。

尔后，他去了马厩租用了一匹栗色小马驹，还向他的帮手们夸耀这匹小马跑起来跟猫一样敏捷快速。他召集帮手们上马，给阿策罗德一支枪，吩咐他射杀副总统，又将一支手枪和一把刀给鲍威尔，要求他杀死苏厄德。

那一天是复活节前的那个礼拜五，按常规说，这一天的夜晚戏院在一年当中比较冷清最不适宜看戏，然而城里仍然满是想一睹总统这位军队统帅的尊容的将士，而且战争刚刚结束，人们还沉浸在庆祝胜利的热烈气氛中，所以当晚的戏院也不乏热闹。横跨在宾州大道上的凯旋拱门还未除去，那晚总统乘车前往戏院，沿途跃入眼帘的是举着火把欢舞的行列，人们欢呼雀跃，向总统致敬。福特戏院早已满员，当总统抵达时，成百看热闹的人被赶出戏院，失望而归。

总统一行人进场的时候，时间正好是九点还差二十分钟，也是第一幕演出的中途。演出这时停了下来，演员们向总统鞠躬表示欢迎。着装华丽的观众们脸上洋溢着节日的喜悦，当林肯进场的时候他们齐声欢呼，而乐团演奏一曲《领袖，欢迎您》。林肯深深地向观众鞠躬答谢。他脱掉大衣，然后坐在覆盖着红色垫子的核桃木摇椅上。

林肯夫人请来的客人坐在她的右侧，他们是：宪兵司令部的拉斯伯恩少校和他的未婚妻克拉拉·H.哈里斯小姐，她是纽约参议员艾拉·哈里斯的千金。在华盛顿社交圈里，金发碧眼的哈里斯小姐还算个新人，所以正好符合当晚的林肯太太惯于挑三拣四的口味。

这时候的舞台上，劳拉·基恩最后一次表演他著名的喜剧《我们美国的表亲》。戏剧笑料不断，场面热闹，观众席上欢乐的笑声此起彼伏。

这天下午的时候，林肯和太太曾经出去散步很长时间，过后，林肯太太说林肯在这么多年来从未像今天一样快乐过。那么这是为什么呢？无他，只因为这个时候，和平、胜利、团结、自由，这一切都有了。那天，林肯还跟玛丽说起他的总统第二任期届满后离开白宫的打算。首先，他们想去欧洲或者加利福尼亚好好休息一段时间；结束后，他可能会在芝加哥开一个律师事务所，或者直接回斯普林菲尔德，在有生之年继续在大草原上过他曾经也比较喜欢的巡回办案的生活。这天晚饭前，有几位伊利诺伊州的老朋友看望他，像往常一样，他讲笑话得意扬扬，老朋友们被他逗得开心得不得了，连太太招呼大家就餐差点都没机会。

就在前一个晚上，林肯曾经做了一个非常怪异的梦。第二天上午，他向内阁成员讲了这个梦，他说："我好像在一艘没法具体说明的船上，这艘船速度极快，驶向了黑暗无边的海岸。在每次有重大事件发生之前，我常常会做这样奇怪的梦，很不寻常。在安蒂坦之役、石河战役、葛底斯堡战役、维克斯堡战役之前，这种梦都曾经光顾我的睡眠。"

林肯认为此梦吉祥，会有好消息到来，有好事将要发生。

到了晚上 10 点 10 分的时候，浑身散发着威士忌酒气、满脸通红的布斯，穿着黑色马裤、马刺，他有生最后一次走进戏院。看了看总统就座的具体位置。

他手里拿着一顶黑色垂边帽，朝通向包厢的楼梯走去。楼梯过道堆满了椅子，他很费力地挤到了包厢外的走廊。

中间，布斯被总统的卫兵拦住，他很镇静地掏出一张名片递了上去，言语傲慢而自信，声言总统要约见他，但没等卫兵同意，他便径直推开走廊的门，走了进去，并顺势关上了门，然后从乐谱架子上取来一根木柱子将门从里面顶上。

布斯从总统后面的门上钻出的小孔中往里窥视，估计好射程，然后悄悄地将门推开，然后猛地将大口径小手枪的枪口对准林肯的头颅，刹那间扣动了扳机，随后他飞快地朝下面的舞台跳去。

林肯的头往前一垂，继而脑袋歪向了一边，整个身躯瘫陷在椅子里。他没有发出一点声音。

刚开始，观众以为射击和跃向舞台是剧情表演的需要或一部分。包括演员在内，没有任何人会想到总统已经遭到暗杀。

这时，一声刺耳的尖叫震惊了整个戏院，这是一个女人发出的，所有人的目光瞬间转向了挂着围帘的包厢。拉斯伯恩少校的一只手臂上全是鲜血，他大叫道："抓住那个人！拦住他！他杀害了总统！"

整个戏院陷入了片刻的寂静。一会儿总统包厢里飘出了一缕烟雾，悬在人们心中的疑惑打破了。一种揪心的疼刺痛了观众，恐怖和疯狂开始蔓延，观众们嗖嗖冲出座位，座椅在剧烈晃动，他们越过栏杆，试图爬上舞台。这时那些老幼体弱的观众可遭了殃，他们被踩在地上，骨头也被挤断了，妇女们在尖叫声中有的被吓晕过去。戏院大厅痛苦的尖叫声中夹杂着狂喊："绞死他！"……"枪毙他！"……"烧掉这个戏院！"

不知谁高喊，戏院有炸弹，将要爆炸，狂乱不堪的戏院再次让观众处于惊恐的怒潮之中。还有一群被狂热裹挟的士兵持枪冲进戏院，用已经上了刺刀的滑膛步枪攻击观众，并驱赶他们："出去，滚出去！快滚！"

观众中有一位医生为林肯检查了伤势之后，认为总统的伤势非常严重，已经危及生命，回白宫的路是用鹅卵石铺成的，送总统回白宫经过路上的颠簸会十分危险。于是，安排四名军人抬着总统：两人抬着肩膀，两人抬着双脚。林肯那瘦长而松垂的身体就这样被抬出戏院，走到大街上，林肯的伤口涌出的鲜血染红了所到之处，尤其是人行道上更是血红一片。有人跪下来用手帕擦拭地板上的血迹——他们将会永久珍藏这些手帕，到临终时，他们会将之看作无价之宝而传赠给他们的后代子孙。

骑兵们提着泛着寒光的军刀，跨马雄立，为总统开道；一双双爱怜的手扶着总统病弱疲惫的身躯，穿过一条大街，来到一家裁缝开的廉租屋。由于屋内的床太短，因此只能将总统斜放在床上，再把床挪到泛着昏黄的煤气灯下。这时的整个屋里，弥漫着一种阴郁和压抑。

令人悲痛的消息很快传遍了整个华盛顿。与此同时又传来了一个坏消息，真是福不双至，祸不单行：林肯遇刺的同一时间里国务卿苏厄德在床上遇刺，生命垂危。这些不祥的惨祸加剧了人们的恐慌，也助长了流言满天飞舞：副总统约翰逊已经被杀，施坦顿已被暗算，格兰特遭到枪杀。一时之间，谣言四起，人心惶惶。

形势急剧变化，这时的人们开始相信李将军的投降是个骗局。他们认为：南方联盟的细作已经渗透到整个华盛顿了，他们正准备全歼华盛顿的政要；南方联盟再次武装，准备战争——一场更为惨烈的战争就在眼前。

神秘的信使急匆匆地穿梭于住宅区，人行道上传来时断时续的有规律的敲击声——连敲三次两个短声，这是秘密组织联邦青年军发出的有危险的紧急集合信号。被信号唤醒的成员们，提着步枪，疯狂地跑上街头。

城里到处是高举火把、手拿绳索的暴民，他们号叫着："烧掉戏院！"……"绞死叛徒！"……"杀死卖国贼！"这是美国历史上少有的疯狂的夜晚。

电报带着悲伤的消息飘向了整个国家的四面八方，国家如失火的家园。那些对南方报以同情之心的人和警察们被绑在围栏上，浑身被涂上柏油，粘贴上羽毛；有些人被扔来的铺路石砸烂了头颅。民众砸毁了巴尔的摩的画廊，因为他们相信那里肯定藏有布斯的画像。在马里兰州，有一位编辑曾经在出版物中谩骂攻击过林肯，因此他也被枪杀。

总统生命垂危；副总统约翰逊烂醉在床上，烂泥沾满头发；国务卿苏厄德遇刺，也快要撒手人寰；这个国家的命运转瞬间紧紧地与爱德华·M.施坦顿联系在一起，国家大权落在了这个性格粗鲁、脾气暴躁的战争部长手上。

战争部长施坦顿相信政府要员已经都被暗算，由于他高度紧张，所以坐在奄奄一息的林肯身边，用他的丝绒礼帽做垫子，签发命令，再接二连三地向外发布。他要求军队对他的房子和同僚的住所进行严格地保护；下令政府接管福特戏院，并逮捕每一个与此事相关的人；宣布华盛顿进入紧急状态。他命令一切武装力量集结待命，包括整个哥伦比亚地区的军队和警力、周边地区军营里的士兵、美国秘密警察，以及军事法庭统辖的间谍人员。在城里，他要求每隔15米设置一个警戒哨。对每一艘渡轮他都要求派兵看守，在波多马克河上，命令拖船、汽艇和弹药船加强戒备和巡逻。

同时，施坦顿还电命纽约州警察局局长，要他在美加边界派遣优秀的侦查员驻守。而且还命令巴尔的摩和俄亥俄铁路局长，务必在费城拦住格兰特将军，让他马上返回华盛顿。

他派了一个步兵旅驻扎在马里兰州的低洼地加强防范，抽调精锐骑兵追捕凶手。同时让大家注意："凶手守在波多马克河边，会逃到南方去。"

布斯的枪射出的子弹进入了林肯左耳下方，斜穿大脑，最后停在离右眼半英寸的地方。这如果换上别人，体力较弱或生命意识薄弱，可能早已一命呜呼，然而林肯坚持了足足九个钟头。

守候在隔壁房间里的林肯太太，隔一个小时就要去看一眼林肯，她坚持要求守在林肯的床边，在床边时她边哭边叫喊："噢！上帝啊！我是不是把自己的丈夫推向死亡？"

一次，她抚摸他的脸颊，将她的泪脸贴近林肯的脸，林肯开始急喘呻吟，显得比先前痛苦。她已心神错乱，大叫一声，往后退去，然后晕了过去。

尖叫声惊动了施坦顿，他愤怒地冲进了房间，大声下令："把这个女人带走，别让她再进来。"

到七点钟过后不久，林肯那痛苦的呻吟停了下来，呼吸也变得平缓了。当时在场的一位秘书写道："他那疲惫而满载风霜的容颜上浮现出了难以言喻的平静祥和。"

有时候，当人在弥留之际，他的潜意识里往往会倏然洞开：清醒和知觉。

在这最后的平静祥和的时刻，那些快乐的片段回忆也许曾经一幕幕飘过了林肯的记忆深处——那是久违的画面：印第安纳州巴克霍恩山谷那间敞棚屋外，夜晚的门前熊熊燃烧的柴火，桑加蒙河汹涌咆哮的河水直击纽赛勒姆河堤，在纺机旁安妮·鲁勒吉欢快的歌声，饥饿的老马嘶叫求食，斯普林菲尔德律师事务所墙上斑斑的墨水印记，书架上已经冒出花芽的花籽，一切的一切……

这是林肯的一场历经数小时的与死神搏斗的过程。军医利尔大夫一直守候在林肯总统的身旁，紧紧握着他的一只手。7点22分，利尔大夫将林肯那已经没有脉搏的双手叠放在一起，然后在林肯的眼睑上放了两枚五角硬币，使其闭上双眼，又用手绢绑好他的下巴。一位牧师为他祈祷。屋顶上传来滴滴答答的冰冷的雨滴声。巴尼斯将军用一块布单盖住了林肯的面孔，施坦顿号啕大哭，悲痛不已，他边哭边拉下了窗帘，挡住黎明的光亮，以免侵扰屋内悲伤孤寂的灵魂。此时，他说了那夜让人永世难忘的话："现在，他属于千秋万代。"

第二天，在白宫小泰德问一位来访者，他父亲是否上了天堂。

对方答道："我想肯定是。"

泰德说："那我放心了，我父亲在这里始终不快乐，这个地方对他来说不适合。"

后　记

葬　礼

　　林肯安卧在回归伊利诺伊州的灵车上，缓缓前行，所到之处，悲伤的民众夹道致哀，悲啼连绵。车身整体用绉绸覆盖，灵车车头按拉灵车的马车样式布置，上面覆盖着用银星点缀的巨大黑毯。

　　在灵车喷吐着烟雾，长鸣汽笛，启动准备向北时，铁路两旁集聚的送别人越来越多，他们个个表情悲戚，神色凝重。

　　当灵车到达费城之前还有数千米远的时候，铁路两旁已经聚集了大量的人群，形成了两堵密实的迎接的人墙。灵车驶入市区时，成千上万的人涌上街头，从独立大厅向外延伸足有5千米长是悼念的队伍。他们一个紧挨一个缓缓向前挪动，持续了十多个小时，只为了看林肯最后一眼，时间不用太长，哪怕一秒钟也行。直到星期六夜已过半，独立厅大门已经关闭，然而悲伤哀悼的人们久久不愿离去，他们一整夜都静静地站在那里，这种情形一直持续到星期天凌晨三点时，人潮密集，难以挪动半步，甚而有人以 10 美元出售他们所排的位置。

军队士兵和骑警全力加入了疏导交通的行列，以免交通阻塞。几百名妇女晕倒当场，那些曾经参加过葛底斯堡战役的老兵也帮忙维持秩序，竟然也被累倒。

林肯的葬礼预定在纽约举行。就在葬礼的前一天，来自全国四面八方的火车日夜不停地开进了纽约城，这座城市一夜间迎来了它有史以来最大的人潮。旅店满员，私人住宅里也不例外，公园、车站和汽船码头上更是熙熙攘攘，摩肩接踵。

第二天举行葬礼，有十六匹由黑人驾驭的白马，拖着灵车缓缓地向着百老汇而去，沿途伤心的妇女们将鲜花不断地抛向灵车。跟在灵车后面的是 16 万手握旗帜为林肯送行的哀痛的民众，脚步声沉闷地敲击着每一个前来送葬的人的灵魂，民众手中的旗帜随风猎猎，上书："唉！可怜的雅各！遗憾啊！"……"安息吧，上帝与你同在！"

还有将近 50 万人为了最后目送林肯一程，推来挤去，互相扭打践踏。面对百老汇的楼房中二楼窗口处的位置都出租出去了，每个位置的价钱高达 40 美元。有些窗户连同窗框被拆卸下来，以便尽量让更多观礼的人能目睹窗外的一切。

教会唱诗班成员身着白色长袍站立在街角，整齐地吟唱圣诗，乐队伴随着慢慢地行进的队伍，演奏着低哀的挽歌。百门大炮每隔一分钟就在这座城市的上空回响一次。

在纽约市政大厅，送葬的民众立在林肯的灵柩旁，与林肯喃喃低语，有的人想去抚摸他的面颊。有一名妇女趁卫兵不注意的时候，突然俯身亲吻林肯的遗体。

星期二中午，林肯的棺材合盖。无数未能瞻仰林肯遗容的民众纷纷急匆匆地跃上火车，西行而去，前往灵车将要经过的几个地方和最终的目的地。灵车从纽约一路驶向斯普林菲尔德，丧钟和礼炮声绵延不绝，白天的时候，通过鲜花和常青藤做成的拱门，经过孩子们挥舞着国旗的山坡，晚上的时候，为灵车照明的是无以计数的火把和熊熊火焰，这些火把和焰火延伸遍及大半个北美大陆。

整个美利坚陷入了深深的悲伤之中。有史以来，罕有与此葬礼相比的。有些情感和意志薄弱的人，加上劳累和被渲染的哀伤而崩溃。甚至有青年情绪激动，竟然用小刀边割自己的喉管边哭喊道："让我随你而去吧，亚伯拉罕·林肯。"

暗杀发生四十八小时之后，有一队人马从斯普林菲尔德赶来，他们恳求林肯太太将她的丈夫葬在林肯的家乡。开始，被林肯太太拒绝。她非常清楚，他在斯普林菲尔德根本没有任何朋友，虽然她还有三个姐妹在那里生活，可她很讨厌其中的两个，而剩下的一位根本就瞧不上眼。而且那个小村庄充满着闲言碎语和是非，这让她很蔑视。

她对她的黑人裁缝说："天哪，伊丽莎白！我可永远不回斯普林菲尔德。"

因此，她打算将林肯葬在芝加哥，或者安放在国会大厦原先为乔治·华盛顿建造的坟墓里。

但是，在家乡人苦苦请求了七天之后，她终于同意将林肯的遗体运回斯普林菲尔德。这个小镇的人们募集了一笔资金，买了一片跨越四条街廊的土地，州议会还派人夜以继日开挖修建，修整成美丽的墓园。

5月4日早晨，灵车开进了小镇，墓园也已建造完毕。成百上千的人，还有林肯生前的和昔日的老朋友，都聚在一起，默默等待下葬仪式开始。这时，林肯太太突然间大发雷霆，她推翻了原来的计划，认为总统不能葬在已经修好的坟墓里，而要将林肯的遗体埋葬在3千米外的奥克里奇公墓。

她的要求不容更改，不能讨价还价。她威胁说，只能按照她的意愿去做，否则，林肯的遗体她将"强制"运回华盛顿。这是为什么呢？她这样做的理由非常可笑：因为墓地正好建在"马瑟家族"地带，而她对"马瑟家族"心存怨恨，根本瞧不起。还在数年前，"马瑟家族"的人曾经让她气得晕了过去。如今即使在林肯的丧葬期，她的内心依然对马瑟家族耿耿于怀，不忘旧恨。因此，她认为绝不能让她的丈夫安息在那个被她嫉恨的家族玷污过的地方，即使是一个晚上，那也不行。

作为这个女人的丈夫，林肯生前总是信奉"与人无怨"，总是心怀"天下"；然而陪伴了他25年的这个女人却从他的身上没有学到一点东西，什么都没有，在她心里填满了对这个世界的仇恨和不满。

悲伤的斯普林菲尔德只能依着这个可怜的寡妇。上午11点，人们将林肯的遗体运往奥克里奇公墓。斗士乔·胡克骑着马在灵车前面开道，后面跟着的是林肯的那匹老马。老马身披红、白、蓝三色相间的毯子，毯子上绣着"老亚伯的爱驹"的字样。

等到老马回马厩的时候，披在它身上的毯子已被撕得仅剩一小片了，那些抢夺"纪念品"的人几乎将马弄得精光。甚至还有人像秃鹰一般扑向灵枢，争抢披盖在棺材上的棺布，在士兵们持枪阻吓之后，他们才作罢。

林肯被暗杀之后的整整五个星期里，林肯太太每天都将自己关在白宫的房间里，终日以泪洗面。

在那令人无比悲伤的日子里，伊丽莎白·凯克雷一直陪伴着林肯太太，负责照顾她的起居和饮食。她将看到的情景记了下来：

> 当时的情形将永远刻在我的脑海里。那是一声发自灵魂已经破碎的人的哀号，她那异常的尖叫、惊呼，常常令人毛骨悚然；她那因心灵深处的刺痛和悲伤而突然爆发的近乎癫狂的举动，让我终生难忘。那个时候，我会用冷水给太太擦拭额头，以平息心绪，想方设法尽量安慰和劝解，安抚她的情绪。

> 父亲的去世对泰德的打击也很大，他同样悲痛不已，然而他的母亲时不时地情绪失控让他非常害怕，而他却不知道该怎么办，他只是乖乖地站在旁边，也不知道说什么……

> 到了晚上，当听见母亲的哭泣声，泰德会穿着白色睡衣爬下床，轻轻地走到母亲的床边安慰它："别哭了，妈妈，您一哭我就睡不着。爸爸是好人，他到天堂去了。在那里他会很快乐。这个时候，他和威利哥哥与上帝在一起。妈妈，别哭了，您再哭，我也要哭了。"

回到事发

布斯在向林肯扣动了扳机的时候，拉斯伯恩少校与总统在一个包厢，他一个箭步冲上去揪住了布斯。但是，布斯回身挥刀砍向了拉斯伯恩的手臂，使他无法抓紧。拉斯伯恩的手臂受伤，流血不止，布斯挣脱，冲出包厢，朝下跳向了相距有 3 米远的舞台。这期间，因为急着逃亡，布斯的马刺碰上了总统包厢四周插着的彩旗，这使他的身体失去平衡，落地时，有块腿骨骨折。

布斯感到一种钻心的疼痛，但他毫不犹豫，没有半点迟疑。他心里非常清楚，他此时此刻正在扮演着他事业生涯中最为辉煌的角色，他注定将因为这一刻而"永垂不朽"。

布斯很快集中了精力。他手里挥舞着匕首，高喊着"向着暴君开战"的弗吉尼亚格言，向舞台外冲击。当他冲出戏院后门的时候，一名演奏员因为拦截他而被砍倒，还绊倒了一名演员。出门后，布斯跳上早已备好的一匹骏马，有个男孩儿名叫"花生约翰"，他想控制那匹马，布斯用手枪的枪柄打晕了男孩儿，然后打马扬鞭而去。在这样一个夜里，月光下的鹅卵石路面上不时散发着马蹄擦出的火花，而马鞍两侧，布斯的那双钢铁般的马刺泛着青光，透出一股悲凉和阴冷的气息。

布斯策马疾驰，途经国会大厦，大概有 3 千米。到一轮明月爬上树梢时，布斯已经抵达阿纳科斯蒂亚桥。过桥时，中士科布持枪指向布斯，喝问道："干什么的？这么晚还出城？你这是违法行为，知道吗？任何人在晚上九点之后，都不准过桥。"

然而，布斯很镇静地自报家门，声言自己是去城里做生意的，来自查尔斯县。等到晚上过来，是因为等月亮出来他回家时能看清楚路。

科布中士一听，他说的也有道理，加上内战也结束了，这种小事儿没必要大惊小怪。于是，科布对布斯给予放行。

而几分钟之后，布斯的同党戴维·赫罗尔德如法炮制，顺利过关，在集合地点与布斯会合后，两人策马飞奔，越过了马里兰的低洼之地。

午夜时分，他们来到苏拉维尔，在一家小旅馆里住了下来。然后，他们给马喂足了水草，并从萨拉特夫人那里取走了留在那里的双筒望远镜和枪支弹药，买了一美元的威士忌。狂欢豪饮后，他们吹嘘说他们已经杀了林肯。然后，他们又一次策马，没入茫茫黑夜之中。

他们原打算第二天清晨赶到波多马克河边，再乘船过河，直达弗吉尼亚。对他们来说，这样做很轻松；按当时的情形，他们的确可以摆脱追捕。但是，这之前，他们并不知道当时的布斯腿伤十分严重。

尽管腿伤如此，但当晚布斯还是马不停蹄，坚持赶路。在日记中布斯说："每跳一步，骨断皮裂，彻骨疼痛。"最终，布斯难以忍受折磨。星期六拂晓前，他和赫罗尔德不得不在一个乡村医生的家门前停下来，这名医生叫萨缪尔·A.马德，这里距华盛顿城东南只有32千米。

布斯的情况很糟，腿伤的痛楚使他的身体很虚弱，他都无法下马。他们将布斯抬下马鞍，安置在一张床上。这个偏僻的地方既没有电报可通，也没有铁路，而当地人根本不知道发生了暗杀事件，所以布斯的伤情马德医生根本没有在意。试想想，对腿伤布斯会怎么解释呢？其实布斯说得十分简单：是他的马摔倒以后压断的。于是，就像普通伤者一样，马德医生对他的腿伤做了处理：他将布斯的靴子松后脱下来，把他骨折的腿矫正，然后用薄木夹板固定，包扎。当时跟前没有备下薄木条，马德医生就用他自己帽盒里的薄板代替木条。包扎好以后，马德医生还为布斯做了一副拐杖，以便布斯行走。

那天，布斯在马德医生家里一直待到夜幕降临。他从床上吃力地爬起来，还饿着肚子，却赶紧去剃掉他那标志性的胡须，然后给自己贴上了一串连鬓的假胡子，以伪装自己。他的右手上文着布斯全名的首写字母的缩写，为防止泄露他的真实身份，他找来一件披巾披在身上。在给马德医生付了25美元之后，布斯和赫罗尔德再次策马而去，奔向波多马克河——他们的希望之所在。

然而，泽奇亚沼泽无情地横在他们面前。在那个漫无边际的泥塘里，到处是矮灌木和山茱萸，泥泞中遍布蜥蜴和蛇虫。黑暗中，他们迷失了方向，在四周徘徊辗转持续了好几个小时。

直到深夜，多亏了名叫奥斯瓦尔德·斯旺的黑人，他们才得救。而此刻，布斯已经伤痛难忍，他已经无法跨在马背上。布斯用7美元租用了斯旺的马车。这样，到复活节的黎明到来之时，斯旺赶着他那白色骡子拉的马车，将布斯和赫罗尔德带到了他们的同伙考克斯上尉的家——"富裕山"。考克斯家境富裕，在南部邦联名望很高。

到此为止，布斯总算可以稍微歇歇脚了。

布斯把自己的姓名和所做的事告诉了考克斯上尉。他还伸出右手让考克斯确认他的真实身份，因为在右手上布斯用印第安墨水文有他的姓名首字母缩写。

布斯恳请考克斯不要出卖他，并要考克斯以母亲的名义起誓。他说，腿伤让他很痛苦，但是对于南方来讲，他所做的一切很值得，是一种伟大的贡献。

布斯的腿伤使他们不可能再疲于奔命，不管是乘坐马车还是骑马，最后考克斯在他家附近的灌木丛林里将他们藏起来。说是灌木丛林，但其实那里是名副其实的原始森林，他们的藏身之处遍地是冬青和月桂。在那里这两个逃亡者整整待了六天五夜，等到布斯的腿伤好转之后，他们接着继续逃亡。

托马斯·A.琼斯是考克斯上尉的一个兄弟，他是个奴隶主，曾经参与过南部联盟的联络工作，表现很积极，在战时曾协助运输禁运品，也帮助北方军追逃之人顺利渡过波多马克河。琼斯按照考克斯的要求悉心照顾布斯和赫罗尔德，他每天早上都会用篮子送食物给他们俩。琼斯很清楚，到处都有密探，而且每条小路都有哨卡，时时都有人进行查问，所以琼斯在给布斯他们送饭的时候总要赶着他家的猪，假装是让牲口出去觅食。

饥饿的布斯渴望有食物充饥，然而来自外界的消息更是他最想听到的。他急切地想从琼斯那里知道事态的发展，知道他的"壮举"是否使民众欢呼。

琼斯不断地为他送去报纸，但他就是找不到他想得到的令人鼓舞的消息，而慢慢地，他的内心深处被凄凉和破碎占据，整整数天之后他彻底心碎了。

布斯忍受着剧烈的伤痛飞奔了三十多个小时，来到弗吉尼亚，即使这样忍痛长途颠沛也没什么，只是他内心的煎熬痛楚更为难忍。暗杀林肯，对北方而言表现出极大的愤慨，是预料之中的事。但当他看到南方报刊，弗吉尼亚当地的报刊也撰文反对他，对他的行为进行指责，怀疑他这种做法的价值，他目瞪口呆：这地方还是他的心之所向吗？他感到绝望和崩溃。他想成为万人敬仰的英雄之梦破灭了，人们骂他是走狗，是杀人凶手。他发现自己已经遭人唾弃。

报刊上铺天盖地的指责犹如一根根毒刺，扎得布斯喘不过气来。

面对如此情形，布斯从没有自责过。每个人都在斥责他，而上帝和他自己除外。他辩解说：他为神圣的上帝服务，刺杀林肯是神圣的使命所在；林肯的错误在于：在服务于一个民族时，他的行为过于"堕落"，这让人无法容忍。"堕落"一词是布斯的日记语言。

在日记中，他说："我多么希望这个世界能理解我。我不奢望自己成为伟人，但只要经过一次暴风雨，我可以一夜成名……我胸有宏大的抱负，我不会像罪犯一样去死。"

躺在潮湿阴冷的藏身之地，布斯身上只盖有一张很薄的皮毯子，他浑身不停地打战，从他那破碎的心底涌起一股伤心欲绝的悲鸣：

> 至此我除了绝望就是又饿又冷，然而所有的人都在骂我。为什么？为了他们，我消灭了那个暴君和恶魔，可他们对我还是嗤之以鼻，还骂我是杀人犯。我不像其他人那么复杂，

我的行为其实纯洁、简单……我不奢望有所回报……我这样
做有什么错呢？我不后悔。

布斯苦闷地躺着边疗伤边写日记之时，在马里兰的南部有
三千名密探、一万名骑兵在搜捕他。搜查中，他们没有放过每一
个角落，包括每一栋房子和山野中大大小小的洞穴，甚至泽奇亚
沼泽地无数的泥塘。悬赏缉拿布斯的金额高达十万美金，他们决
心要找到布斯，不管死活。嗒嗒嗒的马蹄声有时也会传到布斯的
耳朵，搜捕他的骑兵们就在距他仅有二百码的公路上。

有好多次，布斯听见那些战马的嘶鸣，这种情况下，他和赫
罗尔德的马很可能回应那些战马的呼唤，如果那样，他们无疑将
自投罗网。因此，在夜晚，赫罗尔德将马牵到沼泽地后，枪杀了
它们。

可是两天后，天上飞来了一群群秃鹰！它们在空中盘旋飞舞，
然后拍打着翅膀向两匹死马靠近。看到这种情况，布斯吓坏了，
这很可能招来追捕他们的军队和警察，他们一看就知道，那匹栗
色的马是布斯的。

况且，不管怎样，布斯的腿伤也不允许再在这个地方待下
去了。

于是，正好在暗杀林肯后一周，也就是 4 月 21 日，这天是星
期五。到了晚上，赫罗尔德将布斯抬起来，放在马鞍上，再次向
波多马克河进发。那匹马是托马斯·A. 琼斯送的。

那晚的天色很暗，似乎还有迷雾，到处漆黑一片，伸手不见
五指，就是他们两人也无法看清对方，只能用手触摸才能感到对

方的存在。

对于布斯他们，琼斯是非常忠实的，那晚琼斯一直为他们带路，在无边的田野里潜行，横穿公路，跨越农场。为防止被骑兵和密探发现，琼斯走在前面总是与布斯他俩保持大约五十码的距离，等把前面的情况听仔细，觉得安全之后，他才向后方小心地发一声口哨。听到哨声时，布斯他们再向前行进。

这样的跋涉虽说只有数小时，但却是惊心动魄，心惊胆战。布斯他们终于到达波多马克河岸边的悬崖边。当时，狂风正在肆虐，从黑暗中不时传来悬崖下河水拍击岸石的声音。

几乎一个礼拜，抓捕布斯等人的联邦士兵都在波多马克河一带转悠，停泊在马里兰岸边的每一艘船都被翻了个遍，有些甚至被烧毁，可就是这样，琼斯的计划还是如愿以偿了。琼斯安排一个叫亨利·罗兰的黑人在白天的时候将船划到河心钓鲱鱼，到晚上将船划到登特草地藏起来。

因此，在布斯他们逃亡至此的时候，过河的准备已经就绪。布斯悄悄地向琼斯道谢，并又用 17 美元买下了琼斯的船外加一瓶威士忌，然后登船，向 8 千米之外的弗吉尼亚河岸驶去。在浓雾和漆黑中，赫罗尔德奋力划着船，船尾的布斯靠指南针为赫罗尔德导航，没走多远，水道突然变窄，船只陷入了急流和旋涡之中，紧接着船只被水流推回了数千米。他们在迷雾中失去了方向。当黎明到来时，他们发现绕过了在河中巡逻的联邦船只，而且向北航行了大约 16 千米，而距弗吉尼亚河岸仍旧 8 千米，想想昨晚，等于原地打转。

到了白天，他们一整天躲藏在南杰莫伊湾的沼泽里，直到第二天晚上，他们既饿又冷，但他们顾不了那么多，两人使出浑身的劲儿将船划向了对岸，成功之后，兴奋地高呼道："上帝保佑！终于到了，古老而光荣的弗吉尼亚是安全的。"

布斯他们急匆匆地赶到了理查德·斯图尔特医生家。斯图尔特医生家境殷实，算是弗吉尼亚乔治国王县城里的望族，他家曾经是南方联盟的一个联络点。布斯原本希望在斯图尔特眼中是南方人的功臣。然而，斯图尔特数次因为协助南方联盟而被逮捕，况且内战已经结束，因此他再也不愿意冒生命之险去帮助一个凶手，而且是谋杀林肯的凶手。他非常清楚这种行为的后果，所以他根本就不想让布斯进入他家，哪怕踏进一步也不行。他只是拿了一点东西给布斯他们吃，而且只能在谷仓里用餐，最后他送布斯和赫罗尔德到一个黑奴家里过夜。

但是，黑奴也不愿收留他们这种逃亡者，很勉强让他俩进屋时还骂骂咧咧，语言中带着威胁。

这就是布斯所投奔的光荣而古老的弗吉尼亚！其实在这样一个地方，你越想出名，就越是什么也得不到，甚至很可能被茫茫人海淹没。

这时，布斯他们逃亡的旅程即将结束，就在三天之后他们被团团包围，成了瓮中之鳖。这种逃跑中，三名参加过内战的南部联盟骑兵陪伴着布斯，从罗亚尔港横渡拉帕汉诺克河，然后策骑向南飞奔5千米，在一个叫加勒特的农场主家停了下来，布斯谎称叫博伊德，是李将军的士兵，在里士满附近作战时负伤。

接下来，布斯两天里一直待在那家农场。白天他会出去晒晒太阳，同时手里拿着一幅旧地图在查看，心里盘算着怎样行进才能去里奥格兰德，再顺利地前往墨西哥。

在晚上，当布斯和加勒特一家一起吃晚饭的时候，加勒特家的小女孩一直说着她从邻居那里听来的关于暗杀的事儿，嘴里喋喋不休，问东问西，还不断地猜测是什么样儿的人行刺以及得到了多少赏金。

这时，布斯突然说道："我知道的是，他没拿到一分钱，但却从此臭名远扬。"

第二天下午，也就是 4 月 25 日，布斯和赫罗尔德在加勒特家院子的槐树下闲聊散步。突然间，在他们过拉帕汉诺克河时帮助过他们的罗格少校急匆匆地跑了进来，警告说："你俩可要小心，北方佬正在过河向这个方向搜寻过来了。"

听了这话，他们出了加勒特家，急忙奔向密林藏了起来，等天色完全暗了下来后，他们才潜回加勒特家。

他们的异常行动引起了加勒特的注意和怀疑，加勒特很想将他们立刻赶走。其实加勒特并不是怀疑他们是刺杀林肯的凶手，从未有过这样的想法，而是把他们当成盗马贼了。因为前一天晚上，布斯他们正在说起要去买两匹马来，那时，加勒特就开始怀疑他们了。而在晚上休息时，布斯他们考虑到安全和随时要逃亡，所以两人谢绝了让他们去楼上过夜的安排，而是去游廊下或仓库里休息，这种行为让加勒特更加确信他们要偷盗他的马匹。

布斯他们在加勒特眼中是偷马贼确定无疑。于是，布斯他们被领到一间很破旧的仓库里，那里到处是破家具和干草。等布斯和赫罗尔德休息后，加勒特在门上加了一把锁，将两个人锁在里面。为了更加保险，精明的加勒特叫来他的两个儿子威廉和亨利守在门口。两兄弟身披毛毯，蹑手蹑脚地躲进布斯他们旁边的小谷仓里，密切注意他们家的马匹和布斯他们的任何异动。

加勒特一家带着些许的期待进入梦乡，这个夜晚的确让人难忘。

第二天拂晓时，这一家得到的结果却出乎他们的意料。

原来有一队联邦士兵对布斯和赫罗尔德搜寻了两天两夜，他们对任何细微之处都没有放过。这时，他们见到了一个黑人老头儿，他看见布斯他们过了波多马克河，黑人老头带着士兵找到开着船送布斯他们过拉帕汉诺克河的老船工罗林斯。罗林斯告诉联邦士兵，布斯他们过河后被威利·杰特上尉接走。而杰特上尉有个情人就住在距此有 20 千米的鲍灵格林镇，杰特上尉很可能在那里。

这是个可信的消息。于是，联邦搜捕人员立刻飞身上马，伴着清冷的月色和清脆有力的马蹄声，奔向鲍灵格林镇。到达上尉情人的住处时已经是半夜时分。经过惊天动地的搜寻之后，杰特被士兵从床上拖了起来。其中有个士兵用左轮手枪顶着杰特，厉声喝道："你个混蛋，你把布斯藏在哪儿了？快说，他在哪儿？否则，我一枪崩了你。"杰特上尉怕了，他骑着小马驹，带着联邦士兵来到加勒特农场。

当时，夜色昏暗，暮霭沉沉，星月隐匿。联邦搜捕人员押着杰特上尉一口气跑了 15 千米路，在凌晨 3 点半，他们终于来到了加勒特家那刻满风霜痕迹的门前。

很快，他们包围了加勒特的房子，并在门口和每个有利地形布置了机枪。士兵队长握着手枪猛烈地拍打加勒特家的大门。

不多一阵儿，理查德·加勒特举着蜡烛过来，打开了大门。狗在吠叫，加勒特的睡衣随着夜风不断拍打着加勒特已经颤抖的双腿。

贝克中尉上前一把卡住加勒特的脖子，用手枪顶着他的脑袋，命令他交出布斯他们。

满脸惊惧的加勒特被吓得连喘口气都感到是困难的。他发誓，那两个陌生人已经逃到密林中去了，并不在屋子里。

虽然听起来好像是那么回事儿，但他肯定在撒谎。搜捕的士兵将加勒特拖到屋外，又拿着一根绳子到他面前，说如果不老实告诉实情，就将他绑在院子里的槐树下。

这时，藏在小谷仓里监视布斯和赫罗尔德的男孩突然跑出来，说布斯他们就在旁边的仓库里。搜捕士兵马上将烟草库包围起来。

抓捕之前，联邦军官和布斯他们进行了长时间的交涉，双方谈判了大约 15~20 分钟，要求布斯投降。布斯提出条件说，他已经是一个伤残的人，请他们"给残废一个机会"，让对方后撤一百码，让他出来和联邦士兵一对一决斗。

这时的赫罗尔德已经没有了与联邦军抗衡的勇气，他准备投降，布斯在绝望中怒不可遏，冲着他吼道："滚，你这个卑鄙的胆小鬼，我不想再看到你。"

赫罗尔德举着双手从烟草库里走了出来，并请求宽恕。他说他其实一直很喜欢林肯，说林肯的演说很幽默，还说他没有参与刺杀林肯。

赫罗尔德被康格上校捆绑在树上，呵斥道，如果再这样愚蠢地抽泣的话，就掐死他。

然而，布斯可不这样，他不愿投降，他认为他所做的一切都是为了子孙后代。他叫嚷说，在他的脑海里不存在"投降"的概念。他要求并警告必须为他准备一副担架，因为他怕"光荣而古老的旗帜被他们玷污"。

康格上校鸣枪示警，试图迫使布斯自己从烟草库里走出来。同时，他还命令加勒特的两个儿子用抱来的干草将仓库门缝堵上。看见小男孩儿那样做，布斯开始威胁咒骂小男孩，并要求停下来，还恐吓说，如不听他的话，他会掐死他俩。而康格上校悄悄地跑到烟草库后面，在缝隙里塞进一撮干草，然后点燃。

建这间仓库本来是为了贮存烟草，为了防止烟草发霉而留有四英寸的缝隙以便通风。点火后，搜捕士兵从缝隙中看去，布斯正举着一张餐桌猛烈地扑打已经燃起的大火。这种情景多像这位演员在舞台灯光下正在演绎一出悲剧的尾声，然而这也是一场他最后的告别演出。

上级已经下令：必须活捉布斯。联邦政府的目的很明确：不能让他死得痛快，绞死之前，他必须经历漫长的审讯。然而，布斯没有被生擒，完全是因为那个叫科比特的"波士顿"神经质中士、一位狂热宗教信徒的过失。

即使上级一再警告：没有命令，任何人不得向布斯开枪，然而科比特却说他得到了命令，那是来自伟大的上帝的旨意。

烟草仓库内烈火熊熊，从已经因燃烧变大的缝隙中望去，"波士顿"科比特看见布斯已经扔掉了拐杖和卡宾枪，手握左轮手枪跳到门边。

科比特十分肯定：布斯一定会开枪为自己开路，尽管他已经被火舌缠身，但他还会做垂死挣扎。

为避免再次流血，科比特抢上一步，端起步枪瞄准，嘴里面为布斯做了最后的祷告，然后开了枪。

布斯伴着枪声一声尖叫，一只脚跷向空中，身体前倾，脸部直冲干草堆一头栽了下去里。这是致命的一枪。

这时候，烟火已经向干草堆迅速蔓延。由于怕命悬一线的这个混蛋被火舌吞没，贝克中尉急忙冲入大火之中，从布斯手中缴下左轮手枪，并用绳索捆绑了他的双臂，然后抓在自己手中。

很快，士兵们将布斯押到加勒特家的门廊下，又派了一名士兵骑马直奔罗伊港，请医生来为布斯疗伤。

加勒特夫人的一个妹妹叫哈洛韦，一直住在加勒特家，在当地一所学校当老师。当她得知被押到门廊下已经奄奄一息的人就是让许多人疯狂的演员约翰·威尔克斯·布斯时，她要求给予他温情和善待。她让人搬出一张床垫子让布斯躺在上面，并把她自己的枕头给布斯枕；接着，她抱起布斯的头放在自己的大腿上，然后给布斯慢慢地喂酒喝，但布斯已经麻木，喉咙无法吞咽。于是，哈洛韦小姐拿手帕沾上水，温柔而耐心地为布斯润湿双唇和喉咙；同时在他前额和太阳穴处进行按摩。

有大约两个小时，布斯一直苦苦挣扎着，直到闭上双眼。他或者要求脸朝左，喘息咳嗽，或者哀求康格上校用两手压着他的喉咙，显得十分痛苦，大叫着："快杀了我吧！求求你们！"

他请求给他的母亲带去一句话："告诉她……我做了……一件世上最伟大的事……我是……为国而死。"

弥留之际，布斯要求帮他抬起头来，他想最后看看这个世界。然而，站在他旁边的人都木然地看着他，面无表情。布斯嘴里嘟嘟囔囔："王八蛋，混账东西！"就这样骂骂咧咧地离开了这个世界。

布斯合眼之时，加勒特家庭院中的老槐树后边太阳慢慢地爬了出来。这时的布斯下巴开始痉挛，向着一边偏去，他的双眼直直地望着脚跟方向……眼球开始鼓起，喉咙里发出汩汩之声；突然，他双腿一挺，停止了一切动作，头向一边歪去……

这时已经是上午七点，这个时间比林肯去世的时间早了22分钟。"波士顿"科比特射出的子弹打中了布斯的后脑勺，这个部位比林肯枪伤部位大约低一英寸。

医生将布斯的头发剪下了一缕送给了哈洛韦。从此，这位小姐一直珍藏着布斯的这缕头发和沾有他的血迹的枕头。然而，哈洛韦小姐的晚年生活悲惨凄苦，为了生活，无奈之下，她曾用一半枕头换了一桶面粉。

荒唐的流言

在布斯将要咽气的时候，参加搜捕的密探搜查了布斯全身。所获的东西是：一只烟斗，两把左轮手枪，一本日记，一副指南针，一张300美元的加拿大银行支票，一枚钻石饰针，一把指甲锉，五张漂亮女人的照片。另外还有一支长猎枪。缴获的指南针上沾满蜡烛滴液，看上去很脏；而照片上的几位女人都是布斯的粉丝，她们中有四人是演员：埃菲·热尔蒙、艾丽斯·格雷和海伦·韦斯顿，还有华盛顿的名流、芳名为其后人乐道的"可爱的费伊·布朗"。

接下来，多尔蒂上校向加勒特夫人那里借来了针线，再从马背上取下一张毛毯，将布斯的尸体包裹起来，用针线缝合结实。然后以 2 美元的酬劳请黑奴内德·弗里曼将布斯的尸体运到波多马克码头，准备装上停靠在那里的船只运走。

运送尸体的整个过程在拉斐特·C.贝克的著作《美国特工史》一书中的第 505 页是这样记载的：

> 马车启程时，布斯的枪伤之处往外滴血。随着颠簸和车轮行进时的嘎吱嘎吱声，车轴上的血液到处都是，滴在马路上的血液，形成威化薄饼似的图案，看起来非常恐怖。血液还渗进了马车上的木板中，一片猩红……一路看去，沿途处处都是凝固后的滴血。

在贝克的书中还可以看到运送途中所发生的比较怪异的事件。黑奴老汉内德·弗里曼赶的马车破败不堪，让人难以想象，看似"就要散架"。因为道路不平，加之车身负重和奔跑的原因，上路不久，主螺栓突然折断，固定马车的各种零件散落四处，车轮前后分家，马车已经散架，车厢前端"砰"的一声顶在地上，布斯的尸体"就像在做最后的逃跑努力"。

面对如此状况，无奈的贝克中尉只能另想办法。他又从邻近的农夫那里征用一辆马车，重新将布斯的尸体装运，然后向港口继续赶去。政府的"约翰·S.艾德"号拖船正等在那里，准备将布斯的尸体运往华盛顿。

到第二天拂晓时分，布斯已经被击毙的消息早已传开，运送布斯尸体的"蒙托克"号船只停靠在波多马克港。当地首府人群一队接一队向河岸奔去，人们怀着好奇心向那艘运尸船翘首而望。

下午三四点钟的时候，负责情报工作的贝克上校急匆匆地向施坦顿报告：有一群人不听命令爬上了"蒙托克"号船，有个女人甚至剪了布斯的一缕头发拿走。

这让施坦顿吃了一惊，他大声嚷道："那些暴民会珍藏布斯的遗物，即使是一根头发。"

在施坦顿看来，珍藏那些不会像布斯的遗物那么简单。施坦顿一直认为，暗杀林肯，那是南部联盟领导人和杰斐逊·戴维斯的阴谋。他担心布斯的尸体会被劫持，他们会利用它来进行宣传，以激起南方奴隶主的"义愤"情绪，从而再次掀起内战。

于是，施坦顿命令尽快秘密将布斯的尸体掩埋掉，让布斯及其他的一切彻底从人们的记忆中消失，包括他的小饰物、衣服，还有头发。总之，他的一丝一毫，不能成为南方联盟宣传的工具和借口。

遵照施坦顿的命令，在当天晚上，当最后一抹夕阳隐没，天边被乌云笼罩的时候，贝克上校和他的侄子贝克中尉驾驶一艘快艇，驶向"蒙托克"号弹药船，到达后紧贴"蒙托克"号停泊。他们两人登上弹药船，将布斯的尸体取下装在一个松木弹药盒里，再将盒子搬到紧挨弹药船的快艇里，然后他们两人爬进快艇，向下游驶去。

不出密探所料，在两岸观望的人随着快艇驶离，开始沿河岸狂奔，踩踏溅起的淤泥向四面飞去。人们推搡着往前冲去，大声嚷嚷着，他们就是想看看布斯的尸体到底要被掩埋在什么地方。

好奇的民众跟着快艇奔走了很远。这时的河上被沉沉的夜幕环绕，乌云遮蔽了星月，小快艇漂流在河中，眼睛再敏锐的人也无法看清它。

小快艇驶到波多马克河的一个僻静之处吉斯堡尖地时，贝克上校确信已经离开人们的视线已经很远了，他们奔向大沼泽。那里埋葬了许多军队上死去的驴和马匹，整个沼泽地泛着令人窒息的恶臭味儿。

为了防止被人跟踪，有两个密探好几个小时都待在那里进行监视。然而，只有那潺潺的水声和牛蛙的鸣叫不时地传来。

午夜时分，贝克他们保持着高度警觉，屏住呼吸，划着快艇折返回航，向上游划去，他们唯恐那船桨拍打河水的声音惊动了周遭。

最后，两人到达了一座监狱的老旧围墙跟前。这是一座坚固的砖石建筑，有一个门洞与河岸相通。在船接近门洞时，他们与监狱长用暗号进行了对接，然后将松木棺材移交给他，棺盖上的字样是"约翰·威尔克斯·布斯"。半小时之后，在一间大房子西南角已经挖好的浅墓穴里埋葬了标有字样的棺材，那间大房子是政府储藏弹药的地方。掩埋之后，墓穴之上没有留下坟头，埋葬之处与周围的平地没有区别。

第二天早晨，当太阳升起后，贝克叔侄沿着波多马克河返回。在经过吉斯堡大沼泽时，要绕开已经腐烂的驴尸，这让他们着实紧张了。举国在打探是怎么处理和埋葬布斯的，知道内幕的人只有八个，他们发誓不会泄密。

布斯尸体的处理是秘密进行的，这无疑蒙上了一层神秘的光环，难免谣言四起，一些报刊也使劲儿地加以报道。《波士顿广告》说，华盛顿医学博物馆里存放着布斯的头和心脏；有些报刊说，布斯的尸体被抛入大海；而有的报纸更彻底，说布斯的尸体已经被焚烧了。有份周刊还登载了一幅所谓"目击者"描绘的草图，在午夜之时，布斯的尸体被抛进了波多马克河里。

谣言满天飞，甚至有传言说：搜捕人员误杀了别人，而布斯已经逃跑。这样的传言可能与这个事实有关：布斯死后，他的尸体样貌和他生前的样子完全不同。在 1865 年 4 月 27 日，施坦顿派华盛顿很有名气的约翰·弗雷德里克·梅医生等人去"蒙托克"号弹药船鉴定尸体。他说：

> 在揭开盖在尸体上的防水油布时，眼前的那具尸体所呈现的样貌与我以前见过的布斯本人完全不一样。这让我吃了一惊，向站在我旁边的巴恩斯将军脱口说："这尸体根本就不像布斯，我无法相信这是布斯本人。"……片刻的停顿之后，我要求将尸体竖起来摆放。我站起来，自上而下仔细地看去，终于，布斯的五官才有点清晰起来。说实在话，以前我从来没见过人在生死前后的样貌差别如此之大。眼前的这具尸体形容憔悴，肌肤干黄，头发蓬乱缠结。长时间的风餐露宿，饥渴寒冷，致使面容消瘦，有的地方塌陷变形。

那些在场的其他人更是无法辨认那就是布斯的尸体，在他们心中产生了疑团，由此疑问四散，谣言四起。

即使施坦顿下令不得向外提供任何信息，政府也对尸体严加看管，并尽快秘密掩埋，但谣言还是到处传播。

华盛顿有一家刊物《宪政联盟》，他们认为，那本身就是一个充满骗局的事件，还有一些报刊也持这种观点，大肆蛊惑、叫嚣。《里士满观察家》报则说："布斯逃走，这我们知道。"而《路易斯维尔》日报更是公开声称："有人在整个事件中玩儿阴谋，贝克及其同党在敲诈美国财政部。"

媒体对这件事推波助澜，全国一片喧嚣。就像以前同类型的个案，一时之间冒出了数百个证人，他们都言之凿凿，说在加勒特仓库那场阻击战之后，他们都见过布斯其人，甚至还和他说过话。有人说去了这儿，有人说去了那儿，一句话他还活着。他逃到了加拿大，去了墨西哥，上了去南美的轮船，逃往欧洲了，还潜伏在弗吉尼亚，藏在亚洲的一个小岛上，各种各样的说法，莫衷一是。

至此，诞生了美国历史上流传最广而且经久不息的神话。它在有四分之三的世纪里一直持续流传着，即使到了今天，还有成千上万的人相信那些传言，他们中间也包括了一些名家智者。

甚至在高等学府里相信那些流言者也不乏其人。有一个著名的神职人员在全国做巡回演说时，面向无数的听众公开宣称布斯早已逃跑。就在笔者撰写这章内容的时候，遇到一位曾经接受过科学训练的人士，他很严肃地说：布斯已经自由了。

布斯已死，这是毫无疑问的事实。他在加勒特家的烟草库里被射杀前，也曾费尽心机，想尽一切办法要救自己一命。尽管他那样做过挽救的努力，也曾殊死抵抗，但他从没有否认自己就是约翰·威尔克斯·布斯。布斯已经死了，但世人却无休止地揣测，不断地放大流言。太不可思议，太荒唐了。

为了破除流言，最终证实布斯已死，在将他的尸体运送到华盛顿时，施坦顿即刻派出了十个专家对尸体进行查验。他们中一位就是前文已经提到的梅医生。布斯生前曾经请梅医生为他做过手术，梅医生为布斯切除了他颈部的"一大块纤维瘤"，在伤口愈合后留下了"一大块疤痕"。梅医生从这块疤痕确认，尸体就是布斯的。他说：

> 从这具尸体看，布斯生前的任何痕迹都已经消失。但是，他生前在颈部做过手术，而手术刀所留下的痕迹却无法消失。因此，所有的疑点都可以排除。他就是暗杀总统的布斯。

牙科医生梅里尔也认定那就是布斯的尸体，因为在前不久他给布斯补过牙，在补牙时填充的材料还在。

国家大酒店的职员查尔斯·道森认出了布斯右手上文的"J.W.B"，布斯曾经入住国家大酒店，他知道那个文身是布斯全名的首字母缩写。

加德纳是华盛顿有名的摄影师，他认定那是布斯的尸体。布斯的生前好友之一亨利·克莱·福特认定是布斯的尸体无疑。

在 1869 年 2 月 15 日，约翰逊总统下令掘开布斯的坟墓，让布斯曾经的朋友们再次确认尸体的真实性。

掘开坟墓之后，准备将布斯的尸体迁往巴尔的摩，然后葬在布斯家族的格林山公墓。下葬之前，布斯的兄弟、母亲和生前好友再次对尸体进行了确认。

在这个世界上恐怕还没有人像布斯一样，在死后被翻来覆去地确认他的尸体的真实性。

即使如此，谣言始终没有停止。到了 19 世纪 80 年代，还有很多人认为 J.G. 阿姆斯特朗这个居住在弗吉尼亚里士满的人就是已经伪装过的布斯，因为阿姆斯特朗的双眼呈炭黑色，乌黑的长发掩盖了颈部的手术疤痕，他的一条腿一瘸一拐的，而且举止比较夸张，由此，人们认定那就是还活着的布斯。

甚至还冒出了好多布斯，总共不少于 20 人。

1872 年，在田纳西大学举办了一场关于"约翰·威尔克斯·布斯"的说明会，许多学生参加了那次聚会。演说者以一种夸张而又充满迷幻色彩的语言讲述道：布斯最后和一个寡妇结婚了，但后来厌烦了那种婚姻生活，于是布斯告诉她，他就是真正实施暗杀的人；还告诉她，新奥尔良有一笔财富，他要去那里。从此后，布斯消失得无影无踪，而"布斯夫人"再也没有看见过他，也没有听过任何有关他的消息。

到 19 世纪 70 年代末期，在得克萨斯州格兰伯里，有一天一个喝得有些醉醺醺的酒吧老板向一个名叫贝茨的年轻律师承认，他就是布斯。老板还将他的颈部那块疤痕展现给贝茨看，还煞有介事地说，他刺杀林肯是受副总统约翰逊的指使，约翰逊曾经答应，如果事情败露被捕，他将获得特赦。

又经过二十几年之后到了 1903 年，这年的 1 月 13 日，一个名叫戴维·E.乔治的吸毒者因服食毒品士的宁而死在俄克拉荷马州恩尼德的大道酒店，他是个油漆工人。自杀前，他"承认"他就是约翰·威尔克斯·布斯。他说，刺杀林肯后，他被朋友藏匿在箱子里带上了前往欧洲的轮船，此后有十年时间他生活在欧洲。

贝茨律师得到这一消息后，即刻启程去了俄克拉荷马，对尸体做过检视后，认定这位戴维·E.乔治就是二十五年前告诉他暗杀林肯的、住在得克萨斯州格兰伯里的一家酒吧的老板。

贝茨让负责殡葬服务的人为戴维·E.乔治整容时将他的头发梳理成布斯生前的模样，再对尸体进行防腐处理，然后运到他的家乡田纳西州孟菲斯保存起来，有二十年时间。这期间，他向政府不断提出要求，让政府当局为他支付高额酬金，因为是他捕获了布斯。

1908年，贝茨还出版了名为《从逃亡到自杀的约翰·威尔克斯·布斯》，又名《林肯被暗杀的真相——布斯的告白》，该书可谓十分荒唐而滑稽。但此书销售达七万册，也曾引起轰动。贝茨还将所谓"布斯"的尸体做成木乃伊向亨利·福特兜售，要价1000美元。最后，"布斯"木乃伊以每场10美分的票价在南方巡回展出。

时至今日，布斯的头骨总共五块在各类嘉年华或杂耍会上展出。

林肯太太的最后时光

随着林肯的去世，林肯太太搬出了白宫，自那以后她的生活陷入困境，而她那时常发作的失态的表现，也成了人们消遣娱乐的话题。

林肯太太可说是吝啬抠门儿的一个女人，这在家庭费用方面可看得出来。一般情况下，在每个季度，总统都要举办一系列的宴会，可是林肯太太总是和总统争论不休，要求取消这种惯例或者传统。她认为办宴会费用太昂贵，是一种铺张浪费，如今处在战争的非常时期，像这种公共接待应该从简。有的时候，林肯不得不提醒她，有些节俭以外的事情也是必须考虑的。

然而，在那些涉及虚荣的东西，像名牌衣料或者珠宝之类，林肯太太可谓不遗余力地追逐，那时，什么节俭的事早就忘得一干二净，相反她会毫无理智地放纵自己，尽情于花钱的疯狂之中。

还在 1862 年走出大草原时，林肯太太满怀希望，想着就凭"总统夫人"的名头，定当成为华盛顿交际圈里群星的焦点。但是，让她感到尴尬和屈辱的是，这个都市里的显贵们没有人看得起她，他们排斥她、蔑视她。她在他们的眼里，就是一个背叛了南方的肯塔基人，因为她的丈夫就是一个粗鲁的"热爱黑奴的人"，而这个人发动了一场针对南方的战争。

她的身上除了这些之外，看不到任何可爱之处。她就是悍妇一个。事实的确是：她小气、粗鲁，心眼儿小，情绪反复无常。

她不被社会上层待见，所以她对社交圈里的那些明星们非常嫉妒。那时，在华盛顿政府社交圈里的明星是大美人阿黛勒·卡茨·道格拉斯，阿黛勒的丈夫正是林肯太太的前情人斯蒂芬·A. 道格拉斯。在华盛顿，道格拉斯夫人和萨蒙·P. 蔡斯的女儿可是魅力四射的明星，这让林肯太太妒恨交加，于是她决心不惜血本购置昂贵的衣物和珠宝，她想用金钱改变她在华府社交圈的颓势，甚至赢得胜利。

林肯太太曾对伊丽莎白·凯克雷说："要使自己打扮得高贵华丽一些，我就得拥有很多钱，要比林肯给我的钱还多。他那个人太老实，工资以外的任何报酬他都不敢要，我实在没办法，只能借债置办所需。"

林肯太太债台高垒，欠债达 7 万美元之多！可林肯当总统时的年薪是 2.5 万美元。算算账，光为老婆置办华贵服饰的花费就得总统两年零九个月的薪水，分文不剩。听起来能不后怕吗？

我和伊丽莎白·凯克雷交流过几次。这位黑人女士才华出众，在赢得自由身之后，只身来到华盛顿开起了裁缝铺。没用多长时间，她的手艺深受上流社会的青睐。

1861 年到 1865 年，凯克雷几乎一直在白宫陪伴林肯太太，她为太太缝制衣物，还照顾她的饮食起居。她成了林肯太太的闺蜜和顾问。林肯临终前的那个晚上，只有她一直陪伴在太太身边。

关于白宫的那段日子凯克雷曾经写过一本书，对世人来说很幸运，她的笔触真实地再现了历史。那本书在半个世纪里没有再版重印，但花个 10 到 20 美元还是可以从书商那里找到。它的书名很独特，更像内容简介：现实的背面，伊丽莎白·凯克雷著，作者出身女奴，现为亚伯拉罕·林肯太太的私人裁缝兼闺蜜；为奴三十年的经历，四年的白宫生涯。

伊丽莎白·凯克雷在书里描述了 1864 年夏季林肯竞选连任的情形，当时的林肯太太惊惧不安，焦躁难耐，几近疯癫。

她为什么会这样？因为有一个纽约的债主之一放出话来要起诉她。还有，林肯的政敌很可能利用他太太的举债之事说事做文章，从而击败林肯。凯克雷的著作有这样的叙述：

"他如果能够胜选，债务的事我就能够严密地瞒过他，不会让他知道。可如果败选，我会不断地接到账单，到时候还有什么事儿能够瞒得过他。"太太狂呼大叫，有些歇斯底里。

夫人冲林肯喊道："为了你能够胜选，我可以向选民下跪，拉选票。"

林肯却说："玛丽，你这种过分的不安和焦虑，我怕不会有什么好报。我如果连任成功，你可一切无恙；假如失败，那么你就得承受打击。"

有一次，凯克雷这样问林肯太太："您欠的债务林肯先生难道从来没有怀疑过吗？"

她的回答在凯克雷的著作第150页这样说：

太太用她最喜欢的方式说道：哦！天哪，这绝对不可！他如果知道自己的妻子欠了大量的债务，他肯定会疯掉。

在凯克雷看来，林肯到去世也不知道他的太太被债务缠身，这是他唯一欣慰的。

林肯的葬礼结束不到一个星期，林肯太太便迫不及待地想方设法，将林肯那绣有姓名缩写字母的衬衫向宾夕法尼亚大道的一家商铺兜售。这件事传到了苏厄德那里，他感到异常的悲凉和沉痛，于是他将那些衬衫全部买了回来。

林肯太太在离开白宫时带走了很多各种箱子，其中就有50个包装箱。她的这种行为引来议论一片。

在这以前，林肯太太已经是舆论批评的焦点。民众指责她以款待拿破仑王子的名义开具虚假账单向国家财政部骗取资金；而她的宿敌也乘机说，她到白宫的时候，她们的家当没有几件，因此她离开白宫的时候就不该有那么多家当用整车运走，这个时候她有那么多的财物……难道她在打劫？她要卷空白宫的一切吗？

在林肯太太离开白宫以后的 1867 年 10 月 6 日，克利夫兰·赫勒尔德还在针对她发表议论："应该让这个国家明白，对白宫进行打劫超过 10 万美元这是谁，又是谁在这场洗劫中获利。"

毫无疑问，白宫在这位"玫瑰女王"的治理下，确有大量财物丢失，但是却几乎不能追究她的过错。自然，她是有错，她以节约为由，解雇了管家及其手下的工作人员，她亲自管理白宫的内务。

她还是尽力了，但那些仆人没什么不偷的，除了门把手和炉灶。《华盛顿明星》报在 1861 年 3 月 9 日有一则报道说：第一次去白宫参加招待会的客人都被偷窃，甚至连他们脱下的大衣和晚装都不见踪迹。自那以后时间不长，一车车家具从白宫被运走。

包装箱有 50 个，其他的行李箱更是数不清！里面到底装的什么呢？垃圾，大多数是垃圾：没用处的礼品、文具，不值钱的字画和旧书、蜡具、鹿头，还有大量的款式老旧服装和鞋帽，这些都是林肯太太还在斯普林菲尔德的时候所穿戴的。

凯克雷说："林肯太太是个相当怀旧的人。"

太太在打理行装时，她的儿子，刚刚哈佛大学毕业的罗伯特看到这一切后建议在行李箱里放些火柴，然后说："求求上帝，运货车最好在去芝加哥的路上起火，把您这些破玩意儿统统烧掉。"

在凯克雷的回忆里，林肯太太搬出白宫的那天上午，"没有人前来送她，那种情景让人感到非常凄冷悲凉。"

继任总统是安德鲁·约翰逊，林肯被暗杀以后他从来没有向林肯太太表示过同情,哪怕一句安慰的话,她离开白宫的时候也没有送她。因为他明白林肯太太一直瞧不起他,他就要让她知道他为什么这样做。

史实表明,林肯太太坚信是安德鲁·约翰逊一直在幕后支持暗杀林肯的活动。虽然这听起来非常荒谬。

搬离白宫后,林肯太太与她的两个儿子泰德和罗伯特去了芝加哥。刚开始,他们在特雷蒙特大楼住了一个星期,但由于花费太大,他们不得不搬到海德公园的避暑地,住在了一家"狭小而简陋"的普通房子里。

因为住宿简陋,与之前差别太大,林肯太太终日郁郁寡欢,夜夜抹泪,与朋友亲戚断绝来往,甚至也不通信。但毕竟已经安顿下来,所以她开始教泰德写字。

泰德在林肯生前深得喜爱,他的全名叫托马斯,泰德是林肯对他的昵称,由于泰德小时候脑袋长得比较大,所以有时候林肯也叫他"泰德波尔"。

泰德经常和父亲一起睡。他在睡觉之前,经常会躺在白宫办公室附近,一旦睡着,林肯就将他抱到床上去。泰德有一点口吃,因此林肯经常逗他,但他很聪明,他会以此挫败打算给他启蒙的人。如今他已经12周岁了,却一字不识,也不会写。

凯克雷回忆道,在一次拼写课上,因为泰德看见"a-p-e"这个词上有幅木刻插画就是一只猴子,所以泰德争辩不休,总说"a-p-e"就是猴子,最后经过三个人的一致纠正,他认识到之前他是错的。

林肯太太还竭力要求国会,给她支付10万美元,她说这10

万美元是林肯连任时的薪酬。但她的要求被国会拒绝，她的愿望落空，于是她开始用非常尖刻的语言谩骂拒绝她的那些人是"恶魔"，她说："恶魔在临死前一定会受到审判和惩罚。"

最后，国会还是支付给她 2.5 万美元，这笔钱大概就是林肯如果没有去世的余下总统岁月的薪酬。林肯太太用这些钱在芝加哥买了一栋房子，房子的正面外墙用大理石砌成，买下后她又花钱对房子进行了全面粉刷。

过了两年之后，因为林肯太太越来越多的花费和支出，上门讨债的人的愤怒的吼声经常回荡在人们的耳际。时间不长，林肯太太不得不将房子租出去，到最后自己也开始租住别人的房子。

林肯太太几乎没了经济来源，就像她自己说的一样：到 1876 年 9 月，她已经难以忍受，她只能卑贱地活着。

就这样，林肯太太收拾起破旧的衣服首饰和其他一些细软等，然后戴着她那顶绉绸面纱去了纽约。在那里，她将姓名注册为"克拉克夫人"，过上了隐姓埋名的生活。她去找凯克雷，并从她那里收集了整整一袋子旧衣服，乘坐马车奔向第七大道的旧货商铺，她还准备将自己的衣橱卖掉，但人家的出价令她非常失望。

拖延了好几个月后，林肯太太终于获得了每年 3000 美元的养老金待遇。

在 1871 年夏天，泰德因为伤寒病而死去。也就在这年林肯太太仅剩的儿子罗伯特结婚成家了。

而林肯太太更加孤独、无助和绝望，整天生活在患得患失的糟糕状态之中。有一天，林肯太太在佛罗里达州的杰克逊威尔买了一杯咖啡后，却说咖啡里有人下毒，拒绝饮用。还有在去芝加哥的火车上，她给她的家庭医生打电话哀求一定要救罗伯特一命，但是罗伯特根本就没有生病。家庭医生去车站迎接了她，并与她去太平洋大酒店，在那里陪了她整整一个星期，以期平息和安抚她，消除她那古怪荒唐的念头。

在那一周内，经常在半夜的时候林肯太太会冲进医生的房间，说"魔鬼要害她"、"印第安人正从她的大脑里拉线"、"医生们正从她的脑子里拔钢针"。而到了白天，她常会去商店里瞎逛，毫无目的地乱买一气。有时，为一块带花边的窗帘而花去 300 美元，但她本来就没家没房子，能挂在哪里呢！

罗伯特·林肯怀着沉重的心情向芝加哥县法院提出要求，判决他的母亲患有精神失常病症。陪审团判决林肯太太心智不全，最后她被送往伊利诺伊州巴达维亚的一所精神病院进行治疗。

然而很不幸。13 个月之后，在没有完全治愈的情况下，精神病院将林肯太太放了出来。这时的她疾病缠身，十分可怜，出来后她漂洋过海来到了法国，在一个陌生的环境里孤零零地生活着。她既不告诉罗伯特自己的详细地址，也不与他通信。一天，她想把一幅油画挂在壁炉上方，但梯子突然折断，她摔伤了脊椎。有很长时间她都无法行走。

林肯太太在家乡走完了她的生命历程，临终前她回到了斯普林菲尔德她的家乡，住在她的姐姐爱德华兹女士家里。她向姐姐不断地哀求："请你一定向上帝祈祷，让我去那个世界后能与我的丈夫和孩子们团聚。"

林肯太太当时手头上有 6000 美元现金，7.5 万美元的政府债券，但她仍旧好像被穷困和焦虑困扰；她的心里时常有一种恐惧的念头：怕她的唯一的儿子时任战争部长的罗伯特遭受像他父亲一样的命运。

林肯太太渴望无拘无束自由自在，然而现实却是那么严酷无情，在现实的压力下，她拒绝见人，把自己关在门窗紧闭、不见一丝光亮的屋子里，即使外面艳阳高照，而她还在点燃蜡烛，独自待在屋子里。她的医生说："你没办法让她走出屋子，呼吸新鲜空气，沐浴阳光，就是求她都不行。"

在幽暗、寂静而又清冷的屋子里，伴着凄凉的烛光，林肯太太的记忆飞回了那个遥远、凄苦的年代，最后在脑际中最清晰最珍贵的是她的少妇时光：在想象中，她和斯蒂芬·A.道格拉斯再次陶醉在一曲华尔兹舞中，道格拉斯优雅的举止让她赏心悦目，他那音乐般美妙的嗓音让她沉醉……

有阵子，她会想起一个名叫亚伯拉罕·林肯的青年，她的另一位情人。他就是那天晚上向她求婚。的确，他一文不名，他只是一个睡在斯皮德店铺里、整天挣扎奔波为生的律师，然而她坚信，她如果不断地激励他，他将来也许能成为总统。她极力打扮自己，就是要引起他的关注，取得他的爱慕。15年来林肯太太几乎没换过衣服的颜色，终日着黛色衣装。如今，当她陷入回忆时，她会溜进斯普林菲尔德的商铺里买东西。她的私人医生回忆说："疯狂地购买丝织品和衣物，但买回来的东西从来没用过。衣物越积越多，让人担心贮藏室的地板会被压塌"。

1882年，就像她祈祷的一样，林肯太太终于得到了解脱。在这一年的一个宁静的夏夜，林肯太太在一阵突然而剧烈的癫痫发作之后，在她姐姐家中平静地离开了这个世界，那颗疲惫不堪的心灵终于歇息了。

也正是在那栋新房子里，40 年前，亚伯拉罕·林肯给她戴上了一枚上面镌刻着"挚爱永恒"字样的婚戒。

盗墓者

1876 年，发生了一起令人震惊的事件，有一伙专门从事造假营生的骗子企图偷盗林肯的尸骨。但这件事在史籍中却很少提到。

"大吉姆"基尼利的黑帮是让美国秘密警察最为头疼和恼火、也最为奸猾的黑帮。在伊利诺伊州林肯那玉米和家猪遍地的故乡，19 世纪 70 年代的时候，"大吉姆"就已经公开设立总部。

长期以来，"大吉姆"的那群被称为"温和的强盗"们，已经伪造大量 5 美元面值钱币并使其在全国范围流通，通过这些手段获取了令人咋舌的利益。到 1876 年春季，造假币的原材料几近枯竭，而且替他们伪造假币雕版的本·博伊德被逮捕入狱，这帮强盗遭到了致命打击。

因此，"大吉姆"在圣路易斯和芝加哥明察暗访转悠了好几个月，企图找一个能替代本·博伊德的人，但一无所获。最后，"大吉姆"决定要不惜一切代价将本·博伊德从监狱中整出来，他是块无价之宝。

"大吉姆"策划先盗取亚伯拉罕·林肯尸骨，等到整个北方因此非常愤怒的时候，他再提出交易的条件：释放本·博伊德，再补偿一大笔金子，满足这个条件的话，他愿意交还神圣的尸骨。

看起来这是很大的冒险行为，但其实在伊利诺伊州对于盗窃尸体在法律上没有任何条款做过规定或者提到要进行惩处。

1876 年 6 月开始，"大吉姆"把他的五个同伙派到斯普林菲尔德，在那里开酒吧办舞厅，有的在酒吧做"招待"，以这样的身份作掩护，暗中做准备工作。

然而很"悲哀"的是，6 月的一个周末的晚上，他们中的一个"招待"喝醉后，去了斯普林菲尔德的一家妓院里，在那里胡言乱语，还说他将会获得满满一桶的金子。他说出了偷盗林肯尸骨的计划：在 7 月 4 日前夜，当斯普林菲尔德放焰火欢庆的时候，他会去奥克里奇公墓盗取林肯尸骨，然后到深夜他再把尸骨移到桑加蒙河大桥底下埋起来。

一个小时后，妓院的老板娘向警察局报了案。天亮之前，偷盗尸体的秘密传遍了整个斯普林菲尔德，顷刻之间，在酒吧里伪装成招待的"大吉姆"的同伙扔掉了作案工具都逃跑了。

这并没有对"大吉姆"产生太大的影响，它只是推迟了行动步骤。他们从斯普林菲尔德把总部迁到芝加哥的麦迪逊西街 294 号，在那里也是以开酒馆作掩护。酒馆前院由喽啰特伦斯·马伦专门卖酒；而后院是他们谋划和聚会的地方。为了更隐蔽，他们还把林肯的半身塑像摆在酒馆门前。

在这帮盗贼里有个名叫刘易斯·G.斯韦格斯，他好几个月一直在酒馆里为"大吉姆"效力。他自己承认因为偷盗马匹而被两次抓进监狱，还说他对"拐骗"这一行是"芝加哥地区的老手"；而那些城里的医学院里的大部分尸体大多是他弄来的。就情理而言，盗取坟墓为骇人之举，医学院为教学所用的尸体只能私下求助于盗墓贼。盗贼一般会在深夜两点左右潜入墓地，头戴鸭舌帽，遮住那双贼眼；完成盗窃后，将盗窃的赃物装在麻袋里，然后背着它直接去进行交易。

如何盗窃林肯的坟墓，斯韦格斯和"大吉姆"一伙的计划是：将尸体装在一个长形口袋里，然后绑在马车上，雇用精壮的快马以最快的速度向印第安纳北部进发。在那荒无人烟，仅有水鸟的地方，湖面上刮来的风会吹走一切痕迹，那是掩藏尸体的最好地方，埋在沙丘中就行了。

计划离开芝加哥前，斯韦格斯买了一份伦敦版的报纸。他将报纸的一角撕了下来，将剩下的报纸塞进了酒馆门前的林肯半身塑像里。11月6日晚上，他和绰号为"大吉姆"的两个手下带上撕下来的那一角报纸，登上了"芝加哥和阿尔顿"号火车前往斯普林菲尔德。他们计划等盗走尸体后，将报纸扔在石棺旁，用来误导侦探。等大家焦头烂额时，他们再派人和政府谈判：条件1是要20万美元，条件2是要释放本·博伊德。可政府官员又怎么能够确信这位自称谈判代表的人不是骗子呢？这伙人会让他带上那张拓在石棺旁的报纸的另一部分，一旦与探员在石棺旁捡到的残留部分对接，当局就会认定他就是真的谈判代表。

这伙人在11月7日（选举日）那天到达斯普林菲尔德。几个月以来，民主党人一直都在谴责共和党内部的腐败和贪污，再加上内战时期共和党在民主党人面前挂起了一件"血衣"，这些都给格兰特的执政涂抹上了一撮污迹——这是美国历史上最痛苦的选择之一。那天晚上，当人们异常兴奋地向新闻中心和酒馆跑去时，"大吉姆"几个人正往奥克里奇墓地奔去，这时的天很黑，他们锯开了林肯坟墓上的铁锁，进入墓地，掀开石棺上的大理石，再将木棺的盖子打开。

其中几个人让斯韦格斯把车子和马安排在纪念碑东北角二百码以外的一个深沟里，斯韦格斯做完这一切便走下悬壁，很快消失在茫茫的黑夜里。

事实上，斯韦格斯不是盗墓者，而是一名已经洗心革面的犯人，现受雇于秘密警察署充当卧底。而且，深沟里并没有车和马。协助斯韦格斯的是八名侦探，他们在墓地的纪念堂等着他。斯韦格斯绕回墓地时，会给侦探们发出预先设定好的信号：他点开一根火柴，将雪茄点着，再向对方说声暗语。

侦探们闻声而起，紧握左轮手枪，迅速冲出藏身之地，紧跟斯韦格斯绕过纪念碑，步入墓地，大声喝令盗贼缴械投降。

可奇怪的事情是：一点儿反应也没有！侦探们的头儿蒂勒尔点亮了一根火柴，发现棺材还在，可盗贼们逃到哪里去了呢？侦探们四处寻找，蒂勒尔在纪念碑的平台上，依稀辨认出两个人影，他们正躲在一群雕像后面朝他虎视眈眈。蒂勒尔扣动扳机，向他们开了两枪，对方很快做出回击。可事实是：蒂勒尔在向自己的随从开火。

十天之后，盗贼在芝加哥被捕，随即被押往斯普林菲尔德监狱，收到严格监守。事件曝光后，公众对此表现出强烈的不满和愤恨。林肯的儿子罗伯特此时是富商普尔曼家族的女婿，他聘请了芝加哥最优秀的律师负责这起案件。但当时伊利诺伊州的法律中，并没有对如何处置盗尸贼作出明文的规定。如果盗贼真的偷去了尸首，他们有可能因此而受到指控；然而，盗贼的行动并没有成功。所以，律师只能指控盗贼阴谋盗棺，要求处以 75 美元的罚款，以及最长为五年的刑期。可这桩诉讼只持续了八个月，因为当时的政治斗争如火如荼，公众对此的反映越来越淡薄。第一轮判决中，四个陪审员宣判被告无罪。又经过好几轮的审判，十二名陪审员最终达成妥协：这伙盗贼被送往若利耶监狱，服刑一年。

林肯的朋友们担心他的尸首还会遭到其他盗贼的"光顾"，因此，林肯纪念委员会将其棺木装入一个铁棺里移往地下墓穴安放——这其实就是一个地窖，潮湿又黑暗，上面还堆放着一大堆木板。在整整两年的时间里，那些前往林肯墓碑前瞻仰的人，其实看到的只是一具空空的石棺罢了。

出于各种原因，林肯的遗体总共被搬移过十七次——这个数字很有可能会更多。现在的棺材已经被一个巨大的钢球和坚固的混凝土所包围，被置于坟墓之下 1.8 米之处，置放的日期是 1901 年 9 月 26 日。

那天，棺木被打开，在场的人们最后一次看到了林肯的面貌，据说林肯神态自若。林肯已经去世三十六年，由于防腐措施得当，他的模样看起来和他在世时没有两样，只是他的脸色有点黑，他那条黑色领带上长了个霉点。